- 화윤차문화和胤茶文化 30년 -
인문차도, 풍류를 담다

도서출판문사철

화윤차문화和胤茶文化 30년
인문차도, 풍류를 담다

초판 1쇄 2023년 4월 10일

지은이 박남식, 노성미 외
펴낸이 김기창
펴낸곳 도서출판 문사철

출판등록 제2008-000040호
주소 서울 종로구 창경궁로 265 상가동 3층 3호
전화 02 741 7719 | **팩스** 0303 0300 7719
홈페이지 wwww.lihiphi.com
전자우편 lihiphi@lihiphi.com

디자인 홍종훈 [스튜디오6982]
인쇄 및 제본 천광인쇄사

ISBN 979-11-92239-26-2 (03910)
※ 값은 뒤표지에 있습니다.

화윤차문화 30년
和胤茶文化

인문차 도, 풍류를 담다

지은이
박남식, 노성미 외

도서출판문사철

가지고운 찻잔을 하나씩 내어놓고
차를 기다린다 차신을 기다린다
무심히 들고왔어도
오방색 이야기꽃

눈부시게 힘든 우중충화 붉은배롱한가지씩
벗들에게 가화로움겨 놓고싶었지만
가슴에 연꽃 한송이
이미 남겨버렸다

숨길어 여쁜 차벗이 자청하여 우리는 차
잔마다 어떤색으로 차신이 되어 날까
궁금함 참지 못하여
마음에 파쓸인가

차신을 기다린다
박남식님 글
연찡 송다겸

---

1 이 작품은 화윤차문화 1기 윤용 송다겸 차사가 화윤 선생님께 휘호하여 헌정한 것이다. 경남문학관에서 선생님의 시조 강의와 자작시 낭송을 듣고 그 감동을 글로 표현했다. 윤용 차사는 대한민국서예대전 초대작가이다

[축사]
화윤차문화 30주년을 축하하며

/ 원화 채정복 [효당 본가 반야로차도문화원 원장]

2023년 계묘년은 뜻깊은 해이다. 1983년 7월에 효당 본가인 반야로차도문화원이 서울 인사동에서 개원하여 올해로 40주년이 되고, 1993년 4월에 지부인 화윤차회가 안양 평촌에서 개원한 지 30주년이 되는 해이다. 화윤차문화 30주년을 기념하여 화윤의 문도들이 뜻을 모아 기념집을 발간한다고 하니 참으로 기쁜 일이다.

내가 서울 인사동에 '효당본가 반야로차도문화원'이라는 간판을 걸고 처음으로 차도 강의실을 개설하여 한두 해가 지나자, 차와 예절에 관한 강의실과 차 사랑방 등이 많이 생겼다. 그에 따라 차와 차 도구를 파는 가게들도 생겨 인사동은 그야말로 차 문화의 거리가 되어갔다.

반야로 차도문화원에서는 수강생이 아니어도 찾아오는 모든 사람에게 반야로 차를 대접했다. 참으로 많은 사람이 드나들었다. 반야로 차실은 비록 넓은 공간은 아니었지만 인사동에 처음으로 생긴 차도 강의실이었고 가장 늦게까지 인사동에 자리하였던 차 문화 공간이었다. 차문화의 물결은 이곳에서 시작하여 전국으로 퍼져나갔다.

당시 우후죽순처럼 생겨난 단위 차회들이 3개월이나 6개월 과정을 마치면서 수료형식을 가졌다. 이에 따라 오랫동안 반야로 본원에서 공부한 문도들도 수료식을 갖기를 희망하였다. 나는 평소에 인생에서 공부 아닌 것이 없으며 공부의 끝마침도 있을 수 없다는 견지였다. 그러나 문도들의 뜻을 받아들여 반야로 차도문화원도 제1회 수료생을 배출하였다. 그들이 차茶의 길에서 등불이 되도록 더 넓은 세상 속으로 출리出離 시키기로 하였다.

차도茶道의 길잡이가 되기 위해선 그동안 공부하며 수련한 것을 다시 한번 체계적으로 정리할 필요가 있었다. 그래서 약 3년에 걸쳐 문도들이 그동안 공부한 수식관, 차도개론, 사료 강독, 동차송, 차신전 등 차서 원전 강독과 선사들의 기초어록인 초발심자경문 등 필수과목을 중심으로 밀도 있게 총정리 하였다. 화윤은 오래전에 효당가와 인연이 있었으며 3년 과정의 총정리를 시작하기 직전 무렵에 정식으로 입문했다.

무엇보다 필자가 처음으로 개창한 반야로 선차도 禪茶道 행차법인 공수선차, 공빈선차 등의 행차법을 철저히 수련시켰다. 왜냐하면 오래전부터 '차선일미'라는 말은 전래 되어 왔지만 선차도라는 이름 아래 대중에게 행차법을 내보인 적은 그때까지 없었기 때문이다. 또한 차도 이론과 행차법 수련은 새의 양 날개와 같고 수레의 양 바퀴와 같아서 어느 하나도 소홀히 할 수 없는 것이었다.

1995년 11월 12일, 서울 안국동에 위치한 한국 걸스카우트 대강당에서 수료식을 했다. 화윤 등 문도 13명이 '和'자 돌림의 차호를 받고 반야로 제1기생이 되었다. 효당에서 원화 元和 로 계승된 반야로 차도가 다시 원화의 제자들에게 전승된다는 뜻이다.

제1기 수료생에는 현재 구순이 가깝거나 구순을 넘긴 문도가 네 분이다. 한 분은 타계하였고 세 분은 멀리 지방에 살고 있어 간간이 소식을 전해 듣는다.

화和라는 것은 하늘에서 내려주는 천도天道를 받을 수 있는 그릇이라는 뜻이다. 성품을 통솔하여 사방으로 통달하고 어그러짐이 없어서 천하 고금의 모든 법도가 화和에서 나와 천하의 도에 이르게 되고 도의 쓰임이 됨을 말한다. 따라서 반야로 본원에서 차호를 받으며 수료한 문도들은 천하의 도의 그릇이 되어 차의 길에서 등불이 되어 중생을 제도하라는 뜻이 담겨 있다.

화윤은 수료 후에도 십 수년 동안 본원에서 개설되는 심화 과정을 빠짐없이 동참하였다. 나아가 자신의 요가원생들을 반야로 본원에 보내어 차도 공부를 하도록 독려하였다. 삼법요가원에서 입문사인 화윤의 인도로 반야로 본원에 와서 차도 공부를 한 후, 화和자 돌림의 차호를 받으며 수료한 문도는 제4기에서 제10기에 이르기까지 20여 명이다. 법화경에 도道가 있는 수승한 자리에 다른 사람을 인도하는 공덕은 무량하다고 부처님께서 말씀하셨다.

화윤은 만학으로 50대에 성균관대학에서 석사학위를 취득하였다. 당시에 필자가 성균관대학에서 객원교수로 두세 학기 동안 동차송, 차도개론 등을 강의하고 있을 때, 화윤 박남식 문도의 효당을 주제로 한 석사논문 지도교수가 되어 논문 제목과 구성부터 함께 논의하며 지도하였다. 화윤은 성실함과 열정으로 좋은 논문을 완성하여 반야로 본원 문도들에게 신선한 충격을 주며 본이 되었다. 나아가 화윤은 60대에 조선 전기 인물 이목의 차부에 대한 연구로 박사학위를 취득하였다. 효당께서 늘 후학들에게 깨우쳐주며 주창하던 부단한 정진精進이었다.

화윤은 내가 지리산 화개골에서 제차 작업을 할 때 제자들을 이끌고 와서 실습하였다. 그들은 낮에는 나의 지도를 받아 효당가의 반야로 증차 만드는 실습을 하고, 밤에는 특강을 들으며 특별한 시간을 가졌다. 나중에 제차지를 사천 다솔사 너머 용산 마을로 옮긴 뒤에도 화윤선차회는 계속하여 찾아왔다. 화윤은 용산의 반야로 차밭에서 차씨를 가져가서 창원에 차밭을 조성하여 직접 가꾸고 제자들과 함께 차를 만들었다. 그렇게 하여 '화윤차'가 탄생하였다.

화윤차문화는 차도 교육뿐만 아니라 지역의 차 문화를 앞장서 이끌어왔다. 그뿐만 아니라 본원에서 큰 행사를 치를 때마다 중심이 되어 잘 갈무리하였다.

돌이켜보면 오늘날까지 한결같이 이어져 온 필자와 화윤의 인연은 예사롭지 않은 소중한 승연 勝緣 이다. 효당가의 반야로차도가 이 승연을 계기로 오래도록 이어지기를 기원한다.

효당가의 반야로차도는 '차도무문 茶道無門'을 근본 종지로 한다. 문 없는 문을 들어선 우리들은 동시대에 '차의 길'을 함께 가는 길동무들이다.

화윤차문화가 사방으로 더욱 통달하기를 바라며, 화윤차회 30주년을 다시 한번 진심으로 축하한다.

목차

축사 7

화윤차문화和胤茶文化 30년을 돌아보다

1. 스승과의 인연 19
2. 화윤차문화 30년 25
3. 돌아보며 32

1장 | 차와 인문

1. 화윤선차회 교육의 출발 35
2. 초발심자경문-초심자의 범절과 수행 46
3. 동차송-우리나라 차의 정신 52
4. 차신전-차와 선(禪)의 경지 59
5. 한국의 차도-차 살림의 실천 63
6. 차부-내 마음의 차 73
7. 논어-인의와 예의 본질 81
8. 도덕경-도의 바른 실천 86
9. 잎차-공수선차 수행 92
10. 말차-절도와 조화 95

11. 다식-찻자리의 멋 99

12. 제차-차를 만드는 시간 102

13. 반야로차도문화원 효당가 차맥 계보 특강 108

14. 차와 명상연수 111

15. 차사 수료식 117

16. 초록명상 122

2장 | 차를 담은 풍류

1. 여성독립운동가 추모 헌공차례 129

2. 노무현 대통령 추모 헌공차례 136

3. 조선웅천도예인 추모 헌공차례 145

4. 근로자의 날 농민, 노동자 추모 헌공차례 153

5. 운암서원 고유차례 158

6. 한재 이목 선생 불천위제례 헌관 참관기 165

7. 대전국립현충원 효당 스님 추모제 참가 175

8. 효당 최범술 스님 탄신 100주년 학술대회 참여 회고 . . 177

9. 부처님 오신 날 봉축 문화공연 181

10. 안산문화예술의전당 송년 차문화 공연 185

11. 민족무예 고구려 복본(復本) 연출 189

12. 민족무예 고구려 복본 차문화 공연 197

13. 단원 김홍도 평생도 회혼례 시연 200

14. 안산평화의집 장애인 명상 차도교실 207

15. 국립국악원 '신춘차회', '설·여민동락' 접빈차회 공연 214

16. 세계 슬로푸드 한국대회 선차 공연 219

17. 삼은정 풍류차회 222

3장 | 교육과 나눔

1. 교사 차도·예절 직무연수 231
2. 교사 차도·예절 직무연수의 아름다운 인연 240
3. 학생 차도·예절 교육 245
4. 설 특집 예절교육 방송 출연 251
5. 경남국제차문화박람회 차도예절교육관 운영 257
6. 경남국제차문화박람회 주관 회고 263
7. 토요 나눔차회 267
8. 고운 최치원 학술대회 나눔차회 273
10. 사천 다솔사 차문화 기행 282
11. 하동 차문화 기행 287
12. 차 살림의 길 292

4장 | 국제 차문화 교류

1. 프랑스 파리 선차 공연 299
2. 한·중 차문화 교류의 역사 307
3. 중국 하이난성 차향문화 교류회 325
4. 중국 하이난성 차문화 교류 회고 333

5. 중국 광동성 차향문화 교류회 337

6. 중국 운남성 차향문화 교류회 344

7. 일본 차문화 교류 349

8. 우라센케 일본차도 연수 354

9. 중국 향도 다예 특강 360

10. 오지산 조춘차회 초청 363

5장 | 차와 우정

1. 중·한차향문화교류회, 동원이류同源異流 375

2. 고요한 난야蘭若, '중·한차문화교류아회中韓茶文化交流雅會' . . 378

3. 서풍동경호瑞豐同慶號, 화윤차례문화 초청 383

화윤차문화和胤茶文化 30년을 돌아보다[2]

화윤 박남식

---

[2] 화윤차문화는 '茶'자를 '차'로 발음하는 것을 원칙으로 한다. 이것은 효당의 『한국의 차도』에서 『월인석보』, 『동국정운』 등의 고서에서 '차'로 발음되어 표기되었음과 중국의 '茶'가 우리나라에 와서 '차'로 정착되었으므로 한국의 '茶'는 '차'로 발음하는 것이 옳다는 주장을 따른 것이다. 다만, '다식'과 같이 오랫동안 일상에 고착된 말들은 그대로 사용한다.

화윤차문화 30년

멋도 모를 나이에 차를 마시기 시작하여 스스로 차생활의 격조를 높이기 시작한 지가 벌써 반세기에 이르렀다. 화윤차문화의 전통은 인문차도를 전습하는 것이다. 가치 있는 전통은 반드시 계보가 있고 맥이 흐른다. 화윤차문화는 효당 본가 반야로차도문화원의 맥을 잇고 있다. 차인의 길을 걸으며 환희심을 낼 때마다 차와의 인연에 감사했다. 그것은 차 살림이 마음을 다스리는 수양의 덕목으로 작용했기 때문이다.

1993년 4월, 안양에서 차문화 교육을 시작했다. 주변의 지인들에게 나의 찻물이 스며들기 시작했다. 1995년에 반야로 1기 차인으로 수료했다. 1기 수료자는 원화 채정복 선생을 스승으로 삼고 10년 이상 공부한 사람들에게 차인으로서의 일정한 인가를 밟는 절차였다. 수료식 때 스승으로부터 받은 차호가 '화윤 和胤'이다. 차호는 효당-원화-화윤으로 이어져 차맥의 계보를 표시하는 전통으로 자리 잡았다. 반야로 지부로 화윤선차회가 인가되고, 30년 간 화윤선차회는 반야로의 전통에 따라 '화윤'의 제자로서 '윤정', '윤담', '윤용' 등 많은 차인들에게 차호 인가를 이어갔다. 이 세대들이 다시 제자를 교육하고 있으니 반야로 차맥 계보 5대의 탄생을 기다리고 있다.

화윤차문화 30주년을 기념하는 이 책은 반야로 4대의 맥을 잇는 본회의 평생회원 자격에 드는 분들이 스스로 집필한 것이다. 평생회원은 매월 월례회에 참석하고, 회비를 어김없이 내는 분들이다. 30년을 한결같은 뜻으로 화윤차문화의 길을 함께 걸어온 우리 차인들의 헌신에 감사한다. 긴 세월을 품다보면 어느 순간에 스며든 자만심이 올라와 공부를 멈출 법도 하다. 그런데도 이분들은 끊임없이 수행하고 앞으로 나아감에 게으르지 않았으며 서로를 채찍질하며 여기까지 와주었다. 그것은 차가 가지는 수양의 덕목과 인문학의 넓은 품 때문이라 생각한다. 이러한 정진의 흐름은 또한 본인에게도 작으나마 뜻깊은 결실을 맺게 하였다. 석사학위논문[3] 「『한국의 차도』에 나타난 효당의 차도정신」과 박사학위논문[4] 「한재 이목의 차도사상 연구」가 그 결실이다.

효당 최범술 曉堂 崔凡述, 1904-1979 스님은 그의 저술 『한국의 차도』에서 초의를 '한국의 차성 茶聖' 이라 일컬으며 세상에 크게 드러냈다. 현대 차도의 중흥조[5]인 효당에서 근대의 초의선사를 거쳐, 조선전기의 한재 이목 寒齋 李穆, 1471-1498 에 이르기까지 한국차도사상의 맥을 꿰어 연구[6]할 수 있었던 것은 차인으로서 큰 복이다.

---

3 2005년. 성균관대학교 생활과학대학원 예절다도학과
4 2012년. 성균관대학교 동양철학과 문화철학전공
5 효당 스님을 '한국차도의 중흥조'로 평가한 것은 천병식의 '역사 속의 우리 다인: 고운에서 효당까지'에서 시작되었다.
6 박남식, 『기뻐서 茶를 노래하노라』, 문사철, 2018. pp.5-6. 참조.

1. 스승과의 인연

차도의 외길, 스승 원화(元和)

차도의 길을 갈 수 있도록 구체적으로 안내하신 분은 원화 스승이다. 1977년 2월 다솔사에서 처음 만나 지금까지 소중한 인연을 이어오고 있다. 내가 차도에 입문한 것은 90년대 초반으로 반야로의 인사동 시기이다. 스승과 나는 사제 관계이기도 하고 학문과 인생의 담론자이기도 하다. 차도의 길에서 어느 한순간도 스승의 존재에 대해서 감사하지 않은 적이 없다.

원화 1946-현재 선생은 효당 스님의 입적 후에 효당의 사상과 차 정신을 잇고 있다. 그는 1983년 인사동에 '반야로차도문화원'을 열고 「초발심자경문」부터 「차신전」, 「동차송」을 암송하고 차문화의 모든 실험적인 차론까지 강의하였다. 공부의 단계가 높아지면서 중국 역대 고승들의 법어집인 『치문 緇門』을 공부하였다. 『치문』은 우리나라 불가의 강원에서 수강하는 승려들의 정규 강독서이다. 마지막 단계는 『서장 書狀』 강론이다. 『서장』은 중국 송나라 때 대혜 종고 스님이 당대 최고의 지식인들에게 간화선에 관한 요지를 담아 보낸 62편의 편지글이다.

반야로 강의는 인문차도의 특성을 가진다. 모든 공부는 궁극적으로 마음을 다스리는데 도움이 되는 공부이다. 그래서 전문적인 지식 습득 이전에 반드시 먼저 좌선수행을 한다. 그리고 지난 학습 과정을 처음부터 복습한 후에 새로운 과정으로 들어갔다. 매번 반복되는 학습 과정에서 첫 부분부터 수없이 반복했으므로 자연히 줄줄 외우게 된다. 결국은 공부 길이 십년이 되어도 『서장』 강론은 막바지 부분을 끝장내지 못하였다.

이러한 공부 방법이 뒤에 나의 박사과정에서 사서삼경과 노장 읽기에 큰 힘이 되었다.

원화 채정복 선생은 2022년 「효당 최범술의 생애와 국학연구」로 박사학위를 받으셨고, 효당을 국학 연구의 반열에 올려놓았다. 효당에 대한 인물 연구가 차에 국한하여 부분 평가되는 한계를 뛰어넘게 하였다. 그것도 칠십 중반의 늦은 연세에 이뤄낸 쾌거이니 경이로운 일이 아닐 수 없다. 제자가 스승을 존경하고 따르며 한길을 같이 간다는 것은 훌륭한 전통이다. 물론 스승이 제자를 사랑하고 앞길을 트이는데 힘을 보태는 것은 더할 나위없는 아름다움이다.

원화 선생님을 통해 차도에 입문하기 전에 본인은 일찍부터 차를 접하게 된 인연이 있었다. 학교제도의 스승 외에 귀한 세 분의 스승을 마음에 품고 있다. 지금은 모두 타계하셨지만 세 분 모두 나의 어린 시절부터 차 마심으로 나를 인도하였다. 그 분들은 직접적인 연계는 아니지만 한 다리 건너서는 모두 절묘한 인연을 가지고 있다.

동양화의 대가, 스승 소은(素隱)

나에게 첫 번째 차 인연을 인도하신 분은 1968년 초반에 사군자를 통해 인생의 교훈을 주신 소은 박장화 素隱 朴張和, 1927-2020 선생이다. 선생께서 이웃 중국 친구로부터 받은 선물이라며 한 통의 차를 주셨다. 말만 듣고서 차의 세계에 관심을 보이는 내게 당시 한국차도의 산실은 다솔사이며, 그곳에 효당 스님이 주석하신다고 소개해주셨다. 겨우 다방 출입을 할 초보 사회인이어서 차 마심이 무엇인지도 모르고 숭늉과 찬물만 열심히 마시던 시기였다.

선생님이 선물로 주신 차를 받아들고 어떻게 마시는 건지 질문을 했다. 그러자 함께 자리하신 사모께서 "나도 몰라요. 옆집 중국 친구는 그냥 열탕에 우려서 마시고 그 물에 밥도 말아먹고 그래요."라고 하셨다. 뜨거운 물을 부어 차를 우리니 화장품 냄새가 난다며 식구들은 아무도 마시지 않았다. 사실 나도 그 강한 향기가 썩 내키지는 않았다. 그렇지만 스승이 주신 귀한 선물이니 어쩔 수 없이 조금씩 마시게 되었다. 사모 말씀을 따라 차를 우려 밥도 말아먹고 그냥 음료로 마시기도 하면서 제법 큰 통의 차를 혼자 다 마셨다.

세월이 한참 지난 후에야 그것이 자스민차였음을 알았다. 그 차는 내가 다방에서 마신 홍차 다음으로 집에서 처음으로 상용한 차였다. 물론 차구는 갖춰져 있지 않았다. 큰 사발에 차를 넣고 뜨거운 물을 부어 가라앉은 찻잎을 남기고 찻물만 다른 사발에 따라서 마셨다. 그야말로 막사발에다 차를 마신 것이다. 그 이후는 주로 홍차를 즐겨 마셨다.

선생님은 또 "잭살을 마셔야 돼!"라고 주장하며 봇짐 속에서 늘 잭살차를 나눠주곤 했다는 하동의 '잭살영감 조청파' 옹 이야기를 여러 번 하셨다. 잭살영감 조청파는 오늘날 화개골 작설차의 전설로 남아 있는 청파 조병곤 생몰연대1895-1964로 추정 옹을 말한다. 잭살은 작설차를 말하는 것이다.

서예의 대가, 스승 소암(素庵)

두 번째의 차 인연은 1971년 2월 제주도 서귀포에서다. 나의 스승 서예가 소암 현중화 素庵 玄中和, 1907-1997 선생 댁 '조범산방 眺帆山房'에서 차를 마시는 자리에 함께 했다. 마산에서 서예를 가르쳐 주셨고 나는 그분을 아주 편안하게 모셨다. 그러나 제주도 댁으로 방문했을 때는 제주도의 제자들과 함께 자리를 했는데 육지에서와는 사뭇 다른 분위기였다. 그 곳 제자들은 스승 앞에서 매우 경건하고 엄격한 자세를 취하고 있어서 나도 앉음새를 단아하게 고쳐야만 했다.

스승님의 차 우리는 모습은 50년이 훌쩍 넘은 지금에도 눈에 선하다. 이미 고인이 되신 지 25년이 되었다. 모두 좌석에서 무릎을 꿇고 찻잔을 배정 받고는 공손히 합장하고 차를 소중히 받들어 마시기 시작하였다. 나는 너무나 무거운 자리로 느껴져서 자연스럽지 못하다는 짧은 생각을 했다. 두 번째 잔이 돌 즈음에 나는 단호하게 거절을 하였다. 너무나 개성 없는 무색에 가까울 정도의 맹물 같은 것을 사람들은 계속해서 받아 마셨다. 나는 속으로 '저 사람들은 선생님 앞에서 싫다는 소리도 못하고 그냥 곤욕을 치르고 있는 게 아닌가?' 하는 생각까지 가졌다. 지금 되돌아보면 너무나 오만방자하고 철없던 시절의 옛 이야기다.

차 마심이 끝나자 스승께서 손수 차 설거지를 하셨다. 그때서야 내 속에서 '아!~' 하는 작은 탄성이 가슴에 번졌다. 혀끝에서 형용하기 어려운 어떤 묘한 향과 감칠맛이 머물고 있는 것이 아닌가! 그 묘한 향을 굳이 말로 표현하자면 아주 질 좋은 파래의 향긋함이라고나 할까? 그 향은 청정 바다의 자연의 향 바로 그것이었다. 이미 끝난 찻자리에서 즉각 반성이 일었다. 용기를 내어 무슨 차냐고 질문했다. '옥로차 玉露茶'라고 하셨다. 단 한 잔의 차를 통해, 혀끝에 감도는 차향으로, 스승님께서 풍기는 깊은 에너지를 알게 되었다. 만감후 晚甘候, 바로 그것이었다.

효당 스님

나의 차 생활에서 특별한 찻자리 경험은 다솔사의 죽로지실 竹爐之室에서다. 현대 한국의 차도를 중흥시킨 종장이라 불리는 효당 스님을 처음 만난 것은 1977년 4월 중순이다. 남편이 느닷없이 절간으로 가서 그분을 스승으로 모시게 되었다. 20대에 소은 스승님의 소개로 막연히 가슴에 품었던 효당 스님을 30대가 넘어 친견하게 된 것이다. 마음에 자그마한 흥분이 일어났다.

그분은 별 움직임과 말씀은 없었으나 뭔가를 자연스럽게 창조해내듯이 내 앞에 마치 진한 쑥물 같은 것을 한 사발 내어주셨다. 차를 휘젓는 손길을 지켜보면서 '무척 쓰면 어떻게 하나?' 의심하며 조심스럽게 마셨다. 큰 실수 없이 잘 마셨다는 기억만 남았다. 뒤에 원화 선생으로부터 그것이 말차였고 효당 스님으로부터 특별한 대접을 받은 것이라는 말씀을 들었다.

〈죽로지실〉

효당 스님은 광주 춘설헌의 의재 허백련 1891-1977 선생과 호형호제하는 막역한 사이였다. 또 소암 현중화 선생과 의재 허백련 선생과의 관계도 각별하였다. 소암 선생과 효당 스님 사이에 어떤 교분이 있었는지는 모른다. 의재 선생은 광주 무등산에서 '춘설헌'을 통해 차 생활을 하셨고, 소암 선생은 제주도의 차문화를 끌어올리는데 혁혁한 공이 있는 분이시다. 두 분은 의재의 당호 '春雪軒 춘설헌'과 소암의 당호 '眺帆山房 조범산방'을 서로 바꾸어 휘호하기도 하였다. 효당 스님은 경남 다솔사에서 차밭을 일구며 차 생활을 주도하였고, 우리나라 최초의 전문 차서인 『한국의 차도』를 통해 한국의 현대 차도를 중흥시키신 분이다.

〈조범산방〉

〈춘설헌〉

이와 같이 차와의 특별한 인연이 필연처럼 한 길로 모아져서 반야로 원화 선생을 스승으로 모시고 본격적인 차도 수행에 임해서 오늘에 이르렀다. 원화 선생은 효당 스님의 차도정신을 계승 발전시키고 있다. 이처럼 나에게는 차와 관련한 깊은 인연들이 얽혀 있음을 체감할 수 있다. 자연히 차 생활에 빨려 들어감이 아주 자연스러운 일이었을 것이다.

2. 화윤차문화 30년

화윤당은 화윤차문화의 당호이다. 화윤당에서는 차와 요가명상을 같이 가르쳤다. 요가명상을 수련한 사람의 자세는 행차의 모습에서도 확연히 다르다. 평정심을 유지하고 자연스러운 자태를 유지할 수 있는 균형 감각이 드러난다. 차선일미 茶禪一味의 가르침대로 차도명상, 요가명상으로 차를 가르쳤기 때문에 명상수행차도로서의 면모를 갖추게 했다. 반야로의 1기 수료식에서 선차 발표를 하면서 선차 작법을 정리하기 시작했다. 효당 스님은 음차에 특별한 작법이 만들어지는 것보다 자연스러움을 중요하게 여기셨다. 그러나 효당 스님이 생전에 말씀하신 차 살림의 반야로선차도는 차를 행할 때 작업동선을 고려하여 간소화 하는데 주력했다. 차문화를 공연문화콘텐츠로 이끌어 내신 분은 원화 선생이다. 화和 자의 차호를 받은 제자가 수료할 때는 반드시 '수료식 및 선차발표회' 공연을 준비하여 대중들에게 선차를 선보이고 다식을 마련하며 차를 정성껏 대접하였다. 이러한 전통을 화윤차문화에서도 이어받았다.

화윤차문화의 구성과 주요 활동

화윤차문화는 '화윤선차회', '화윤차례문화원', '화윤차문화협동조합'으로 구성되어있다. 화윤선차회는 반야로의 맥을 이으며 지부 활동을 한다. 이러한 지부 활동의 원만함을 위한 교육활동기관이 화윤차례문화원이다. 대외적인 활동이나 재정의 신뢰 구축은 화윤차문화협동조합이 맡고 있다.

화윤선차회는 일정한 교육 과정을 수료한 차인들이 차 동아리를 꾸려 지역별로 활동하고 있다. 대표적인 차 동아리로 안양차향회, 안산차향회, 창원차향회, 매릴랜드차향회가 있다. 이들 차 동아리는 지역의 특성에 맞는 자발적인 차문화 활동을 하고 있다. 이 네 동아리의 차인이 화윤차문화의 핵심 주인공들이다.

안양차향회

1993년부터 요가수련원에서 찻물이 들었던 회원들이 주축을 이룬다. 이들이 지금까지 그 기운을 이어오므로 차인으로서 명상수행의 품성이 돋보이는 특성을 가지고 있다. 매년 반복되는 주요 행사로 명상차문화잔치, 시민축제 등의 사회 참여를 주관하며 화윤차문화의 축을 이루고 있다.

주요 활동은 항일여성독립운동가 추모헌공차례, 국립국악원 예악당 신춘차회 공연행사에서 접빈차회 무대를 담당하였다. 이 행사는 설특집 '설-여민동락'이라는 주제로 설날 2013. 2. 10 과 초이틀 2013. 2. 11 에 걸친 공연이었다.

안산차향회

2003년 3월부터 개설된 안산여성회관 차도교실의 교육활동을 기반으로 만들어졌다. 여성회관 차도교실을 수료한 차인들이 전문적인 차문화 활동을 하고자 화윤차례문화원 교육과정을 이수하였다. 안산차향회는 안산시 차문화 봉사 단체로 등록하여 활동하였다.

2004년 안산시 '평화의 집' 장애인차도교실 운영으로 소외 계층을 향한 차도와 예절 봉사를 하였다. 이러한 사례는 매우 보람된 결실을 맺어 EBS방송에 소개되기도 하였다. 또 대중을 향한 차 나눔은 매년 송년 명상차도문화 공연을 하면서 주민과 소통하는 기회를 넓혔다. 안산차향회는 지역 내의 다른 문화단체와 연합하여 한국전통문화협회(회장 박남식)를 구성하여 활동의 지평을 열어갔다.

2009년 10월 11일에 단원전시관에서 한국전통문화협회 주최로 '단원 김홍도의 평생도에 나타난 회혼례 재현' 행사를 하였다. 이 행사는 단원의 평생도에 나타난 회혼례와 수연례를 재현하는 큰 행사였다. 부대 행사로 당시의 복식을 고증하는 '이윤숙이 만난 김홍도' 복식전도 함께 진행되었다. 또한 요리전문가 이문자 선생의 고증을 통해 회혼례와 수연례의 상차림도 이뤄졌다. 행사의 마무리는 '단원 김홍도의 평생도에 나타난 회혼례 재현'의 도록을 출간하여 보고하는 것이었다. 이 행사는 안산시의 지원으로 이루어졌다.

창원차향회

2003년 9월 개설한 창원문화원의 차도대학 과정과, 2004년 3월부터 개강한 창원대학교평생교육원의 전통차예절지도사과정을 통해서 만난 차인들이다. 이들 수료자 대부분은 국·공립대학 평생교육원협의회 발급의 전통차도예절지도사자격증을 소지하고 있다. 이들이 화윤차문화 창원교육관 운암서원 에서 상급 단위의 심화 보강교육을 이수하였고, 본회 차도예절사자격증과 차사 茶師 자격증을 취득하였다. 수료 후에도 꾸준한 연구, 연수가 이어지는 조직 활동을 통해 본인들의 인성 연마와 더불어 이웃주민에게 차도 생활을 보급하며 차문화의 대중적 지평을 넓히고 있다.

주요 행사는 다음과 같다. 제8회 웅천 선조도공추모제 2008. 10. 25 를 시작으로 제13회 2012. 10. 28 까지의 헌공차례를 매년 전통예절교육관을 운영했다. 제3회 노무현대통령 추모헌공차례 2013. 5. 19 를 봉하마을 노무현대통령묘역에서 주관하였다. 2008년부터 창원시 소재 보현선원의 초파일봉축문화행사를 2019년 코로나19 대유행 이전까지 매년 주관하였다. 창원차향회는 창원민예총과 연대하여 추모차례와 선차문화 공연을 수없이 협연하였다. '운암서원 전통문화 예절학교'에서는 학생연수, 교사직무연수, 절기로 만나는 문화예술공연 등의 활동을 매년 지속적으로 해왔다.

CJ헬로비전 경남방송 〈"공감 人 경남" 2011년 설 특집〉을 운암서원에서 촬영하여 방송하였다. 전 회원들이 역할을 맡아 차와 전통예절을 보여주어 전통문화의 대중 교육에 기여하였다.

제1회 경남국제차문화박람회 2011. 9. 22-25 가 창원컨벤션센터에서 열렸다. 당시 윤상 차문정 부원장이 실무를 담당하여 차문화 부문을 화윤차례문화원이 주관하였고 이 박람회의 제2회까지 주관하였다.

2007년에는 경상남도교육연구정보원의 제작 지원으로 동영상 강의, 차(9분58초), 차도(8분16초), 차 우리기(36분 42초), 차 만들기(5분42초)를 제작하여 경남교수학습지원센터에 등재하였다. 이 영상은 학생들의 재량활동 시간에 '전통문화예술' 강의로 지원되었다. 창원차향회는 이러한 활동 중에 특히 화윤차 제차실습 활동을 선도해왔다.

미국 매릴랜드차향회

2011년 12월 차보영 Boyoung Cha, 송현주 hyun chu song, 김상숙 sang sook kim, 박화선 Hwasun Park, 오영희 Younghee Oh 다섯 분이 화윤차례문화원에서 차도예절지도사 자격증을 취득하여 매릴랜드 지부활동을 시작하였다.

매릴랜드 차향회 1호 차도예절사 차보영 박사는 1998년 죤스홉킨스 대학 The Johns Hopkins University 생물리학 박사로서 동 대학의 의대 Faculty로 재직하고 있다. 그는 외국 동료들에게 차 생활을 통한 한국의 전통문화를 소개하였고, 선禪 응용학을 계속 공부하면서 차와 선을 접목시키는 작업을 하였다.

대학시절 소립자 물리학 이론을 전공한 것을 바탕으로 현대 물리학의 철학적 배경이 되는 동양사상에 관심을 갖고 동양사상의 진수인 천부경의 진리를 과학적으로 연구하는데 매진한다고 하였다. 구체적인 차 생활 활동으로 '끽차 시낭송 회원'으로 활동하고, 차도반 회원들과 명상수행을 중심으로 차 수행을 하였다. 이러한 차 활동이 극도로 발달된 현대 물질문명 속에서 황폐화된 현대인의 정신문명을 살리는데 가장 필요한 수행이라고 주장하였다.

명상선원을 운영하는 송현주 차인, 한국무용 전문가인 김상숙 차인, 문인인 박화선 차인, 시조시인 오영희 차인 등도 각자 자신의 전문과 개성을 차와 결합하여 미국에서 조국의 얼을 빛내는 활동을 한동안 열심히 하였다.

메릴랜드차향회 회원들은 한인동포 사회에서의 행사, 개천제 헌차의례, 한인의 날, 이북도민의 한가위 차례행사 등에 참여했다. 이들은 헌공차례에 참여하거나 행사 내내 한인들에게 차를 나누면서 춤과 시, 차명상 등으로 기여하였다. 행사의 주무적인 연결을 담당했던 오영희 선생의 노력이 있었지만 현재는 건강상의 이유로 원활하게 되지 않아 무척 아쉽다. 또한 고국의 우리 차인들이 적극적인 지원을 하지 못했음도 반성하게 된다.

차문화의 국제 활동

■ 반야로 본원과 함께 한 주요 국제행사

연혁		내용	장소
1995년	8월	백두산 답사 및 천지에서 통일기원 차제茶祭	
1999년	8월	중국선차유적답사 탐방단에서 하북성 조주원 조주선사 탑전 헌공차례 참여	중국
2000년	6월	제6회 죽산국제예술제 초대 개막식 축하 차도공연 참여	한국
	8월	중국 강서성에서 열린 제1회 강서선종(江西禪宗)과 신라선문(新羅禪門)에 관한 국제학술회의에서 반야로 선차수행 발표	중국
2001년	12월	제2차 중국선차 유적답사 및 선차시연(남창 우민사), 보봉사 마조도일 선사 탑전 헌차(강서성 불교현회초청)	
2003년	1월	프랑스 파리 한국문화원 초청으로 파리 한국문화원에서 선차도문화 공연, 프랑스에 한국전통차문화 선양	프랑스
2004년	11월	프랑스 파리 한국문화원의 재 초청으로 차도문화 공연, Kimex-co 제5차 국제차전시회 'TEA EXPO 2004' 초청 연으로 한국의 전통문화 선양, 극장 'Au Centre Multimedia, Paris'에서 한국 반야로 선차공연	
2006년	11월	세계아트마켓 채원화 선생 독수선차獨修禪茶시연(캐나다 몬트리올 모뉴망 내셔널 극장)	캐나다
	12월	한.불 수교 120주년 공연, 반야로 선차禪茶시연 (프랑스 파리 께브랑니 국립민속박물관 레비스트로스 극장)	프랑스
2007년	1월	2007 APAP CONFERENCE, 채원화 선생 독수선차시연(뉴욕 프랑스문화원 골드홀)	미국
2009년	5월	벨라루스 국립예술박물관 한국실 개관기념, 반야로 선차시연 및 자문	벨라루스
	5월	러시아 한국교수협의회 창립 기념공연, 선차시연(러시아 모스크바 국립대학교), 주 러시아 모스크바 한국문화원 행사 참석	러시아

■ 화윤차문화의 국제행사

연혁		내용	장소
2016년	4월	중국 정연문화(대표, 胡瑞芸)와 한·중차향문화교류회	한국
	9월	후뤼윤 교수의 향도특강과 한·중차문화 아회	
2017년	2월	하이난성 하이커우시 선전부 지도단위의 '한·중전통차향문화교류회' 참석, 정연문화(대표 후뤼윤)와 도역문화(대표 임귀화)주최 한·중전통차향문화교류대회 참석	중국
	3월	4박 5일 일정으로 오지산 조춘차 개채절(五指山早春開採節)행사에 초청되어 행사 전반에 참여	
	12월	6박 7일 일정으로 광동성 도역문화(회장 임귀화) 초청 한 중차문화교류대회 공연 참여 및 차문화 탐방	
2018년	10월	일본 도치키켄(板木縣)의 나수시오바라(那須鹽原)시 소재 도야마사다꼬(遠山定子) 선생의 차실에서 한일차문화교류회	일본
2019년	5월	신라호텔 영빈관에서 열린 대익그룹 초청 한·중선차교류회 및 신제품 발표회에서 화윤차문화 독수선차공연	한국
		7박 8일간 서풍동경호(瑞豊同慶號) 초청으로 운남성 한·중차문화교류회	중국

3. 돌아보며

　　화윤차문화의 30년을 돌아보니 차신 茶神 따라 소리 없이 걸었어도 세월이 가니 그 족적은 더욱 선명해지는 듯하다. 화윤당에는 항상 찻물이 끓고 있다. 구석구석 쟁여진 차가 익어가는 소리가 들리는 듯하다. 누구라도 목마른 자는 들어와서 차를 마시도록 항상 문을 열어둔다. 그것이 원화 스승으로부터 배운 차도무문 茶道無門 을 실천하는 특별한 향기다.

　　항상 사람 속에서 행복하고 사람이 오래 머무는 화윤당은 차와 더불어 수행의 향기가 피어난다. 차와 더불어 하는 삶에는 늘 환희심과 감사한 마음이 따른다. 차에는 문화가 있고 풍류가 따른다. 차에는 나눔이 따르고 정이 넘친다. 차에는 명상이 있고 치유가 따른다. 도반들은 서로 사랑할 수밖에 없는 지고한 인연들이다. 차를 통해 맺은 한 분 한 분이 소중하지 않은 분이 없기에 언제나 차에 감사하고 환희심이 든다.

　　30년 세월에는 참으로 많고도 기이한 이야기들이 진진하다. 진진한 이야기가 전설이 되고, 끊임없이 변화하며 역사를 만들고 전통이 된다. 이제 화윤차문화 반세기를 향해 부지런히 이웃과 차를 나누고 수양의 차 살림을 이어가야겠다. 역사를 여는 사람이 있으면 거두어들이는 사람이 있기 마련이다.

1장 차와 인문

1. 화윤선차회 교육의 출발

/ 화언 이대섭

2022년 2월 20일, 화윤 선생님으로부터 연락이 있었다. 내년 2023년이 화윤선차회가 문을 연 지 30년이 된다는 것이었다. 세월이 벌써 그리 흘렀단 말인가! 스승님의 요청이니 쓰지 않을 수 없는 노릇인지라 써보기로 결심했다. 내 생각에는 화윤차문화를 통틀어서 내가 가장 어린 나이에 입문했을 것이다. 그래서 기억을 쥐어짜 내어 가급적이면 읽기 쉽게 써보려고 한다.

1994년 4월, 첫 만남

나와 화윤선차회의 인연은 1994년 4월로 거슬러 올라간다. 대학교 1학년 때이다. 지금 돌이켜 보아도 왜 그랬는지 모르겠지만 94년 4월에 지역 정보지 벼룩시장에서 우연히 차도회원 모집 광고를 보게 되었다. 하지만 우연이라고 하기는 스무 살도 안 된 어린놈의 눈에 차도회원 모집 광고가 보인다는 것 자체가 차문화를 만날 인연이 있었던 것이다.

당시 친구들은 당구장, PC방, 오토바이 등등으로 열심히 놀 때였는데, 차도나 배우며 가야금을 뜯으러 다닌다고 이상한 놈 취급을 받기도 했다. 어떤 친구는 "저놈 저러다가 머리 깎고 산으로 들어가는 거 아니냐고?" 말하기도 했다. 하지만 개의치 않았다. 뭔가 멋있어 보였고 좋은 사람들과의 교류가 너무나도 좋았기 때문이다. 모집 광고를 자세히 보니 원장님의 이름과 전화번호가 있었다.

화윤선차회는 안양 평촌에 자리 잡고 있었다. 불과 몇 년 전 논이었던 곳에 아파트가 들어섰고 그 아파트단지 내 상가 4층에 화윤선차회가 있었다. 4층에 올라가보니 화윤선차회 간판과 삼법요가 간판이 나란히 있었다. '요가도 같이 하는구나.'라고 여기며 조심스레 문을 열어보니 호리호리한 아주머니께서 반겨주셨다.

"박남식 원장님을 찾아 왔습니다."

"네 반갑습니다. 제가 박남식 입니다."

박남식이라는 이름만 보고 남자일 거라고 넘겨짚었던 나는 순간 당황했다. 방에는 이미 네 명의 누님들이 앉아있었다. 그날이 같이 공부했던 도반과의 첫 만남이었다. 29년 전의 이야기다. 나는 그 당시 한국의 차도문화계가 여인천하임을 미처 모르고 있었다. 이해문, 김현경, 홍은아, 이경아, 청일점인 나까지 5명이 공부를 시작했다. 몇 달 후에 조지연이 입문했다.

그 뒤에 시간이 좀 더 지나고 신종훈, 이형주 두 사람이 합류했던 것 같다. 이 두 선생은 각자 다른 차회에서 이미 많은 공부를 하고 좀 더 공부하기 위해서 화윤선차회에 들어오신 분들이었다. 신종훈 선생과 이형주 선생은 나중에 나와 함께 서울 본원으로 같이 올라가 수료하였다.

이해문, 조지연 회원은 초등학교 교사였으며 두 분은 화윤선차회의 인연으로 좋은 배필을 소개받아 결혼까지 하였다. 홍은아 회원은 안양시 의회 속기사였다. 이경아 회원은 회사원이었던 것으로 기억된다. 김현경 회원은 단학선원의 사범출신으로 삼법요가에서 요가지도를 하고 있었다. 신종훈 회원은 기아자동차에서 디자인계열에 종사하였고 에어로빅 지도자, 레크리에이션 지도자 등 자격증이 10개가 넘는 별난 분이었다.

이 도반들은 현재까지 끊이지 않고 서로 연락하고 있다. 이때 나의 나이는 열아홉 살이고, 누님들은 이십대에서 삼십대 초반이었으니 다들 예뻤다. 아마도 좋은 차를 마시며 좋은 스승 밑에서 좋은 공부를 하니 더 예뻐졌을 것이다.

『동차송(東茶頌)』으로 시작한 공부

화윤선차회는 차와 요가를 같이 공부할 수 있는 곳이었다. 나는 차도예절만 주로 공부했으나 요가를 배우는 분들이 더 많았다. 아마도 이때가 경기가 좋아서 많은 사람들이 건강, 웰빙 등에 관심이 많았기 때문에 요가나 차도 등의 유행이 시작되었던 것 같다. 차도교실은 일주일에 한 번, 저녁시간에 수업이 있었다.

화윤선차회는 반야로차도문화원의 지부여서 효당 스님에서 출발한다. 그러기 때문에 불교와 상당히 밀접하며 수업의 많은 부분이 불교 경전과 관련이 깊다. 차도 수업은 초의선사의 『동차송』으로 시작되었다. 『동차송』은 조선후기 초의선사가 우리나라의 차를 송頌 형식으로 서술한 차서이며 한문 원전으로 되어있다. 1970년대 전·후 태생은 알겠지만 학교에서 한문수업이 있었다. 그러나 내가 중학교 2학년 때부터 한문교육이 폐지되었다. 한문을 제대로 배우지 않은 나로서는 『동차송』 공부가 너무 어려웠다. 그러나 나는 수년에 걸쳐서 동차송을 통째로 암기해 버렸다. 지금도 몇몇 구절은 암송이 가능할 정도다.

『동차송』 공부가 끝나고 「차신전 茶神傳」을 배웠다. 그리고 불교 입문서라는 『초발심자경문 初發心自警文』을 배웠다. 『초발심자경문』은 보조국사 지눌의 「계초심학인문」, 원효성사의 「발심수행장」, 야운선사의 「자경문」을 한데 묶은 마음 수행서다. 「계초심학인문」은 약 800년 전에 저술되었고, 「발심수행장」은 무려 1200년 전에 저술된 것이다. 내 개인적인 생각으로 불교는 서양종교와는 달리 철학사상에 가까운 것 같다. 이 어려운 걸 갓 스물 넘은 놈이 공부한다는 게 보통 어려운 일이 아니었다. 이렇게 공부하는 과정 중에 많은 이야기가 있었기에 기억을 더듬기에는 꺼리가 충분하다.

PC통신 시대, 천리안 차동호회원인 화윤 선생님

지금은 누구나 아주 쉽게 인터넷을 사용할 수 있지만 90년대 중반 이전에는 보편적이지 않았다. 컴퓨터도 90년대 초반쯤에서 많이 보편화 된 걸로 알고 있다. 1994년에 한국통신이 인터넷 보급에 나섰다. 통신수단이 지금같이 4G나 5G처럼 빠른 것이 아니고 모뎀을 사용해서 문자메시지를 보내는 정도였다.

인터넷 통신이 유행이 되었고 각각의 통신회사는 PC통신 동호회라는 온라인 동아리가 생겨났다. '정모', '번개', '온라인 민심' 등의 유행어도 이때 생겨났다. 수많은 PC통신 동호회 중 나는 유니텔의 차사랑 동호회에 가입했다. 화윤 선생님은 천리안 차동호회 회원이었다.

통신 동호회는 신선했다. 연령층도 다양했고 직업도 다양하여 회사원, 자영업자, 도자기 만드는 분, 녹차 만드는 분 등등이었다. 이들은 각양각색의 닉네임을 사용했다. 나는 '자용향'이라는 닉네임을 사용했는데 『동차송』에 나오는 차 이름에서 따왔다. 모임 장소는 주로 서울이었고 가끔 지리산, 녹차 제차장, 도자기 공방 같은 곳을 가기도 했었다. 녹차를 마시면서 차에 대해 이야기하며 밤을 새기도 했다. 술이 아닌 차를 마시면서 밤을 샌다는 것이 신기하기만 했다. 금요일 저녁에 정모를 하면 전철1호선 수원행 막차를 타고 돌아오는 일이 다반사였다. 그때 모임의 회원들은 다들 잘 살고 있는지 참으로 궁금하다.

인사동 시절

차와의 인연이 깊어지다 보니 자연스레 인사동 출입이 잦아졌다. 반야로차도문화원 본원 이하 반야로 서울의 인사동에 위치하였고, 차 동호회의 모임도 인사동에서 많이 했기 때문이다. 서울 본원은 예전에는 안국역에서 인사동길 입구 쪽에 있었다.

처음 본원을 방문했을 때 느꼈던 건 차실의 규모가 너무 작다는 것이다. 여기가 우리나라 차문화계의 중심지라는 게 믿기질 않았다. 반야로 원장님도 처음 만나게 되었다. 원화 선생님은 체구가 작고 호리호리했으나 대꼬챙이처럼 빳빳했다. 이분이 보통사람이 아니라는 걸 한눈에 알아볼 수 있었다.

원화 선생님은 처음 본원에 올라온 나에게 특별히 맛있게 우려 주신다며 차관에 평소보다 찻잎의 양을 넉넉히 넣고 저온의 탕수로 시간을 길게 두어 차를 우려 주셨다. 진하디 진한 한 잔 차였다. 머릿속에서 팽팽하던 줄이 핑 하며 끊어지는 느낌이었는데, 말로 표현하기 어려웠다. 29년이 지났지만 원화 선생님의 그 첫잔 차는 아직까지도 머릿속에서 지워지질 않는다.

1995년, 반야로차도문화원 안양지부 화윤선차회

반야로차도문화원이 1983년에 시작하여 10년이 넘게 공부한 분들을 대상으로 1995년에 제1회 수료식을 하게 되었다. 사실 수료자들은 각 분야에서 한 획을 긋는 분들이었고 다른 차회에서 오랫동안 수련하신 분들이거나 원화 선생님과 같이 오랜 기간 차문화를 일구어 오신 분들이었다.

박남식 선생님도 1회 수료자였고 이때 '화윤 和胤'으 차호를 받게 되었다. 반야로

차도문화원 안양지부 화윤선차회의 시작이 되었다.

화윤선차회는 점점 좋은 분위기에서 회원이 많이 늘어갔다. 해마다 차 만드는 때가 되면 관광버스를 전세 내어 하동 지리산 차밭에 차 만들기 체험여행도 갔다. 숙박은 대개 절에서 묵었는데 모두들 여행의 들뜬 마음에 밤늦게까지 얘기를 나누느라 잠을 자지 않아서 스님께 야단을 맞기도 했다. 또 각자의 시간과 여건이 맞지 않을 때는 소그룹으로 지리산 차밭에 가기도 했다. 우리 도반들은 지리산 차밭에 세 번 정도 더 갔던 것 같다. 화윤선차회는 차 만들기 체험뿐만 아니라 문경 등의 도자기 만드는 곳도 함께 가곤 하였다.

1998년, 다시 화윤선차회로 복귀

차 공부는 계속 이어졌고 도반 중에는 생업이 바쁘고 공부시간을 만들 수 없어 결석이 잦아지고 자연스레 멀어지면서 그만두는 분들도 생겨났다. 또 새롭게 합류한 분들도 생겼다. 그런 와중에 나는 나라의 부름을 받고 병역의무를 수행하기 위해 26개월간 차 공부를 쉬게 되었다.

병역의무를 마치고 1998년 늦가을에 다시 화윤선차회에 합류하였다. 여전히 이해문, 조지연, 김현경, 신종훈, 이형주 그리고 나 이렇게 5명이 도반이 되었다. 나는 요가수업은 거의 받지 않았지만 화윤선차회는 요가와 차도를 수행의 일환으로 여겨서 삼법요가를 같이 운영하였으므로 자연스레 요가 행사에도 참여하였다. 강원도 홍천에 있는 삼법요가 명상센터인 '담마재' 등에서 열린 요가 행사에 도우미로도 많이 참가하였다.

시간이 흘러 나도 취직을 하고 바쁜 삶을 살면서, 화윤선차회에서 차공부와 차

사랑동호회 활동을 병행하였다. 2000년 겨울, 화윤 선생님께서 이제는 본원에 올라가서 공부를 마감하고 수료하라고 하셨다. 적어도 10년 정도는 안양지부에서 공부한 후에 본원으로 가고 싶다고 하였지만 주위에서 같이 공부하자는 권유도 있었기에 신종훈, 이형주 두 분과 함께 서울로 갔다. 그 때는 화윤선차회에서 공부를 마치고 반야로 본원에서 일 년간 마무리 공부를 하고 본원에서 수료하였다.

2001년 11월 11일, 화언(和彦)

화윤선차회에서 본원으로 올라가 수료한 차인들은 이십 여명이 넘었다. 서울 본원에서 공부할 당시의 나의 도반은 최화정, 홍경희, 이형주, 신종훈 님이다. 이때 영국의 수사 출신 안선재 선생도 반야로와 인연이 깊어서 명예회원 자격으로 우리와 같이 수료하였다.

서울 본원의 수업은 『치문緇門』이었다. 치문은 출가하는 수행자에게 남기는 덕망 높은 스님들의 가르침을 말한다. 치문과 함께 차를 우리는 방법이나 접대하는 방법 등 이론과 실기 행차 수업을 일 여년 정도 공부했다. 나는 2001년 11월 11일에 6기생으로 수료를 하면서 '화언 和彦'이라는 차호를 받았다. 화언은 '평화로운 선비'라고 원화 선생님께서 말씀해주셨다.

본원에서 공부하는 틈틈이 화윤선차회 행사에도 많이 참여하였고 차밭이나 지리산 등등 마음 맞는 도반들과 여행도 하였다. 화윤 선생님과 제1회 광주비엔날레와 스승님의 고향인 창원에도 함께 가보았다. 한번은 본원의 도반들과 지리산 차밭을 가게 되었는데 아마도 쌍계사 방면의 산을 타고 갔던 것 같다. 그날은 날이 너무 더웠다. 마침 작은 계곡에 맑은 물이 흐르고 있었다. 너나없이 다들 옷을 벗고 생가죽으로 물놀이했던 일이 생생하게 떠올라 지금도 웃음이 나온다.

2002년 4월, 일본 유학

2002년 4월에 나는 일본 유학길에 올랐다. 일본에서는 한국에서만큼 차 생활을 하지는 못하였지만 가져온 반야로차 한통을 아껴가면서 마셨다. 녹차는 일본에도 종류가 상당히 많지만 대부분이 부초차이기 때문에 반야로 같은 증차 蒸茶 의 맛이 나지는 않는다. 일본의 녹차는 우려낸 색깔이 너무 진한 녹색에 풋 냄새가 조금 있다. 일본에서도 증차는 있지만 가격이 비싸고 종류도 얼마 되지 않는다.

일 년에 한번 정도 한국에 들어갔을 때도 화윤선차회는 꼭 들러서 여러 선생님들과 만나는 인연을 끊지 않았다.

2014년 4월, 창원 화윤선차회

2014년 4월에 나는 딸아이를 데리고 창원으로 향하였다. 창원은 화윤 선생님의 고향이며 그곳에 차밭을 가꾸어 놓았고 매년 제자들과 함께 차를 만드셨다. 아이가 초등학교에 진학하면 자유롭게 여행가는 게 어렵고 하니 좋은 기회라 생각하고 다섯 살 난 딸아이와 함께 창원으로 향하였다.

창원에 가니 윤도, 윤허, 윤빈, 윤휘, 윤아 선생이 반겨주었다. 이분들도 화윤선차회와는 오랜 인연이 있지만 요가를 먼저 하신 분들이고 나와는 활동 시간대가 다르기 때문

에 대부분 초면이었다. 그렇지만 금방 친해졌고 딸아이와도 잘 놀아주며 많이 예뻐해 주셨다.

이때 차밭에서 찻잎을 따서 처음으로 증차를 만들어 보았다. 끓는 물에 살짝 데친 찻잎을 꾸덕꾸덕하게 말린 다음 뜨거운 솥에 넣고 박박 문대며 덖는다. 장갑을 두 장 껴도 뜨거운 열기가 참기 어려울 정도였다.

좋은 곳에서 좋은 분들과 좋은 음식을 먹고 며칠 머문 다음 안양으로 올라왔다. 안양에서도 반가운 분들이 맞아주셨다. 화훤, 화수, 윤후, 윤우, 화령 선생과 정말 오랜만에 만나서 많은 이야기를 나누었다. 일본으로 돌아가기 하루 전에 창원에서 같이 지낸 윤빈, 윤휘, 윤아 선생이 딸아이를 한 번 더 보자며 점심을 사주셨고 윤아 선생은 도자기를 직접 만들어보게 해주셨다. 화윤선차회 도반들의 환대가 가슴을 따뜻하게 데워주었다.

2018년 10월, 일본에서 만난 화윤 선생님

2023년에 반야로 30주년 기념행사를 한다는 소식을 들었다. 멀리 떨어져 있고 차 생활은 많이 하지 못하지만 반야로를 수료한 문도로서 도움이 되고자 했다. 원화 선생님께서 아주 대견해하셨다고 전해 들었고 고맙다는 친필 편지와 효당스님의 업적이 담긴 책자와 반야로에 관련된 논문자료 등을 보내주셨다.

2018년 10월에 화윤 선생님께 연락이 왔다. 일주일 정도의 일정으로 일본에 오신다는 것이다. 스승님도 예전에 일본에서 공부를 하셨기에 그때 인연 맺은 분들을 만나기 위함이었다. 초등학생이 된 딸아이와 함께 찾아뵙고 저녁을 먹으며 많은 이야기도 나누었다.

그리운 그 시절

창원 차밭에 다녀온 지 벌써 9년이나 흘렀고 딸아이는 중학교에 진학하였다. 가끔 생각하는 게 있다. '내가 일본에 오지 않고 한국에 있었다면 어땠을까?' 아마도 차 공부를 계속 이어갔을 것이라고 생각한다.

내가 공부한 시간은 화윤선차회에서 7년, 반야로본원에서 1년이니 20대를 차와 함께 보낸 셈이다. 당시 화윤선차회의 차인 중 한분이 나더러 차도를 배우기에는 너무 이른 나이라면서 돈을 벌기 위해 직업적으로 필요한 공부를 하라고 하였다. 29년이 지난 지금 생각해보면 틀린 말은 아닌 것도 같다. 하지만 그때 그 시간이 아깝다고 생각해 본적은 없다.

많은 월급을 받는 회사는 아니지만 그래도 밥은 먹고 살고 있다. 아마도 태생이 욕심이 없는 성격이어서 일지도 모르지만 물질적인 것 대신에 좋은 정신과 인연을 택한 게 아닐까 생각해본다. 화령 선생께서 차도는 물을 다루기 때문에 몸속에 있는 불의 성분인 화를 누르고 다스리기 때문에 건강에 좋다는 말씀을 해 주셨는데, 우리가 삶을 살아가면서 화를 다스리는 게 쉽지는 않은 것 같다.

나도 회사와 가정 그리고 주위환경에 의한 스트레스를 많이 받지만 차 공부를 했기에 큰 문제없이 잘 넘어가고 있는 것 같다. 차도공부는 올바른 정신수양과 좋은 인연을 만들 수 있기에 참 좋다. "차 공부 해보세요. 아주 좋습니다."라고 누구에게나 강력하게 권하고 싶다.

오래된 기억의 소환에 이름이 등장하진 않았지만 화휴, 화은, 화단, 화륜, 화우, 화소, 화진, 마리아, 유병곤, 성민스님 등등의 선배님들 얼굴이 줄줄이 떠오른다. 30년 역사를 더듬으며 머릿속 한쪽 구석에 있던 가물가물한 기억을 더듬어 보았다. 그때를 눈물 나게 그리워하며 이 글을 마친다.

2. 초발심자경문-초심자의 범절과 수행

/ 윤공 정유정

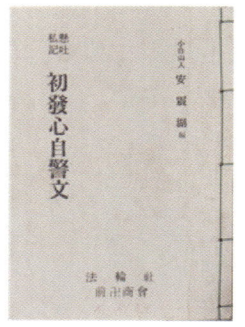

내가 처음 화윤당에 온 것은 2017년 초가을 즈음으로 기억한다. 그 후의 인연으로 지금 이렇게 화윤당 금요 차사 자격증반에서 공부한 『초발심자경문』에 대하여 쓰고 있음이 실로 감사하고 기쁘다.

인연의 시작은 당시 나의 친한 선배였던 윤의가 만날 때마다 화윤당 박남식 선생님과 도반들, 그리고 차생활의 즐거움에 대한 얘기를 종종 한데서 출발한다. 이야기를 통해서 화윤당 분위기나 도반들의 모습에 어느 정도 친숙함을 느끼고 있었다. 그러던 어느 날 화윤당에 스스럼없이 따라와서 선생님이 내려주시는 맛난 차와 말씀과 도반들의 따뜻한 환대에 흠뻑 젖은 즐거운 시간을 보냈다.

하지만 그 당시에는 집이 서울 목동이었고 후에 광화문으로 이사를 했었기에 평촌에 위치한 화윤당까지 오고가는 거리감이 만만치 않았다. 게다가 발가락 골절로 바닥에 앉아있기도 쉽지 않았던 상황인데다가 다른 일들에 우선순위를 두다 보니 매주 수업에 참여하는 것이 어려웠다.

그렇게 시작된 내 발걸음은 그 후에 너무 감사하게도 윤의를 따라서 삼일절 행사나 안양차회 같은 공식행사에 가끔 참관할 기회가 있었다. 어쩌다 뵙고 싶어서 오게 되면 늘 인자하신 미소로 반겨주시는 선생님과 윤빈, 윤지, 윤창, 윤후, 윤아 도반들의 따뜻함에 이곳이 점점 좋아지고 있었다. 어느 날 부턴가 우스갯소리로 나도 화윤당의 '정규직'이 되고 싶다는 소리를 하게 되었으니 그야말로 마치 스폰지에 물이 스며들 듯이 서서히 나도 모르게 찻물이 든 게 아닐까 싶다.

2020년이 되면서 지금까지 전혀 경험해보지 못했던 무서운 코로나바이러스가 세상을 지배하기 시작했고, 비자발적으로 분주했던 일상과 관계들이 단순하게 재정비 되자 나는 시간적 심리적 공백을 가지게 되었다. 그러다보니 선생님께 차와 관련된 인문학을 공부하면서 도반들과 많은 시간을 함께하고 싶다고 생각하기 시작했다. 그동안 만만치 않다고 생각했던 화윤당까지 오고가는 여정이 즐거운 기대감으로 변하기 시작했다. 늦은 나이에 오랫동안 같이 걸어 갈 동무들을 만나는 설렘이 컸었고, 특히 끊임없이 화윤당과 차생활의 기쁨을 노래하던 윤의와 윤빈 두 사람의 속삭임은 '내 귀의 캔디'처럼 내내 달콤했었다.

드디어 내게도 기회가 왔다. 2021년 3월부터 화윤당 금요차사자격증반이 시작되면서 최정심, 박경수, 김희진 도반과 함께 차사 과정을 시작하였다. 4월 9일에는 목요반 선배님들의 축하 속에서 '입학고유차례'와 '스승맞이 차례'를 가졌다. 30년 넘는 세월 동안 경주 이씨 장손 며느리로 살면서 제례의식이 익숙했던 터라 낯설지 않은 의식이었다. 그러함에도 그동안 정확히 알지 못했던 전통차례의 의미를 포함해서 한복의 매무새나 우리의 전통 절의 예법, 스승과 윗사람에 대한 예절을 소홀히 여기고 있었음을 느끼게 해주는 시간이었다.

이렇게 우리는 매주 금요일 11시 30분부터 2시간 이상을 선생님이 손수 우려주시는 여러 종류의 차를 마시며 그 차들에 관련된 이야기와 함께 인문학 수업을 받아왔다. 선생님이 차를 내리시는 동안 그 모습을 지켜보는 것 또한 조용한 기다림의 훈련이었고 그 차를 마시는 것은 바쁜 생활 속에서 여유와 생각을 마시고 음미하는 시간이었다. 선생님께서 말씀하시는 "차도의 목표는 늘상 깨어있는 각성된 삶이고 참된 인간생활이다"가 무슨 의미인지를 느끼게 되었다. 특히 모두가 함께하는 반야로 공수선차 이하 공수선차 와 말차 실습은 도반들과의 일체감을 느끼고 교감하는 또 다른 소통의 경험이었고, 처음 접하는 이 모든 하나하나가 신선한 즐거움이었다.

이러한 과정들과 함께 우리 금요차사반은 1년 동안 『초발심자경문』도 공부하였다. 초발심자경문은 '계초심학인문', '발심수행장', '자경문'을 엮어 만든 책으로 불교에 입문한 초심 학인이 알아야 할 범절과 수행에 관한 내용이다. 또한 차인뿐만 아니라 우리 개개인들이 되짚어보고 갖추도록 노력할 심성에 대한 내용이었다. 그래서 공부하는 동안 서로가 각자의 현실에 비추어 많은 이야기를 나눌 수 있었다.

오랫동안 서양적 사고에 접근한 글을 읽을 기회가 더 많았던 나는 이 글을 읽으면서 동서양을 막론하고 우리 인간들이 갖추어야 할 기본 덕목이 일치함에 고개가 끄덕여졌다. 동시에 내적으로 더욱 탄탄해지는 즐거움을 경험했다. 공부하는 당시에도 어려운 한자에 당황하고 그 뜻도 모두 정확하게 이해하고 머릿속에 담아 두지는 못하였지만, 다시 글을 읽으면서 마음에 들어오는 수많은 구절 중 몇몇 구절만이라도 짧게 정리해 보았다.

계초심학인문

1205년 고려시대 승려 지눌은 조계산에 수선사를 세운 후, 당시 국가의 보호 속에서 안일함과 사치에 물들어 있는 불교계를 걱정하여 처음 불문에 들어온 사람과 승려가 된 자의 수도 생활을 위하여 이 불교서를 저술하였다.

내용은 세 부분으로 구분되어 있는데, 처음 불문에 들어 온 사람이 지켜야 할 몸가짐을 말하는 '초심자를 위한 경계', '일반 승려를 위한 경계', '선방 수행자들을 위한 경계'이다. 차 생활의 시작도 이와 같지 않을까 하는 생각이 들었다.

- 초심자는 나쁜 벗을 멀리하고 어질고 착한 벗을 가까이 하며, 오계십계를 받아서 지니고 범하고 열고 막는 것을 잘 알아야 한다.
- 도반을 속이고 업신여기며 시비를 논한다면 이 같은 출가는 전혀 이익됨이 없다.
- 대중방에 머물 때에는 서로 양보하여 다투지 말고, 서로 도와 승부를 다투어 논쟁하지 말라.
- 남의 좋고 나쁜 점 보기를 삼가고 외설스러운 책을 삼가며, 과한 수면을 삼가고 인연에 얽매어 산란한 마음이 드는 것을 삼가라.

마침 내가 이 글을 읽을 당시에는 개인적으로 복잡하게 얽힌 인연들로 인해 어려움을 겪고 있던 시기여서 마음을 정리하는데 큰 도움이 되었던 내용들이다.

발심수행장

신라시대 원효가 처음 출가한 수행자를 위해 쓴 입문서로 총 706자 사언절구의 짧은 글이다. 수도하는 사람의 마음가짐과 태도를 가르치는 내용이다. 애욕과 탐욕을 끊고 수행할 것, 참된 수행자가 될 것, 늙은 몸은 닦을 수가 없으니 부지런히 수행할 것을 강조하고 있다.

- 재물을 아끼고 탐하는 것은 마귀의 권속이요 자비를 베푸는 것은 바로 법 왕자이니라.
- 부지런히 수행하더라도 지혜가 없는 자는 동쪽으로 가고자 해도 서쪽으로 가는 것이다.
- 한 달 한 달이 지나면 홀연히 년말에 이르니 내 육신은 필히 끝이 있으니 내생은 어찌할 것인가!

어차피 우리의 육신은 생로병사의 이치를 거스를 수 없으니 주어지는 하루에 감사하며 그동안 잠시 잊고 있었던 '집중과 최선을 다함'을 되새겨 보았다.

자경문

고려후기의 승려 야운이 지었다. 자경이란 몸과 입과 뜻을 항상 경계하라는 뜻으로 수행자들이 지켜야 할 10문이 그 내용이다.

- 좋은 옷과 맛있는 음식을 절대 수용하지 마라.
- 내 것을 아끼지 말고 남의 것을 탐내지 마라.
- 말을 적게 하고 행동을 가볍게 하지 마라.
- 좋은 벗과 친하고 나쁜 벗은 사귀지 마라.
- 삼경 외에는 잠을 자지 마라.
- 자신을 높이고 남을 업신여기지 마라.
- 재물과 여자를 대하면 올바른 생각으로 대하라.
- 세속사람들과 사귀어 다른 중으로부터 지탄을 받게 하지 마라.
- 다른 사람의 허물을 말하지 말라.
- 대중생활을 하면서 마음을 평등하게 대하라.

이 열 가지 사항 중 몇 개라도 마음에 새겨서 생활 속에 접목시킨다면 후회할 일들도 훨씬 줄게 되지 않을까 생각한다.

나는 아직도 차에 대해 모르는 게 너무 많다. 하지만 부족함이 부끄럽거나 마음이 조급하지는 않다. 오히려 알아갈 것이 많음이 더 기대되고 차생활의 연륜이 쌓여가면서 나에게 올 변화가 궁금하다. 그래서 화윤당을 오고가는 매 시간들이 기대될 뿐이다. 화윤당에 온다는 것은 곧 차와 선생님 그리고 함께 공부하는 도반들을 만나러 오는 것이니 어찌 더욱 큰 기쁨이 아닐 수 있겠는가!

차를 마실 때의 분위기와 차 벗의 멋을 말하는 '동차송 24수'에 나오는 구절을 생각하며 이 풍류에 내 찻잔도 띄워보고 싶다.

밝은 달을 촛불 삼고 겸하여 벗으로도 삼고
흰 구름을 자리로 깔고 인하여 병풍으로도 삼으며
대 피리 솔바람 소리 모두가 싸늘하고 쓸쓸하여
맑고 찬 기운이 뼈에 스며들어 심간이 확 깨어나니
오직 흰 구름과 밝은 달을 허락하여 두 손님으로 삼으니
도인의 자리가 이보다 뛰어나겠는가?

3. 동차송-우리나라 차의 정신

/ 윤경 최정심

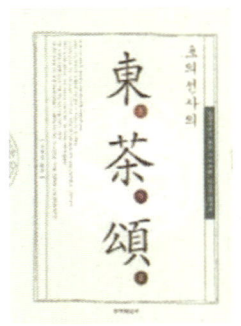

화윤차례문화원 차도예절사 과정에 입문하여 상반기 과정을 마치면서 2020년 8월 12일부터 『동차송 東茶頌』 원전 강독에 들어갔다. 하반기 교육과정 6개월 기간 내내 차도예절사 자격시험을 칠 때까지 나는 거의 한자와의 전쟁을 치르고 있었다. 원전을 강독하는 교육과정이 내게는 조금 부담스러웠지만, 알 수 없는 한자들로 가득한 책을 읽어나가야 하고 내용 또한 고전적인 배경지식이 가득하여 무언가 새로운 것을 배운다는 뿌듯한 감정도 느꼈다. 강의를 들으면서 차에 대한 새롭고 알찬 내용들을 기록하고 익히는 시간은 나의 뇌에 신선한 바람을 불어넣어 주었다.

차도예절사 1년 과정을 마치고 차사 과정에 또 입문하였다. 나의 도반인 윤공, 윤목, 박경수 선생은 개성이 강하면서도 열정이 넘치는 분들이었다. 그분들과 함께 금요반 차사 과정을 성실히 수료하고 화윤 선생님으로부터 공경과 섬김의 의미인 '윤경 胤敬'이라는 차호를 받았다.

2022년 3월 17일부터 목요 심화반에 합류하여 기다리던 『동차송』 재교육을 받았다. 당시는 코로나19의 팬데믹 상황이어서 줌으로 비대면 수업을 주로 했다. 새내기 시절 배우던 내용이지만 인명, 지명, 차명은 구별조차 어려웠고 해석도 온전하게 되지 않았다. 3년의 열정적인 교육, 선생님과 함께 한 많은 경험들이 더해져 조금씩 『동차송』의 내용이 기억에 저장되고, 역사적 의의와 가치가 눈에 보이기 시작하였다. 이렇게 나는 차츰 차의 세계에 스며들고 있었다.

인연의 끈 화윤당

나는 그동안 돌아보지도 멈추지도 않고 최고를 위한 최선으로 쉼 없는 질주를 해왔다. 25년을 한 기업에 근무하면서 두 자녀를 출산하였고, 기혼자로서, 엄마로서, 여성 상사도 선배도 없는 척박한 환경에서 치열한 경쟁과 불평등을 극복하며 일했다.

한 기업에서 내가 그렇게 오래 일할 거라고는 생각하지 않았고, 감당하기도 쉽지 않았다. 그렇지만 신입사원 시절부터 직접 배우고 경험한 명예회장님의 가르침과 회사 사명에 대한 확고한 신뢰를 가지고 일했다. 그런 신념이 있었기에 그 분야 최고의 기업, 최고의 전문가, 책임자로 성장하는데 따르는 수고와 희생을 두려워하지 않았고 긍지와 보람도 컸다.

나는 스스로 나를 언제나 강한 사람으로 생각했다. 그러다보니 육체적·정신적으로 나타나는 모든 신호들을 간과하고 말았다. 결국 머리부터 발끝까지 온몸의 극심한 통증이 발현된 뒤에야 정형외과, 신경외과, 신경정신과, 내분비내과, 피부과, 산부인과, 치과, 안과, 한의원을 두루 찾아다니며 2년이라는 지겹고 힘겨운 치료를 받아야 했다.

몸을 치유하면서 병원 외에는 일체의 외부활동을 멈추고 치료에만 전념하였다. 대학생 딸이 품고 온 갈색 푸들 반려견인 몽쉘이와 함께 하면서 지친 나를 회복해 가고 있었다. 그러던 중에 나의 생각과 일상을 가족보다 더 가까이서 보고 겪으며, 가장 깊이 알던 직장 후배의 콜을 받았다. 함께 차를 마시며 얼굴을 보고 싶다는 것이었다. 2020년 3월 그 후배의 권유로 나의 화윤당 인연이 시작되었다.

화윤당은 내가 살고 있는 과천과 멀지 않았고 더욱이 나의 첫 신혼집이던 평촌역 근처 초원한양아파트 바로 앞에 있었다. 그래서인지 오랜 역사와 추억 속으로 다가가는 듯이 반가움과 편안함이 더 크게 와 닿았다.

병약해진 나를 위해 눈물과 기도로 진심을 다하던 그는, 육아 휴직을 내고 둘째 출산을 앞두고 있었다. 자신의 일만 해도 버거운 중에도 나와 함께 하며 좋은 스승과의 만남을 만들어 주었다. 나는 그의 손에 이끌려 차와 명상, 요가를 통한 배움과 치유의 시간들을 이어갔다. 나는 그를 후배라고 말하지만 그에게는 나이가 12년이나 많은 직속 상사이니 그렇게 함께 시간을 보내는 일이 결코 쉽지 않았을 것이다. 그런데도 그 불편함을 감수하고 나의 손을 이끌어준 사람이다.

화윤 선생님은 코로나19로 인하여 모든 일상이 변하던 혼돈의 시기였지만 가르침에 있어서 진솔한 인간미와 식지 않는 열정을 보여주셨다. 에너지가 방전되고 지치고 약해진 나를 흔들림 없이 강건한 몸과 마음을 회복하도록 이끌어 주셨다.

이제 겨우 3년 된 서당 강아지인데 한국의 차서인 『동차송』에 대한 배움을 정리하는 것은 쉽지 않은 일이다. 그러나 나의 공부를 정리하고 돌아보는 소중한 기회이기도 하니 이 또한 영광스럽고 감사한 일이라 생각한다.

『동차송』을 정리하며

중국에서 전래된 '茶'자가 순수 우리말에서는 '차'로 발음되어 왔으니 한문의 번역이라도 차 마시는 일과 직접 관련되는 용어는 '차'로 발음하여 사용한다는 것이 화윤차문화의 바른 가르침이다. 그렇게 발음하는 것이 전통문화를 제대로 뿌리내리는 하나의 실천이라는 가르침을 따라 '동다송'이 아닌 '동차송'으로 부르기로 한다. 처음 '차' 발음에 대한 정의를 배우면서 동차송인지 동다송인지 그 제목부터 혼란과 갈등을 느꼈다. 많은 차 관련 용어들의 사용에 의문과 답답함이 아직도 남아 있어 그 아쉬움 때문에 더 공부해야겠다는 생각도 했다.

『동차송』 공부에서는 저자인 초의선사에 대한 이해가 선행되었다. 관련 자료와 책들을 통해 초의선사와 가장 깊은 관계를 이어온 다산 정약용과 추사 김정희 선생의 차인으로서의 새로운 면모를 발견하였다. 다산과 추사를 통해 보다 쉽고 친근하게 초의선사를 알아갈 수 있었다.

한국차의 중흥조, 차성 초의선사

차의 성인으로 불리는 초의 의순 1786~1866은 15세에 출가하여 선교융합과 차선일미의 수행을 실행하였다. 그는 선禪, 교敎, 율律과 시詩, 차茶, 불화佛畫에도 일가를 이룬 수행승이었으며 55세에 헌종으로부터 '대각등계보제존자초의대선사'라는 호를 하사받았다. 이것은 서산대사 1520~1604 이후 처음으로 승려에게 내린 호이다. 이로써 그의 수행력과 불교계의 위상을 짐작할 수 있다.

초의선사는 차에 대한 연구와 실증적 경험을 체계화하고 초의차를 만들었다. 이를 통해 우리차에 대한 자신감과 우수성을 확보하고 경화사족들의 차에 대한 관심을 이끌어냈다. 이러한 노력이 조선 후기에 우리나라의 차문화를 중흥하는 원동력이 되었다. 초의의 학문과 시학에 가장 큰 영향을 준 24세 위의 다산, 동갑인 추사와의 신분과 사상, 나이와 거리를 초월한 우정은 흥미진진하고 감동적이었다. 그가 당시 북학파 경화사족들과 교유하는 데도 시詩와 차茶는 중요한 매개체가 되었다.

『동차송』은 1837년 여름에 대흥사 일지암에서 저술하였다. 저술 동기는 정조의 사위 홍현주의 요청에 의한 것이다. 처음에는 「동차행」이라는 제목으로 진도부사 변지화를 통해 홍현주에게 전하려고 했다. 「동차행」은 변지화가 다른 사람을 시켜 필사하게 하였고 필사 과정에서 오류가 발견되어 초의선사에게 개정을 요청하였다. 개정 과정에서 「동차행」이라는 제목이 『동차송』으로 표제를 바꾸었다고 하였다. 그 설명을 들으니 책에도 운명이 있는 것인가 생각하면서 그 스토리가 흥미진진했다.

또 『동차송』은 바로 판본으로 출간되지 못한 채 대흥사 박영희 스님이 소장하고 있었다. 1973년 효당 최범술 스님이 『한국의 차도』를 출판하면서 부록으로 『동차송』의 원문과 함께 번역문을 실어 처음으로 대중에게 소개되었다. 반야로 원화 선생님 글을 통해 이 책이 내 눈앞에 나타나 읽히게 된 역사를 알게 되었다.

다산의 애민정신과 실학사상, 추사와 초의의 격조 높은 차시들, 특히 『동차송』과 「차신전」은 효당의 차도사상에 깊은 영향을 주었다. 효당은 초의가 주창한 우리나라 차의 우수성을 재 언급하며 초의가 한국차문화사에 차지하는 위상과 가치를 부여하였다. 초의선사를 한국 근대 차문화의 중흥조로 평가하는 것도 효당의 재발견에서 비롯되었다고 할 수 있다. 이러한 인연을 생각하면 차의 힘이 대단하다는 생각을 하게 된다.

『동차송』과 중정지도

『동차송』은 7언 절구 17송의 고체시로 이루어져 있다. 내용은 차나무의 생리와 재배환경, 차의 역사, 동차와 차의 우수성과 구난사항, 차의 정신 등이며 본문과 주해로 구성된다. 고증학의 영향으로 17송의 각 편마다 여러 문헌과 시구를 인용하고 주해를 달아 내용을 설명하고 있어 이해가 편리했다. 독특하고 친절한 구성과 알차고 깊이 공감되는 내용들에 감사함을 느끼며 기억하고 싶은 구절들을 정리해 본다.

○ 차를 오래 마시면 사람이 힘이 생기고 마음이 즐겁다.

○ 차는 진향과 진색과 진미가 있으니 한 번이라도 오염되면 바로 차의 진성(眞性)을 잃는다.

○ 조선에서 나는 차는 원래 중국차와 같아서 색, 향, 맛이 한가지다. 육안차의 맛과 몽산차의 약성을 갖췄으니 옛 사람의 높은 판단, 맛과 약성을 모두 갖췄다 하리라.

○ 차에는 아홉 가지의 어려움이 있으니 첫째는 만드는 것이요, 둘째는 구별하는 것이요, 셋째는 그릇이요, 넷째는 불이요, 다섯째는 물이요, 여섯째는 굽는 것이요, 일곱째는 가루를 만드는 것이요, 여덟째는 끓이는 것이요, 아홉째는 마시는 것이다.

○ 차에는 진향, 난향, 청향, 순향이 있다. 겉과 속이 같은 것을 순향(純香), 설익거나 너무 익지 않은 것이 청향(淸香), 불기운이 고른 것이 난향(蘭香), 곡우 전 신묘한 기운을 갖춘 것이 진향(眞香)이라. 이것을 네 가지 향이라고 한다.

○ 차를 따는 시기는 때를 맞추는 것이 가장 중요하다. 너무 이르면 진향이 피지 않고 늦으면 차의 신기가 흩어진다.

○ 차는 물의 신(神)이요 물은 차의 체(體)이니, 좋은 물이 아니면 그 신묘함이 드러나지 않고, 좋은 차가 아니면 그 근본을 엿볼 수 없다.

○ 체(물)와 신(차)이 비록 온전하더라도 오히려 지나칠까 두려우니, 중정(中正)을 넘지 않아야 진수가 다 드러난다.

○ 차를 딸 때는 그 현묘함을 다해야 하고, 만들 때는 그 정성을 다해야 하며, 물은 그 참된 것을 얻어야 하고, 차를 끓일 때에는 중정을 얻어야 체와 신이 서로 어우러져 건령이 드러난다. 이에 이르러야 온전한 차도라고 한다.

○ 차를 마시는 법은 사람이 많으면 소란하고, 소란하면 아취가 사라진다. 혼자 마시면 신묘한 경계에 들고, 둘이 마시면 뛰어나고, 서넛이 마시면 아취가 있고, 대여섯이 마시면 들뜨게 되고, 예닐곱이 마시면 그저 나누어 마실 뿐이다.

차도 간이 잘 맞아야 좋은 차가 되는 것이며, 인간 생활의 중정中正을 잃지 않는 것이 참 멋인 것이라고 하였다. 바로 차 생활을 통해 중정의 도를 발견하고 치우침 없는 생활 태도와 사고방식 등을 유지함으로써 온전한 생활을 영위할 수 있게 된다는 것이다. 이러한 '중정지도中正之道'의 가르침을 마음에 되새겨 본다.

배움의 기쁨과 깨달음의 소중한 시간을 이끌어 주시는 화윤 선생님은 도반들과 모든 것을 함께 나누고 공유하게 하셨다. 그런 가르침 속에서 도반들과 『동차송』 수업을 하면서 차에 대한 관심과 애정, 삶의 지혜와 철학을 더욱 깊고 견고하게 할 수 있었다. 좋은 스승, 좋은 인연들과 한 호흡으로 흐트러진 마음자세를 가다듬고 겸허하고 공손한 마음으로 차를 배우고 있다. 스승과 도반들과 한 결을 이루어 가는 공수선차 수행의 기쁨도 깊어짐을 느낀다. 또한 차인으로서 한국 차문화사의 큰 별인 초의선사와 『동차송』을 공부했다는 자긍심도 가지게 되었다.

차에 대한 사랑과 더불어 가장 힘든 시기에 소중한 벗이 되어준 도반들의 굳건한 신의와 우정도 소중히 간직하며 끝까지 키워가겠노라 다짐한다.

4. 차신전-차와 선(禪)의 경지

/ 윤여 최문옥

2007. 09. 15. (목) | 「차신전」을 펴다

지금으로부터 15년 전 2007년 봄, 창원대학교 평생교육원에서 화윤 선생님을 만나 차와 인연을 맺게 되었다. 『차례문화』란 책으로 공부를 하였다. 그 책속에는 『동차송』과 「차신전」이 들어있어 그때 귀동냥을 하였다. 한 학기 3개월 동안 이론과 실습을 겸하기에는 짧은 시간이었다.

학기를 마치고 더 공부를 하고 싶은 학생들이 모여 화윤 선생님께 배움을 청하였다. 우리들은 비로소 운암서원 동재에서 창으로 들어오는 선선한 가을바람과 모양이 바뀌며 뜨고 지는 달을 감상하며 『동차송』에 이어 「차신전」을 원서로 공부하게 되었다. 모르는 한자가 많아서 음을 찾아 적기에 벅찼고 선성님께서 번역을 해주시면 우리는 받아 적기도 바빴으나 한 자도 놓치지 않으려고 선생님과 옆 동기의 입을 보고 묻기를 반복하며 웃음 지었다.

매주 만나서 차서를 읽고 음미하던 시간은 나에게는 한가하고도 행복한 시간이었다. 나의 짧은 한자 실력이 안타까웠지만 오롯이 나에게 집중할 수 있어서 좋았고 나 자신이 향상되고 있다는 느낌이 들어 뿌듯했다. 이렇듯 배움은 진지해서 선생님께서 우려주시는 차와 함께 우리도 모르는 사이에 찻물이 배고 있었다.

「차신전」은 초의 장의순이 1830년에 완성한 차서이다. 이 책은 차 생활을 하는

데 있어서의 신묘한 행사를 기록한 것으로 반야로차도에서는 '차도용심 茶道用心'이라 말한다. '차도용심'의 말뜻은 차를 운용하는 사람의 마음자세와 차 살림을 하는 방도를 일컫는 것이다. 구체적으로 다음 두 가지로 나누어 볼 수 있다. 하나는 차를 달이는 차구, 물, 불은 물론이요, 가장 중추가 되는 차의 맛과 멋에 관련된 문제이며, 다른 하나는 차를 내어놓는 팽주와 손님 간의 용심에 관련된 문제이다.

책의 내용을 간략히 정리해 본다.

채차는 차를 따는 알맞은 시기에 대해 설명하고 있다. 차를 따는 시기가 너무 이르면 차의 향취가 완전하지 아니하고, 너무 늦게 따면 신령한 기운이 다 흩어져 버린다. 곡우를 중심으로 채차하는 것은 중국의 기후에 맞는 것이다. 지방마다 기후가 지형에 따라 약간의 차이가 있으므로 잎이 1창 2기일 때를 기준으로 따는 것이 알맞다.

조차는 차를 법제하는 현미한 부분을, 변차는 법제의 정묘로부터 저장하는 방법인 '장지득법', 포장법인 '포지득의'를 설명하고 있다. 장차는 차의 저장 방법에 대해 설명한다. 화후는 차를 만들 때 화롯불의 불기를 보는 요령을 설명한다.

탕변은 차로서 사용될 물에 대한 설명이다. 끓는 물은 크게 형변, 성변, 기변의 세 가지로 구분되며 적게는 15가지로 구분된다. 형변이란 물이 끓는 형태를 보고 식별하는 것이고, 성변이란 그 소리에 의해 식별하는 것이고, 기변이란 그 끓는 증기 상태에 의해 식별하는 것이다. 물 끓는 기가 없어진 것 같아야 비로소 경숙이라고 한다. 차는 이 경숙 상태의 물을 사용해야 한다.

음차에서는 차를 마시는 품격에 대해 설명한다. 차를 마심에 있어서는 객이 적은 것이 제일 좋다. 객들이 많으면 시끄럽고, 시끄러우면 아취가 없다. 혼자 마시면 신선답고, 둘이 마시면 흥미가 있고, 3,4인이 마시면 아취가 있고, 5,6명이 마시면 자리가 흔들리고, 7,8인이 마시면 보시하는 것이 된다.

차의 빛깔에 있어서는 청취색을 최고로 여긴다. 차의 맛은 달고 부드러운 것이 최상이고 쓰고 떫은 것은 하질이다. 차는 자체가 진향이며 진색이며 진미인 것이어서 한번 다른 것에 점염되면 곧 그 진성을 잃게 된다.

차는 처음 제조해 놓으면 청취색이 된다. 저장하는 방법을 얻지 못하면 변질되고 만다. 처음엔 녹색이 되고 다음엔 황색 또 그 다음엔 흑색으로 변하며 또 백색으로 변질되고 만다. 변질된 것을 먹으면 위가 냉해져서 기를 여위게 되며 적병하기에 이른다.

차에 쓰이는 물의 수질을 품천이라고 한다. 평평한 면에서 물을 길어다가 독 같은 데 담아 볕이 없는 곳에서 8~10시간 정도 저장한다. 그 독 위에 삼베 같은 것으로 덮어 공기가 어느 정도 통하게 둔 물이 최상의 물이다. 차는 물의 정신이요, 물은 차의 몸이다. 참물이 아니면 그 정신을 나타낼 수 없고 정차가 아니면 그 몸을 엿볼 수 없다.

찻잔은 설백색이 최상이다. 남백색도 차색을 해하지는 아니하나 설백색의 다음으로 친다. 차를 마시기 전이나 후나 세포로 만든 것으로 찻잔을 닦아야 한다. 차를 만들 때에는 정선하고 보관할 때에는 건조시키며 우릴 때에는 청결하게 해야 한다. 정精, 조燥, 결潔이 갖추어지면 차도는 다한 것이다.

내가 「차신전」을 공부할 당시에는 시어머니와 친정어머니 두 분을 함께 모시고 살았다. 그래서 심신이 힘들 때가 많았다. 차 공부를 하는 동안 만사를 잊고 차 맛에 젖어 있다가 집으로 돌아갈 때면 몸과 마음이 새로워진 것을 많이 느꼈다. 도반들과 공수선차를 하고 나서도 신선이 된 느낌을 여러 번 느꼈다. 고요하고 가볍고 청정해진 마음은 일상에 감사하는 마음으로 이어졌다.

아직은 초의선사가 경험한 차선 茶禪 의 경지를 알 길이 없지만 차와 더불어 적 寂, 청 淸, 화 和, 경 敬 을 마음에 품고 매일 매일 새로워지기를 다짐할 뿐이다.

당시 함께 공부했던 윤정, 윤형, 윤보, 윤경, 윤채, 윤상, 윤주, 윤슬 차사는 지금도 영원한 나의 도반이다.

5. 한국의 차도-차 살림의 실천

/ 윤수 노성미

『한국의 차도』는 효당 최범술 선생의 저술이다. 1904년 경남 사천에서 태어난 효당 선생은 만해 한용운 선생의 만당卍黨 항일운동에 참여한 독립운동가, 해방기 제헌의원을 역임한 정치가, 국민대학, 해인중고등학교, 해인대학을 설립한 교육자 등 많은 훌륭한 활동을 하신 선각자이다. 이 책은 그가 합천 해인사 주지를 거쳐 사천 다솔사 조실로 있을 때 집필하였다. 1973년 8월 30일 보련각에서 발행되었고 당시 책값이 1,500원이라고 적혀 있다.

화윤 선생님은 스승인 효당 선생의 이 저술로 「『한국의 차도』에 나타난 효당의 차도 정신」으로 석사 학위를 받으셨다. 그래서 우리들은 이 책에 대해서는 그 어떤 강의보다 깊이 있고 폭 넓게 배울 수 있었다. 수업 시간에 중국의 육우와 조선의 혜장, 다산, 초의, 추사, 이목 등 한국 차 역사에 이름을 올린 분들과 종횡으로 연결하며 깊이 있는 강의를 해주셨다. 지금 생각하면 제자들이 미처 알아차리지 못한 내용들이 수없이 많지만 선생님은 아랑곳하지 않고 끊임없이 앞으로 나아가셨다.

2004. 9. 9. (목) | 첫 강의

2004년 9월 9일 목요일은 차사 과정에서 『한국의 차도』를 처음 배운 날이다. 이후 2015년 11월 6일 목요일부터 복습을 했으니 이 책을 두 번 완독한 셈이다. 창원대학교 평생교육원에서 차도예절사 과정을 마치고 창원시 팔용동에 위치한 삼법요가원에서 차사과정에 등록하면서 이 책을 공부했다. 내가 화윤 선생님의 제자가 되어 차인이라는 이름으로 살아가고, 일상의 변화와 발전을 맞이할 수 있게 한 가장 큰 은혜가 이 시기의 배움이다.

평소 차를 제대로 배워서 마시고 싶다는 생각은 하고 있었지만 늦은 결혼에 아이들이 아직 유치원생이어서 직장생활과 육아를 병행해가면서 여가활동까지 할 여유가 없었다. 그런데도 차 공부를 시작한 것은 우연한 만남 덕분이다. 그날이 없었다면 내게 오늘과 같은 이런 행운이 없었을지도 모른다.

당시 내가 근무하던 학교에 외가 친척 오라버니가 있어서 가까이 지냈다. 그날 평생교육원 건물 앞을 지나는데 저쪽 건물 앞에 그분이 서 계시기에 인사를 했다. 또 나와 같은 방향으로 그분 앞으로 걸어가는 나이 좀 있어 보이는 여자 손님이 있었다. '손님이 찾아오셨구나.' 생각하고 지나치려는데, 오라버니가 나를 불러 그 여자 손님을 소개했고 자기 외사촌 누님이라고 했다. 인사를 하려고 얼굴을 마주 한 순간 나는 잠시 충격을 받았다. 처음 본 사람과 마주했는데 상대방이 보이는 게 아니라 내 마음이 확 열리고 내 안이 훤하게 보였다. 열려버린 내 마음을 들여다보니 흐물흐물 약하게 흔들렸다. 그런 경험이 처음이어서 나는 당황스러웠고 스스로 멈칫했다. 그 순간의 여운이 내 마음을 붙들어주었다. 이분이라면 나를 성장시키는데 도움이 될 분이란 확신이 들었다.

그렇게 해서 나는 화윤 선생님의 제자가 되어 윤수胤琇라는 차호를 받고 차사가 되었다. 나는 아내로서, 엄마로서, 자식으로서, 친구로서, 가족으로서, 이웃으로서, 연구자로서, 교수로서, 선배로서 많은 역할을 잘 하려고 한다. 그리고 매 순간의 멋진 삶을 가꾸어 나가려는 마음을 놓치지 않고 살아가고 있다.

차생활의 목적

선생님은 『한국의 차도』 강의 시작에 앞서 효당 스님은 신라 화엄종의 창시자인 원효 617~686 를 계승하여 원효 종파를 만들려고 했다는 사실과 효당의 '曉'자에 대해 설명해주셨다. 그리고 모든 것이 낯선 초보 학생들을 위해 먼저 화보를 펼쳐서 추사 김정희의 '죽로지실 竹爐之室' 편액, 차실 앞뜰에 설치하는 손을 씻는 호박, 죽로와 차솥과 포자, 말차 체, 차탁, 화덕과 들고리, 약탕관, 차선, 차시, 차수건, 차함 등의 용도를 하나하나 친절하게 설명해주셨다.

대부분 책을 읽을 때 서문을 건너뛰는 경우가 많다. 그런데 선생님은 이 책의 서문은 효당의 차도 사상이 한국 차생활의 전통 속에서 나온 것을 이해하는 중요한 기록이라며 읽어야 한다고 하셨다. 효당은 일본차를 경험하기 전부터 이미 가정에서 부모님으로부터 차 생활을 경험했으며, 다솔사에 입산했을 때 다솔사 차밭에 관심을 가지고 손수 차를 만들고 마신 것도 그의 가정생활 경험에서 나온 것이라고 했다.

그리고 3.1독립운동에 참여하고 일본으로 건너가 불승들과 교유하면서 그들의 차 예절을 체험했다. 그때 효당은 스스로 자신의 어린 시절의 차 예절과 비교하면서 한국의 차도를 생각하게 되었으며, 이 책은 그곳에서부터 싹을 틔우고 있었다고 했다.

효당은 우리민족이 처한 현실, 통과해야 할 고난, 미래에 대한 대안 등을 고민하면서 이 책을 쓰셨다고 했다. 참으로 놀라운 사상적 혜안이 아닐 수 없다. 차를 통해 우리민족의 나아갈 길을 제시하려고 한 그 문화의식과 사상적 위대함에 감탄하며 국학을 하는 나의 무지함이 큰 자극을 받았다.

차생활의 범절

효당은 우리민족이 절도 있고 규모 있는 생활을 하는 멋있는 삶을 살도록 인도하려는 것이 이 책의 목적이라고 표방하였다. 그리고 구체적인 범절 다섯 가지를 제시했다. 첫째, 예절 바르고 교양 있는 것. 둘째, 옷차림이 경박하지 않고 검소하고 소박하며 품위 있는 것. 셋째, 음식이 분에 맞고 간이 맞으며 그릇이 깨끗하고 담는 음식에 어울리는 것. 넷째, 거처하는 곳이 청결하고 생활도구가 정연하고 질서 있고 조화된 것. 다섯째, 일상 행동이나 언어생활이 유순하고 겸허하며 의사표현이 분명한 것 등으로 정리했다.

원화 선생님은 그 뜻을 해석하여 여섯 가지 항목으로 재정립하였다. 그것은 화윤 선생님을 거쳐 우리에게 이어지는 중요한 차생활의 지침이다. 나는 여섯 가지 항목을 통해 차도예절이 나의 생활 속에서 어떻게 실현될 수 있는지 분명히 알았고, 이것으로 나의 일상생활을 아름답게 가꾸어 나갔다.

① 자연성	거처하는 차실이나 차기를 다루는 실제적인 행위나 그때 운용하는 마음 자세가 자연스럽도록 한다.
② 검박성	차실이나 차기, 차를 내는 행위 및 마음자세가 검소하고 질박하도록 한다.
③ 중도성	차를 내는 실제적인 행위나 마음 자세가 동중정(動中靜), 정중동(靜中動)의 도리에 맞아야 하고 또한 차가 간이 맞아야 한다.
④ 안정성	차기를 다루어 차를 내는 행위나 그때의 마음자세가 안정감이 있도록 한다.
⑤ 응변성	차생활의 때와 장소에 따라 융통성 있게 할 수 있으며 안방에서와 사무실, 실내와 실외의 차 생활을 달리 할 수 있도록 한다.
⑥ 보은성	차 한 잔을 마셔도 감사하는 마음으로 마시고, 그 감사하는 마음을 돈독히 하여 사람노릇을 잘하며 살기 좋은 세상을 만드는 데 참여하도록 한다.

선생님의 차 정신을 배우고 일상 속에서 실천하는 과정에서 나는 내면이 단단해지며 주체적이고 당당한 인격으로 성장되는 것을 느낄 수 있었다. 한 사람으로서의 충분한 인간성을 발휘하며 덕을 닦아나가는 데 가장 적합한 것이 '차의 생활'이라고 하였던 것이 얼마나 적절한 표현인지 시간이 갈수록 절실하게 마음에 닿았다.

차는 생활면에서 필요불가결한 것이 아니지만 그것은 어느 순간 진리에 부합되고 각성된 인간 생활의 진정함을 깨닫도록 한다는 설명이 당시에는 믿기지 않았고 과장된 표현이 아닌지 의심했다. 그러나 20년 가까이 차 생활을 하는 동안 그의 뜻이 우리나라를 문화민족으로 발전시키려는 얼마나 절실하고 원대한 목표였는지 이해하게 되었다.

차도용심(茶道用心)

'차도용심', '차생활의 실제'에 대한 배움은 나의 일상에 구체적인 발전을 가져다 준 또 하나의 은혜로움이다. '차도용심'은 실제 차생활의 구체적인 내용과 형태를 말하는데, 차를 달이는 차구와 물, 불은 물론이고 가장 중추가 되는 차의 맛과 멋에 관련된 문제를 알게 해주었다. 아직도 그 깊은 맛을 다 알지 못하지만 화윤 선생님의 차 생활을 통해 조금씩 더 배우고 있다.

차기의 종류와 특징, 사용 방법 등을 배울 때 재미있는 일화가 있다. 차 솥에 물이 끓을 때 솥 안에서 '좋은 솔바람 松風 과 회우 檜雨 가 나면서 솥 안의 물이 끓을 때 순숙 醇熟 에까지 이르나' 라고 설명한 아주 매력적인 문장을 읽고 있었다. 화윤 선생님은 직접 물 끓는 소리를 들려주셨다. 물이 끓는 거품에도 각각의 모양이 있고 물소리와 끓는 모양에 대해서도 이렇게 섬세한 관찰이 있다는 것이 놀라웠다.

물이 끓는 소리를 그렇게 섬세하게 듣기는 처음인 것 같았다. '솔 숲 속의 솔가지를 스쳐 지나가는 바람소리', '잣나무에 떨어지는 빗소리'를 상상하니 그 음률과 함께 운치와 상쾌함이 느껴졌다. 그 순간, "지금부터 제 닉네임을 솔바람으로 하겠습니다."라고 공표하였고 지금까지도 나는 '솔바람'이다. 지금도 나의 닉네임을 다른 사람에게 설명할 때 차 이야기를 같이 할 수 있어서 즐겁다.

흰색 차수건

또 한 가지 나의 생활에 발전을 이끈 것이 '차수건'이다. 차행주의 색깔을 흰색으로 하는 것이 차인의 맑은 격조에 어울린다는 말의 깊이는 더 철이 들어서야 이해하게 되었다. 이렇게 하나하나 배우는 동안 찻상보와 행주를 하얗게 씻고 풀을 먹여 반듯하게 다림질하여 사용하게 되었다.

차도 실습 시간에 누군가 후줄근하게 힘없는 찻상보를 펼치거나 얼룩을 지우지 않은 행주를 쓰게 되면 당장에 화윤 선생님의 따끔한 질책이 날아왔다. 마음가짐을 그리 써서 무슨 차를 공부하느냐는 말씀이 때로는 무서워서 행주를 꺼낼 때는 서로 눈치를 살피기도 했다. 10여 년이 지나자 선생님은 더 이상 행주나 찻상보에 대해 말씀하시지 않으셨다. 그러나 이것이 제자들의 일상에 얼마나 큰 발전을 주었는지 아마 선생님은 모르실 것이다.

또 운암서원 강당에서 연수를 하게 되면 선생님은 온 강당을 확 쓸어내고 정리하고 반짝반짝 윤을 내셨다. 처음엔 무슨 일을 도와야 할지 몰라서 엉덩이를 붙이고 있었다. 또 선생님의 호통 소리, "눈에 보이는 대로, 누구라도 손을 보태면 일이 저절로 될 걸 시키도록 기다리느냐." 그러면 우리는 또 정신을 차리고 분주하게 움직였다.

다포와 행주를 깨끗이 삶아 하얗고 반듯하게 다림질 하는 일이 처음엔 성가시다 생각했는데 어느 순간부터 당연하고 쉽고 기분 좋은 일이 되었다. 예쁜 대소쿠리에 반듯하게 다림질 된 하얀 행주를 담을 때의 기분은 행복 그 자체다. 또 어떤 자리이든 손을 아끼지 않고 빨리 일을 해치우는 능력도 차 공부를 통해 키운 것이다.

이렇게 우리는 하나하나 배움과 실천을 통해 검박성, 자연성, 중도성, 응변성, 안정성, 보은성을 단순히 차 생활에만 그치지 않고 집안일과 사회생활에도 그대로 적용하여 삶을 더 멋지게 발전시키고 있다.

차를 마시는 품격

'음차'에 대해 배우면서 나는 귀가 솔깃했다. 차도 마시는 경지가 각기 다르다는 것이 신기해서 설명을 들으면서 마음속으로 정리하고 용어를 복기했다. 화윤 선생님은 이 부분이 『동차송』 24수에 차를 마실 때의 사람의 수와 운치를 말하고 있다는 설명을 덧붙여 주셨다.

혼자 마시는 것을 신神, 신령스러움 이라 하여 가장 높은 경지이고, 두 객이 마시면 승勝, 뛰어남, 서너 명이면 취趣, 아취 있음, 대여섯 명이면 범泛, 산만함, 일곱 여덟 명이면 시施, 베푸는 것 라 했다. 한국 차의 중흥조인 초의선사가 흰 구름과 밝은 달을 두 객으로 삼아 차를 마시는 신묘한 법열을 느낀 기록을 같이 읽으면서 차가 단순한 음료이면서도 그 안에 얼마나 깊은 철학이 담겨 있는지 아득하게 느껴졌다.

이때 배운 혼자 마시는 차의 경지는 지금 내게 일상의 기쁨으로 자리하고 있다. 아침에 출근하여 찻물을 끓이면 전기주전자이긴 하지만 솔바람 소리가 연구실에 울려 퍼진다. 그러면 나는 차와 찻잔을 준비하고 하얀 행주도 단정하게 놓는다. 하루를 시작하는 시간에 혼자 차와 마주하는 시간은 하나의 단독자로서 스스로를 정화하고 경건한 순간을 경험하는 소중한 시간이다. 그리고 이 시간은 나의 정신적 에너지를 채워주는 특효약이다. 가끔 밴드에 올린 화윤 선생님의 독수선차를 보면서 선생님의 신묘한 법열 法悅의 경지를 상상해 보기도 한다.

'차도는 어디까지나 그 궁극의 목적이 일상생활 면의 기호에 있고, 다만 물을 끓여서 간맞게 하여 마시면 되는 것이다.'에 나는 밑줄을 그었다. 법열의 경지에 이르는 심오한 차 생활의 어려움을 생각하다가 이 문장을 읽으면서 '이 기호는 건실한 인간생활의 中正의 大道를 실천할 것을 그 본지로 한다.'고 한 대목에 또 밑줄을 그었다. 이 두 문장의 거리에는 많은 메시지가 함축되어 있고 우리 차인이 나아갈 지향을 보여주는 것임을 짐작할 수 있었다.

찻자리와 꽃

'화훼'에 대한 강의 시간에는 찻자리에 계절에 맞는 꽃을 꽂아 자연의 미를 살리고, 꽃다운 차생활의 경지로 이끈다는 것을 배웠다. 공부하러 가면 작은 화병에 소박하게 한 가지 담겨 있던 꽃이 참 단아하고 아름답다고 생각했는데, 그것도 차생활의 한 부분임을 알게 되었다.

그때 선생님께서 "꽃은 살아서 생명이 있을 때 아름답다. 일부러 꺾어서 인위적인 멋을 부리기보다는 떨어진 가지를 주워서 꽂으면 그것이 살림의 묘미다."라고 하셨다. 나는 책의 여백에 그 말씀을 얼른 따라 적었다. 그리고 찻자리에 꽃을 꽂는 것은 총체적이고 총화적인 아름다움을 느끼도록 하는 것이라는 말씀도 기록했다. 그 가르침은 여러 순간 나의 욕심을 내려놓게 했고, 내가 취하지 않음으로써 오히려 남모르는 희열을 느끼는 행복을 알게 해주었다.

차실의 글과 그림

'서'와 '화' 강의에서는 차실에 글이나 그림을 걸어서 예술적인 심미를 깨닫고 우리로 하여금 심미의 극치인 조용한 곳으로 마음을 이끌도록 하는 것도 중요하다고 배웠다. 이 책에서 본 추사 선생의 '一爐香室 일로향실' 글씨는 음미할수록 멋지다.

서화를 통해 차생활의 성숙과 발전의 무궁무진함을 다시 생각하고 배움의 즐거움을 깨닫는다. 화윤 선생님께서 차사 수료식을 할 때마다 차호를 내릴 때 붓글씨로 적어주시고 부채에 좋은 문구를 적어주셨던 것을 생각한다. 그 또한 우리가 몰랐던 차생활의 멋과 깊이에서 나온 것이었다.

알아차림, 일상을 살리는 삶

화윤 선생님께 『한국의 차도』를 배운 것은 행운이었다. 내용 해설은 깊었고 전달이 분명했다. 이 강의를 통해 '알뜰한 살림살이', '올바른 삶'이 결국 나를 살리는 것이고 차살림을 통해 나의 일상을 '살리는 삶'으로 만들겠다는 마음을 품게 되었다.

화윤 선생님의 가르침은 맑고도 컸다. 차인은 모든 사물을 보는 눈이 현실적인 것, 예술적인 것, 철학적인 것 등을 자유자재로 관찰하는 안목을 가지고 처리할 수 있어야 한다고 하셨다. 온전한 각성의 차 생활을 항상 '알아차림'이라는 말로 표현하셨다.

"차인은 늘 맑고 밝은 생각을 가져야 하고, 광범위한 지식으로 견문을 넓히는 것에 게으름을 피워서는 안 되며, 흉금을 터놓는 솔직한 품성을 가져야 하며, 온전한 차살림의 완성으로 자신의 모습을 삼아야 하며, 찻자리를 정성껏 꾸밈으로써 차 내면의 함축성과 인문정신의 결합으로 성장해야 한다."

2022년 선생님의 새해 인사말씀을 다시 생각해본다. 그 말씀에서 우리가 차를 통한 '살림의 삶'을 지향할 때, 그 힘이 점점 커져서 어떤 선한 뜻을 이룰 수 있다는 믿음을 확인하게 된다.

6. 차부-내 마음의 차

/ 윤정 손영숙

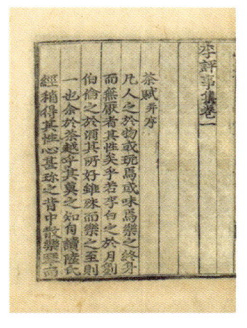
한재 이목의 「차부 茶賦」는 우리나라 차 역사에서 차의 성인으로 불리는 초의선사의 『동차송』이나 「차신전」과 함께 많은 차인들이 공부하는 기본서이다. 그러나 초의선사가 『동차송』을 쓰기 350여 년 전인 육우의 『차경』에 비길만한 차서가 나왔으니, 그것은 조선 초기 한재 이목 1471-1498 선생이 지은 「차부」이다.

나는 2000년에 김길자 교수가 번역·해설한 『다시 불러보는 이목의 차노래』를 처음 접했다. 당시는 이 책을 읽으면서 가슴이 뛰었던 기억이 생생하다. 1981년 한재 문집이 발간된 이후 류승국 교수에 의해 알려지기 시작했고, 근래에 차 학계의 주목을 받아 많은 연구가 진행되어 참으로 다행한 일이다.

차를 공부하다 보면 차의 경전이라 불리는 육우의 『차경』을 접하기 마련이다. 한재 선생 역시 이 차서를 접하고 공부하면서 폭넓은 차의 지식을 갖게 되었다고 한다. 그래서 부賦의 형식을 통해 장편의 서사시로 차를 노래한 것이다.

이목 선생의 자는 중옹, 호는 한재, 시호는 정간이며, 14세에 점필재 김종직 선생의 제자가 되었다. 무오사화 때 참화를 당해 28세라는 짧은 나이로 생을 마감했다. 한재의 「차부」를 통해 우리나라 차도를 연구함에 있어 조선 초기 당시 차에 대한 인식을 새롭게 살펴볼 수 있다. 육우의 『차경』이 중국 차의 경전이라면 우리나라 차의 경전은 「차부」라고 해도 손색이 없다고 생각된다.

「차부」의 내용을 살펴보면 다음과 같다.

부를 쓰게 된 배경부터 차의 이름과 종류, 차의 산지, 차의 생육 환경, 차림풍광, 차 달이기와 차 마시기, 차의 일곱 가지 효능, 차의 다섯 가지 공덕, 차의 여섯 가지 덕과 더불어 도의 경지로 구성되어 있다. 선생은 차가 주는 공덕이 으뜸인데도 찬송하는 사람이 없으니 이것은 어진 사람을 내버려두는 것과 같다고 생각하고, 이를 잘못된 일이라 여겨서 부를 지었다. 즉, 차의 덕을 알리기 위해 「차부」를 지은 것이다.

차의 이름

차의 이름에 대해 육우가 말한 차茶, 가檟, 설蔎, 명茗, 천荈 외에도 32가지의 이름을 소개했는데, 한薵, 파菠 등의 차 이름이 새롭다. 이것만 보더라도 한재 선생은 자신만의 독창적인 견해를 밝힐 수 있을 정도로 차에 대한 해박한 지식을 가지고 있음을 알 수 있다.

차의 종류

차의 종류도 산차散茶와 편片으로 된 덩이차로 분류하고, 음지에서 나는 것과 양지에서 나는 것으로 구분했다. 또, 차는 하늘과 땅의 정기를 머금고 햇빛과 달빛을 받아서 자란다고 했다.

차의 산지

차의 산지는 석교에서부터 몽곽까지 28지역이 나와 있는데, 아쉽게도 중국의 차

산지만 나열되어 있다. 한재 선생이 살았던 1484년에 기록된 『동국여지승람』에는 차를 생산하는 곳이 우리나라에도 32개 지역이 기록되어 있었지만 이를 소개하지 않은 점은 참으로 안타깝다.

차의 생육 환경

차의 생육 환경에 대해서는 차나무가 자라는 곳은 산이 높고 험하며 가파르고 바위가 우뚝 솟아있는 곳이라고 했다. 그곳은 별들이 지척이고 아래에는 강과 바닷물이 일렁이며 신령스러운 새들이 날고 기이한 짐승들이 노니는 곳이라 했다.

차산의 풍광에서는 골짜기에서 바람이 불며 북두칠성을 보고 계절의 변화를 알아 얼음이 녹고 태양이 대지 위를 비출 때면, 가장 먼저 찻잎에 새순이 나와 하늘의 은덕을 받는다고 했다. 또, 차나무가 자라서 차 숲을 이룬 것을 푸른 옥에 비유했으며, 울창하고 무성하며 가지런하면서도 빽빽하게 자라서 구름이 일고 안개가 피어난 것과 같이 천하에 장관을 이루니 퉁소를 불면서 돌아올 때도 차의 새싹을 따며 등에 지고 나른다고 하였다.

차 달이기

차 달이기에서는 차를 달일 때의 과정에서 차의 도구나 물의 선택 및 끓일 때 탕의 변화도 자세히 나타나 있다.

옥 사발을 준비하여 직접 씻고 돌 샘물로 차를 달이니 하얀 김이 넘쳐나며 여름 구름이 산등성에서 피어오르는 듯, 흰 물결이 비늘같이 일어나는 것을 봄에 강물이 이는 세찬 파도와 같다고 했다. 또한 물 끓는 소리가 대숲과 잣나무에서 들려오는 소리와 같고 차향기가 전해지는 표현을 적벽강에 전함이 나는 것과 흡사하다고 하였다.

마치 차를 달이는 한재 선생의 모습과 정서가 그림처럼 고스란히 전해진다. 이 부분은 명나라 장원의 「탕변湯辨」에 나오는 형변, 성변, 기변을 가져와 표현하고 있다.

차의 3품

차를 달여 마셔보니 저절로 웃음이 지어지고, 어지러운 눈이 밝아지며, 몸이 가벼워지는 체험을 하고, 이를 통해 차를 3품으로 구분했다. 차를 마신 후의 효능으로 상품은 몸을 가볍게 해주고, 중품은 오랜 병을 씻어주고, 차품은 번민을 달래 준다고 하였다. 이 내용만 보아도 한재가 중국차에 관한 해박한 지식을 가지고 있었으며, 장원의 『차록茶錄』이나 당나라 소이의 『십육탕품十六湯品』을 충분히 이해하고 있었음을 알 수 있다.

차의 7가지 효능

차의 일곱 가지 효능에서는 옥천자라 불리는 노동의 '칠완가七碗歌'를 빌어 육체적인 면뿐만이 아니라 정신적인 부분도 표현했다.

한 잔의 차를 마시니 마른 창자가 씻어지고, 두 잔의 차를 마시니 상쾌해진 혼이 신선이 된 것 같고, 셋째 잔에서는 병든 몸이 깨어나고 머리도 맑아져서 공자가 부귀를 뜬 구름으로 여긴 것 같이 뜻을 높이 세우게 되고, 맹자가 호연지기를 기른 것과 같으며, 넷째 잔에서는 호방함이 일어나고 근심과 울분이 사라진다고 했다. 그래서 그 기세가 높은 산에 올라 천하가 작게 보이는 것과 같으니 천하가 내 시야를 다 포용할 수가 없을 듯하다 했다. 다섯 잔을 마시니 색마가 놀라서 달아나고 시동도 놀라서 달아나니 이 몸이 구름 치마에 깃털 저고리를 입고 흰 난새를 타고 달에 오르는 듯하며, 여섯 잔에서는 해와 달이 마음에 들어오고 만물이 대자리 위의 내 몸에 품어져서 내 영혼이 소부와 허유를 앞세우고 백이와 숙제의 뒤를 따르게 하여 허공에 올라 상제에게 절을 하는 것 같으니 어찌된 일인가라고 감탄했다. 일곱째 잔은 반도 안 마셨건만 맑은 바람이 가슴에서 일어나며 하늘 문이 보이고 울창한 봉래산이 가깝게 보인다고 표현했다. 바로 신선의 경지에 오른다는 뜻이다.

차의 5가지 공덕

차의 맛이 뛰어나고 신묘하여 그 공을 논하지 않을 수 없다고 하면서 차의 다섯 가지 공덕을 설명했다. 서늘함이 이는 옥당에서 밤늦도록 책상에서 만권의 서책을 독파하려고 쉬지 못하니 동생은 입술이 썩고 한유는 이가 빠졌다는데 차가 아니면 누가 그 목마름을 풀어주었겠는가, 이것이 첫째 공이다. 한나라 궁정에서 부를 읽고 양나라 감옥에서 글을 올려 자신의 결백을 해명할 때 그 모습은 깡마르고 안색은 초췌하며 창자가 하루에 아홉 번씩이나 뒤틀려 답답한 가슴이 불타올랐을 것이니, 이때 차가 아니면 누가 그 울분을 풀어주었겠는가. 그러한 공이 둘째다. 천자가 칙령을 반포하면 만방의 제후가 한 마음이 되고, 칙사가 천자의 명을 전하면 제후가 받들고자 임석하여 읍하며 겸양하는 예를 베풀고 따뜻한 안부의 인사말을 주고받을 때 차가 아니면 손님과 주인의 정을 누가 조화롭게 하겠는가. 그것이 차의 세 번째 공이다. 천태산의 유인과 청성산 우객이 바위 모서리에서 기식과 토납을 행하고 솔뿌리의 정기를 연단하여 낭중지법을 시험할 때 뱃속에서 우레가 진동하니 차가 아니면 삼욕의 벌레들을 어떻게 무찔렀겠는가. 이때가 차의 네 번째 공덕이다. 금곡의 잔치가 끝나고 토원의 잔치에서 돌아오면 숙취가 아직 깨어나지 않아 간과 폐가 찢어질 듯 아플 때에 차가 아니면 새벽에 술에서 어찌 깨어날 수 있으리오. 이것이 차의 다섯 번째 공이다.

차의 6가지 덕

차에는 여섯 가지 덕이 있다. 사람으로 하여금 장수하게 하니 요임금과 순임금의 인수덕이 있는 것이고, 사람의 병을 낫게 하니 유부나 편작의 인덕이 있는 것이고, 사람의 기운을 맑게 하니 백이와 양진의 청덕이 있는 것이다. 또 사람의 마음을 편안하게 하니 이로와 사호의 심일덕 검덕 이 있는 것이고, 사람을 신선되게 하니 황제와 노자의 선덕이 있는 것이고, 사람을 예의롭게 하니 주공단과 공자의 예덕이 있는 것이다. 이것은 옥천자가 일찍이 찬한 것으로 육우가 글로 썼으며 성유가 즐기며 생을 마쳤고 조업은 돌아갈 것을 잊었다고 했다. 차는 짧은 봄빛에도 백낙천의 심기를 편안하게 했고 십년 세월동안 동파의 졸음을 물리쳤으며 오해 오옥 를 쓸어 없애고 팔조목으로 힘차게 나아가니 이는 조물주의 은총이며 나와 옛 사람이 함께 누리는 것이라고 하였다. 그러니 어찌 의적의 미친 술을 가까이하여 오장육부를 찢고 문드러지게 하며 사람들로 하여금 덕을 잃게 하고 천명을 재촉하는 사람들과 함께 말을 하겠는가라고 하였다.

도의 경지

끝으로 도의 경지에 대해 노래했는데, "기뻐서 노래한다 喜而歌曰"로 시작한다.

내가 세상에 태어남이여 풍파가 모질구나.
양생에 뜻을 두었으니
너를 버리고 무엇을 구하겠는가.
나는 너를 지녀 마시고
너는 나를 따라 노니
꽃피는 아침 달뜨는 저녁에

즐기고 즐겨도 싫증나지 않네.
천군이 계셔서
두려워하며 감히 노래 부르리.
삶은 죽음의 근본이요, 죽음은 삶의 뿌리라네.
단지 마음만 다스리면 몸은 시들기에
혜강이 양생론으로 어려움을 이겨냈다지만
어찌 지수에 빈 배를 띄우고
인산에 차나무 심는 것만 하겠는가.
신령스러운 기운이 감돌아 현묘함에 이르면
즐거움을 꾀하지 않아도 저절로 이르니
이 또한 내 마음의 차이거늘
어찌 마음 밖에서 구하리오.

이와 같이 한재선생의 차 노래는 '기뻐서 노래하니'로 시작해서 '내 마음의 차'로 영혼이 승화된 차도사상의 경지를 표현하는 것으로 끝맺고 있다.

「차부」에는 기호음료인 차를 마시는 차 생활에도 인생살이를 담고 있으며, 물질적인 차의 개념이 아닌 정신적인 차를 노래하고 있다. 차를 마시는 삶의 태도와 사상인 '내 마음의 차'에는 한재 선생의 철학이 녹아 있다.

충청남도 공주는 그가 살았을 때 두 차례나 유배를 갔던 지역이고 현재 선생의 후손들이 살고 있는 곳이다. 2021년 11월 공주시에서는 차의 신선으로 불리는 그를 역사인물로 선정하여 선양사업을 한다고 발표했다. 참으로 반가운 일이다.

화윤 선생님은 「한재 이목의 차도사상 연구」로 박사학위를 받으셨고 『기뻐서 차를 노래하노라」는 저서를 내셨다. 덕분에 화윤선차회 제자들은 「차부」 원전 공부와 함께 내용적으로도 폭 넓게 공부할 수 있었다. 또 화윤 선생님의 평택 오연헌 梧硯軒에는 들을 바라보는 문 양쪽 벽으로 '吾心之茶'와 '내 마음의 차'를 쓴 두루마리가 나란히 걸려 있다. 우리 제자들에게 전하는 선생님의 정신도 그 글에 담겨있다.

차를 가까이 하고 좋아하며 공부하는 차인의 한 사람으로서 차에 대한 문화적인 자부심을 가질 수 있어 자랑스럽고 차와의 인연에 깊이 감사드린다.

7. 논어-인의와 예의 본질

/ 윤지 김경복

一椀茶出一片心 일완차출일편심
한 잔의 차에 한 조각 마음이 나오니

一片心在一椀茶 일편심재일완차
한 조각 마음이 차 한 잔에 담겼네.

當用一椀茶一嘗 당용일완차일상
자, 이 차 한 잔 마셔보시게

一嘗應生無量樂 일상응생무량락
한 번 맛보면 근심 걱정 모두 사라진다네.

- 함허득통 선사(1376~1433)의 시 -

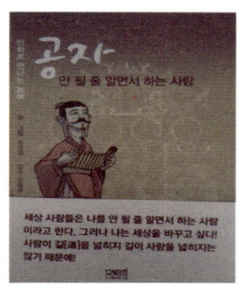

한 시절, 좋아하는 이 시구를 읊조리며 차 한잔의 여유를 오롯이 마주하기 위해 남양주의 수종사를 자주 찾았다. 수종사 경내에는 차실 삼정헌이 있었다. 내가 제대로 차를 만났던 곳이어서 그 첫 만남의 설렘을 안고 틈만 나면 수종사를 가뿐히 오르게 되었다.

수종사 삼정헌은 내 차생활의 마중물이었다. 이때부터 차를 제대로 알고 싶어 이곳저곳을 기웃거려 보았으나 나의 설렘의 결을 맞추어서 갈만한 곳이 없었다. 맘을 접고 찻집을 다니며 위로하던 중에 지인을 통해 소개 받은 곳이 화윤차례문화원이었다.

2017년 8월 어느 무덥던 날, 콩닥거리던 설렘을 안고 조심스럽게 발걸음을 들여놓던 날이 선연하다. 경기도 구리와 안양의 끝과 끝, 결코 가까운 거리가 아니었는데도 그날 얼마나 행복한 여정이었는지 모른다. 내가 기웃거렸던 몇몇 차실은 한복을 곱게 차려입고, 멋스러운 찻잔들이 전시되어 있었고, 정갈하나 무언가 경직된 그런 곳이었다. 그러나 안양의 화윤당은 소박하고 아늑하고 따뜻한 분위기였다.

	낯선 사람이 들었음에도 전혀 흔들림 없이 차를 우려내시던 화윤 선생님의 자태에서는 왜소한 몸짓이지만 꼿꼿하고 단단한 풍모가 느껴졌다. 그러면서도 편안한 기운이 나를 오랜 시간 앉아있게 했으며 사람, 차, 향, 분위기에 깊게 스며들게 했다.

	스승님은 차를 마시는 그 어떤 형식에 대한 언급도 없었고 툭~툭~ 일상의 안부를 주고받으며 정담을 나누고, 다시 또 차를 마시며 시간 가는 줄을 모르고 반나절을 보내고 돌아왔던 그 첫날이 기억에 선명하다.

	그때부터 화요일이 되면 부지런히 평촌으로 달렸다. 그 어떤 일정도 나의 평촌행을 앞서지 못했고, 당연한 시간을 써야 하는 긍정의 의무감으로 2시간을 달려 화윤차례문화원으로 날아왔다. 차실은 나에게 숨이고 쉼이고 여백이었다. 함께 하는 차인들은 더 없이 편안하고 따스한 동무가 되어 주었다.

	차서를 강독하며 공부하는 시간이 쌓여 가고, 주옥같은 말씀들로 혜안을 키워가는 시간에 늘 차는 동무가 되어 주었다. 선생님과 차를 마시며 말씀을 듣고 이야기를 나누는 순간들을 빠짐없이 기록하고 싶은 생각이 들어서 공부했던 시간들을 대부분 녹음을 하여 저장해 두었다. 공자와 그 제자들의 대화를 기록한 책 『논어』처럼 스승님과 함께 한 차 생활을 기록해 두고 싶다는 마음이 간절했는데, 그것을 실행하지 못함이 너무 아쉽다.

2020년 1월, 『논어』 공부를 시작했다. 공자와 그의 제자들이 새로운 세상을 갈망하며 실천하던 과정을 후대에 다시 펼쳐내기 위해 편집된 실천 교재를 함께 낭독하며 무게 있는 삶으로 다져갔다. 선생님께선 학문적 견해가 짧은 우리들을 위해서 만화로 된 『공자』를 공부하게 하셨다. 만화라고 해도 결코 공부가 쉽지는 않았다. 그 속에 심오한 성인의 말씀이 들어있기 때문이었다.

책을 펼치면 첫 편이 '학이 學而'이고 첫 말씀이 배움에 대한 것이다.

學而時習之 不亦說乎 (학이시습지 불역열호)
배우고 때때로 익히면 또한 기쁘지 아니한가.

有朋自遠方來 不亦樂乎 (유붕자원방래 불역낙호)
멀리서 벗이 찾아오면 또한 즐겁지 아니한가.

人不知而不慍 不亦君子乎 (인부지이불온 불역군자호)
사람들이 알아주지 않아도 성내지 않는다면 또한 군자가 아니겠는가.

배우고 그것을 때때로 익히는 즐거움, 멀리서 친구가 나를 찾아오는 즐거움, 남이 나를 알아주지 않아도 성냄이 없는 군자의 인격에 이르기까지, 그 처음이 배움의 즐거움이라는 것이 새롭게 다가왔다. 이 책이 배움에 임하는 다음가짐을 맨 먼저 강조했다는 것을 생각하면서 내가 살아온 배움의 시간들을 돌아보게 되었다.

나는 지금 시문학과 30년째 열애중이다. 시·문·학에 깊이 빠져 지내며 배우고 익힘의 기쁨을 충분히 경험했고, 시 벗님들과 마주하는 만남 속에서 더 큰 기쁨과 즐거움으로 나의 시간을 다져왔다. '시바 시만 아는 바보 라는 별명을 들으면서 시를 통한 선한 영향력으로 사람들과 연대해 나갔다. 남들이 알아주지 않더라도 충분히 가치 있는 삶을 살고 있다며 나를 토닥이며 대견하다 말해주었다. 시 낭송 작가가 나의 주업이기 때문이다.

나이 듦에 대하여 다시 생각하게 해준 말씀은 '위정 爲政'편 4장이었다. 공자께서 자신의 나이에 대해 제자들에게 해준 말인데, 매 구절마다 나의 나이를 짚어보며 읽었다.

吾十有五而志于學 (오십유오이지우학)
나는 열다섯 살에 학문에 뜻을 두었고,

三十而立 (삼십이립)
서른 살에 자립하였고,

四十而不惑 (사십이불혹)
마흔 살에 사리에 의혹되지 않았고,

五十而知天命 (오십이지천명)
쉰 살에 천명을 알았고,

六十而耳順 (육십이이순)
예순 살에 귀로 들으면 그대로 이해되었고,

七十而從心所欲不踰矩 (칠십이종심소욕불유구)
일흔 살에 마음에 하고자 하는 바를 따라도 법도를 넘지 않았다.

학문에 뜻을 두었다는 것은 배움을 즐거이 하였다는 것이고, 자립하였다는 것은 스스로 독립하여 자기를 지킴이 견고해졌다는 것이다. 불혹의 나이라는 것은 사물의 당연한 도리에 대하여 의심 없이 분명히 지켜나감을 말한다. 천명은 바로 사물에 부여된 당연한 어떤 것을 알았다는 것이다. 이순은 들리는 소리에 대해 마음이 알아차려서 어긋나거나 거슬림이 없이 생각하지 않아도 아는 것이다. 종심은 마음에 하고자 하는 바를 따라도 저절로 법도에 넘지 않으니 자신의 행등이 사람의 도리에 어긋남이 없다는 것이다. 애쓰지 않아도 법도에 어긋나지 않은 경지는 진정 인격의 완성된 자유자재한 경지일 것이다.

나는 지금 '지천명'의 대열에 있다. 순리대로 가고 있는 것일까? 천명을 안다는 인격의 단계가 어떤 것인지 조금은 이해할 정도로 지금까지는 잘 흘러온 것 같다. 앞으로 60대, 70대가 될 것이다. 나는 그 각각의 나이에 맞게 성숙하며 자신을 연마하며 자유로운 인격으로 완성될 수 있을까. 70이 되어서 내 마음이 이끄는 대로 행동하고 말해도 그것이 도리에 벗어나지 않을 만큼 멋진 자유인이 되어 있을까 생각해 본다. 인생의 한 단계마다 순리에 순응하며 그 결을 잘 맞춰 나가야겠다.

그동안 차에 관해 배운 내용들을 다시금 새겨 본다. 차인은 조화의 이치를 터득해야 하고, 건강해야 하고, 조화의 이치를 현실 속에 실현시키는 정신적 힘을 가져야 한다. 그리고 차생활로 문화와 진정한 멋을 배우고, 일상생활을 온전하게 한다. 결국은 차는 일상생활에 필수적인 다반사 茶飯事 로 귀결됨을 느낀다.

처음에는 차 공부를 하는데 왜 『논어』를 공부하는 걸까 궁금했다. 공부를 하면서 차를 마시고 차도를 몸에 익히는 과정에서 비로소 차 마심이 결국 마음 수양과 한 몸임을 알게 되었다. 차인으로서 아직도 배우고 채워야 할 것이 많다. 나의 불혹을 돌아보는 것만으로도 나는 큰 배움의 길을 걷고 있다고 믿는다. 오늘도 나는 '차선일미'의 경지를 마음에 새기며 차를 마시는 일상을 유유히 걷고 있다.

8. 도덕경-도의 바른 실천

/ 윤의 백은희

2020년 8월 20일 목요일, 안양차향회 목요 심화반의 인문학 강의에서 노자의 『도덕경』 공부를 시작했다. 『도덕경』은 중학교 때 '무위자연'의 의미도 이해하지 못한 채 시험을 위해 단순히 암기하던 것이 첫 만남이었다. 그 이후로도 『도덕경』을 글과 방송 등의 매체를 통해서 종종 접하면서 관심을 가졌다. 하지만 막상 책을 읽으려는 마음을 내지는 못했다. 그 이유는 이해하기 어려울 거라는 선입견도 있었고 딱히 공부할 동기도 없었기 때문이었다. 이처럼 오랜 세월동안 먼발치로만 접했던 『도덕경』을 화윤차례문화원 인문학 강의에서 드디어 만나게 되었다.

인연의 시작

『도덕경』 강독을 시작하기 전날, 내일 수업을 위해서 책을 챙기는데 화윤차례문화원과 인연을 맺은 세월이 주마등처럼 스쳐 지나갔다. 화윤 선생님을 만나게 된 것은 평소 알고 지내던 교수님을 통해서였다. 그 교수님은 차에 관해서 조예가 깊으셨고 함께 차를 마시는 기회를 자주 갖게 되었다. 어느 날 찻자리에서 알게 된 한 교수님께 '차를 좀 알고 즐겼으면 좋겠다.'는 의중을 비추었더니 나를 데리고 방문한 곳이 안양의 화윤차례문화원이었다.

2016년 4월 초, 우리가 방문했던 차실은 아주 정갈하고 소박하였다. 그 분위기와 어울리는 편안하고 잔잔한 미소로 맞아주신 분이 화윤 선생님이셨다. 그날 마신 차의 이름도 나눈 이야기도 잘 기억나지 않는다. 하지만 고즈넉한 차실의 분위기와 선생님의 기품에 이끌려서 행복한 시간을 보냈었다. 찻자리를 마무리하고 헤어질 때 선생님께서 다음 주에 차실에서 행사가 있는데 오겠냐고 하시면서 초청장을 건네주셨다. 선생님을 다시 뵙고 싶은 마음과 행사에 대한 호기심에 초청장을 냉큼 받았다.

2016년 4월 23일, 화윤차례문화원 제10기 차사 수료식 및 한·중 차문화교류회 행사 초청장을 들고 다시 화윤당을 방문했다. 차실은 지난번 모습과는 달리 액자, 병풍, 차기, 화분, 꽃바구니들로 장식되어 있었고, 그리고 많은 참석자로 가득 차 있었다. 세 시간 넘게 걸린 차사 수료식과 중국 예술단의 공연은 모두 처음 보는 광경으로 매우 흥미로웠고 차 공부를 하고 싶다는 생각이 더욱 커졌다. 이 방문을 계기로 5월에 「인성예절지도자양성과정 특별심화반」에 입학하게 되면서 화윤차례문화원과의 인연이 시작되었다.

인성예절지도자양성과정을 시작할 때 배움을 청하는 의례인 '입학례'가 있었고, 내가 학생 대표로 축문을 읽었다.

"천지신명께서 주신 아름다운 차는 저희들을 늘 깨어있게 하고 일상생활을 온전하게 하여 맑은 마음과 튼튼한 육신을 만들게 해 줍니다."

그 당시에는 뜻을 새길 겨를도 없이 긴장되고 떨리는 마음으로 소리로만 읽었다. 6년이 지난 지금에야 그 축문이 응축하고 있는 심오한 뜻을 시나브로 깨달아 가고 있다.

이후에 차도예절사과정을 이수하여 2017년 10월 12일 차도예절사자격증을 취득하였다. 이어서 차사과정을 거쳐서 2019년 1월 17일 차사가 되었고 '윤의 胤毅'라는 차호를 받았다. 차호를 받기까지 차문화개론. 전통예절, 인성, 차도사상을 배우고 수행서인 계초심학인문, 초발심자경문, 동차송, 차신전, 다부, 한국의 차도, 선생님의 저서 '기뻐서 차를 노래하노라' 등을 강독했다. 원전들을 공부하면서 알아가는 역사적 사실, 인물, 그리고 메시지들이 씨줄과 날줄로 무늬를 만들어 갔고 배움의 즐거움이 더욱 깊어졌다.

드디어 만난 도덕경

그러던 어느 날 선생님께서 만화로 된 『도덕경』을 공부해 보자고 제안하셨다. 그 어렵다는 『도덕경』을 강독을 하게 되다니, 그것도 읽기 쉽고 재미있는 만화로! 안양 차향회 심화반 도반들과 나는 원전을 강독하면서 한문 실력이 부족해서 힘들었던 점도 있었고, '만화방' 세대여서 만화에 대한 향수를 떠올리며 크게 기뻐했다. 그러나 내게는 기쁨보다는 설렘이 더 컸다. 동서고금을 통해서 성경 다음으로 많이 읽혀지고 인용되고 있다는 내용들이 궁금했고 '무위자연사상'을 제대로 알아볼 기회가 왔기 때문이었다.

수업을 시작하시며 선생님께서는 다음과 같이 말씀하셨다.

"노자의 『도덕경』은 약 5000여의 한자를 사용한 간결한 시, 격언, 잠언과 같은 짧은 문장으로 총 81장으로 구성되었다. 그러나 내포된 사상이 심오하고 난해해서 많은 주석서와 번역서가 있고 회자되는 화두가 무궁무진하다. 이 만화 『도덕경』은 내용은 압축하여 설명하고 있지만, 해설과 부록이 있어서 이해하기가 쉽다. 우리가 공부해온 수행서, 차서, 차시들의 근간에는 유가, 도가, 불교사상이 함께 녹아들어 있다. 도가사상의 대표적인 저서인 『도덕경』은 그동안 강독해 온 원전에 대한 이해를 더욱 깊고 단단하게 해 줄 것이다. 특히 노자는 『도덕경』을 통해서 자연과 세상의 원리가 인간의 삶의 근본원리임을 비유와 역설로 풀어주고 있다. 이를 우리 차인이 지향하고 갖추어야 할 품성, 차도, 차 생활에 잘 적용하여 일상생활을 온전하게 하고 맑은 마음과 튼튼한 육신을 만들어서 더욱 건강하고 행복한 차인이 되길 바란다."

『도덕경』 강독은 각 장에서 전하고자 하는 내용의 핵심을 이해하는데 중점을 두고 이해하기 어려운 부분은 오래 머물지 말고 각자의 생각과 의견을 자유롭게 나누어 가기로 했다.

먼저 책의 서두에 설명된 『도덕경 道德經』 글자가 갖고 있는 의미를 알아보았다. 〈도 道〉는 세상 우주의 근본원리를 말하며 깊은 뜻을 밖으로 나타내는 것이 아니라 안으로 되돌아보는 것이고, 〈덕 德〉은 도가 삶에서 어떤 모습으로 나타나는 지를 보여주는 것이며 〈경 經〉은 성인이 쓴 글이라고 했다.

우리는 『도덕경』의 1장을 함께 낭송을 했다.
'도가도 비상도 道可道 非常道, 명가명 비상명 名可名 非常名'을 운율을 맞추어 읽으니, 읽기도 편하고 듣기에도 좋다. 그런데 모두 아는 한자인데도 정확하게 무슨 의미인지 알듯 말듯 모호했다. '가 可'와 '상 常'을 사전에서 찾아보니 여러 가지 의미가 있었다. 이 책에서는 '도를 도라고 말하면 참된 도가 아니고, 이름을 이름이라고 말하면 참된 이름이 아니다.'라고 해석하고 있었다.

다른 해석들도 찾아보았다. '도라고 부른다고 모두 다 도가 아니고, 이름이라고 부른다고 다 이름이 아니다.' '도라고 말할 수 있는 것은 도가 아니고, 이름을 붙일 수 있는 것은 이름이 아니다.' 등으로 사람마다 해석이 같은 듯 다른 듯 천차만별이다.

시작부터 어렵다.

수업 방식은 돌아가면서 낭독한 후에 선생님의 부연설명을 듣고 각자의 생각이나 경험을 나누는 형식으로 진행되었다. 처음에는 그림과 설명이 있어서 재미있고 읽기가 쉽다고 생각했다. 그런데 장이 넘어갈수록 이해하기에 난해한 부분들이 많았다. 어느 장은 쉽게 이해가 되어 '아하 맞아. 그래~' 했지만, 어느 장은 ' 잘 이해가 안 되는데 무슨 의미이지?'하는 생각이 들었다. 많은 번역서와 해석서가 왜 나와야 했는지 이해할 수 있었다. '『도덕경』은 여러 번 읽어 보아도 이해하기 어려운 책이다'하는 말을 십분 공감하는 순간이 반복되었다.

　　나는 공부하는 동안 마음에 와 닿는 내용에는 별표를 그려 넣었다. 그중에서 특히 체화하고 싶은 세 개의 가르침이 있었다. 첫째, 상대적 관계와 가치판단은 쉼 없이 변하고 보는 시각에 따라 달라지므로 나만 옳다는 편견과 분별심을 버리라는 것이다(2장). 둘째, 가장 훌륭한 것은 물과 같으니 물처럼 살아가라는 것이다(8장). 셋째, 자신을 잘 알아서 마음을 비우고 성찰하며 삶을 살아가라는 것이다(33장). 이 세 가지는 내 본성에서 가장 약한 부분들로 늘 알아차리고 실천해야 일상이 평안해지고 행복한 삶을 살 수 있도록 도와줄 교훈들이다.

　　『도덕경』 강독을 마무리하는 시간이 되었고 드디어 마지막 장을 읽고 책을 덮었다. 그리고 호흡을 가다듬고 가장 마음속에 남는 부분을 생각해 보았다. 1장의 명가명 비상명 名可名 非常名 이었다. '이름이라고 부른다고 다 이름이 아니다.'라는 해석의 '이름' 자리에 '차인'을 넣어 보았다. '차인이라고 부른다고 다 차인이 아니다.'를 읊으며 마음이 흔들린다. 과연 나는 차인다운 모습을 갖추고 있는가를 생각해 보니 부끄러움이 올라왔다.

　　『도덕경』의 핵심사상이 '무위자연'이라고 외웠던 중학생시절부터 반세기가 지났다. 나는 화윤 차인이 되어서야 '무위자연'이 자연의 순리와 이치에 맞게 행하는 것이라는 의미를 이해하게 되었다. 그리고 『도덕경』은 우주오- 자연의 질서와 이치인 '도'를 깨닫고 덕을 실천하는 것이다. 그것은 말과 행동, 마음 비움, 되돌아감, 무위, 무사, 자기성찰로서 지혜롭고 행복한 삶을 영위할 수 있는 덕목이어서 그것은 나의 삶의 지침이 되어 주었다.

'도'와 '덕'은 어디에나 응용되고 적용될 수 있다고 한다. 차 생활과 차도에도 노자의 자연의 이치, 겸손과 소박함, 물과 같은 유연성, 마음 비움, 무위자연의 철학이 깃들여져 있음을 깨달았다. 가까운 날에 다시 읽어 보고 필사도 해 볼 계획이다. 그때 나는 『도덕경』을 어떻게 이해하게 될지 궁금하다.

화윤 선생님과 도반들과 함께 하는 인문학 공부는 내게 일상을 알아차리고 깨어 있게 해 주는 힘이고 선물이다.

9. 잎차-공수선차 수행

/ 윤목 김희진

나는 요가를 하면서 자연스레 차를 익히게 되었다. 나의 요가 선생님인 김소영 박사님 한국담마요가협회회장 은 늘 수련 후에 제자들에게 차를 대접해 주셨다. 요가 수련 후에 마시는 차는 내 몸을 은은하게 덥혀주었고, 차를 마시는 것까지가 수련의 끝인 것처럼 요가와 차는 서로 뗄 수 없는 관계 같았다. 차를 마시지 않고 돌아오는 날에는 어쩐지 서운하고 아쉬운 마음마저 들었다.

선생님은 식사 후에도 수련 후에도 차를 마셨고, 어쩌다 좋은 차가 생기면 늘 제자들과 먼저 나누었다. 덕분에 나는 자연스레 차와 친해질 수 있었고, 그렇게 나의 몸 곳곳에 차향이 스며들었다. 그러다가 본격적으로 차를 공부하기 시작한 것은 화윤 선생님과 공부를 시작하면서부터이다.

선생님은 한참이나 어리고 늘 어디로 튈지 모르는 야생마 같은 나의 특성을 항상 잘 이해해 주시고 귀여워해 주셨다. 선생님과의 차 공부 시간은 차를 배운다기보다는 선생님과 차를 마시며 대화하는 시간들이었다. 선생님은 가르치는 선생에서 배우는 학생이 되기도 하셨다. 그럴 수 있었던 것은 선생님은 젊은이들과의 소통에 능숙하신 분이셨기 때문이다. 혹시라도 본인의 생각이 나잇살이 든, 고정된 생각일까 싶어 어린 제자의 사소한 의견도 하나하나 놓치지 않고 존중해주시는 분이시다. 선생님과의 대화를 통해서 선생님의 언행을 보고 들으며 자연스레 나는 사람을 존중하고 배려하는 법과 지혜롭게 생각하고 살아가는 법을 배웠다. 선생님의 가까운 곳에서 선생님의 향기를 내 온몸에 스며들게 하는 일은 나에게 행운이 아닐 수 없었다.

잎차 공수선차를 처음 본 게 언제였는지 정확히 기억나지는 않는다. 다만, 그 첫인상이 너무나 강렬했던 것만 남아있다. 차는 그저 혼자 마시거나 여럿이 마시고, 여럿이 마실 때는 팽주가 차를 내어주는 것이라고만 생각했었다. 그런데 공수선차는 스승과 제자, 도반과 도반이 함께 차를 마시는 마음수행의 행위였다.

음악이 시작되고 고요한 침묵을 깨는 가야금의 울림이 시작됨과 동시에 우리의 손끝은 차포를 향한다. 손끝까지도 간결해야 하고 합이 맞아야 한다. 끓여놓은 물을 탕관에 따를 때에도, 그 물을 다시 차관에 따라 넣을 때에도, 우린 차를 찻잔에 따를 때에도 합을 맞춰야 한다. 물이 떨어지는 높이와 시간 그리고 물이 떨어지는 소리까지도 나 혼자 튀어선 되지 않으며, 모두가 일정하게 어우러져야 한다. 나 혼자 잘난 것도 내가 더 나은 것도 없다. 튀지도 않게 빠르지도 않게 묵묵히 다른 사람들과 어울리는 것이 잘하는 것이다. 급할 것도 아니, 급하게 할 수도 없다. 상대가 찻물을 다 따르기를 기다려주고 상대가 차 마시는 속도를 천천히 맞춰나가다 보면 타인에 대한 배려가 자연스레 몸에 스며든다.

차를 잔에 따르고 잠시 고요한 명상으로 모두 한마음이 된다. 잔에 담긴 차를 바라보며 색을 보고, 향을 맡고 그 한잔에 담겼을 수많은 이들의 손길과 노력을 떠올리다 보면 감사한 마음이 절로 들게 된다. 마치 어렸을 때 유치원에서 밥 먹기 전에 힘들게 쌀을 수확해주신 농부 아저씨께 감사 인사를 하고 밥 먹기 시작하는 것과 같다. 그리고 난 후 첫 모금을 입안에 담았을 때 입안에 가득 퍼지는 차향을 느낄 때면 미소가 절로 나온다. 차가 진하게 우려지면 진한대로 연하게 우려지면 또 연한대로 우리를 차밭 한가운데에 데려다 놓는 것 마냥 입 안 가득 차향이 번진다. 그럼 또 잠시 눈을 감고 입 안 가득 번진 차향을 느끼고, 그 향이 이 공간 전체를 채우는 상상을 하고, 더 나아가 차향이 온 우주를 가득 채우는 상상을 하며 명상을 한다. 차를 우려 마시는 과정은 그 시작부터 끝까지 그 자체가 명상이다.

차를 다 마시고 나면 차 설거지를 하게 된다. 내가 쓴 차기를 다시 정성스레 닦아내고 정리하여 처음의 상차림 모양새로 돌아가게 된다. 선생님은 늘 정리정돈을 중요시 하셨고, 머물다 간 듯 안간 듯 나의 흔적을 남기지 않게 가르치셨다. 그렇기에 마지막 두 손을 가지런히 모아 합장하고 인사하는 그 순간까지 나의 마음은 흐트러질 수가 없다. 나의 시선은 계속 손끝을 향하고 나의 모든 신경은 차를 우리는 나를 향한다. 그것은 매트 위에 서서 온전히 나에게 집중해야 하고 모든 신경이 내면을 향해 있는 요가의 모습과 닮아있기에 차를 더 사랑할 수 밖에 없는 것 같다.

함께 차를 마시고 그 느낌을 나눌 수 있는 사람들이 곁에 있다는 것, 존경하는 스승님이 계시다는 것과 좋은 도반을 만난다는 것은 정말 큰 기쁨이고 행운이다. 늘 함께 차를 나누고, 좋은 일은 함께 기뻐하고, 슬픈 일도 힘든 일도 나눠 주시는 도반들이 있어 너무 감사하다. 도반들의 모습을 곁에서 보고 있으면 차와 함께 나이 들어갈 나의 미래가 기대된다.

10. 말차-절도와 조화

/ 윤창 이미숙

차인의 길을 걸어온 시간을 돌아보니 처음 차를 접했던 날이 기억난다. 화윤 선생님의 초대를 받아 녹차와 발효차를 마셨다. 상황은 어색했고, 무슨 느낌인지도 모르고 마시는 차 맛은 쌉쌀하고 떫었다. 한참을 마시다 보니 버는 불러오고 화장실도 가고 싶었지만 어려운 자리라는 생각에 참고 앉아 있으려니 배도 아파왔다. 하지만 정성껏 우려주시는 차가 정말 감사했고 함께 하는 동안 행복함을 느꼈다.

우연인지 필연인지 이렇게 시작된 차와의 만남 덕분에 이제는 차를 사랑하고 함께 나누는 차인으로 성장하고 있다. 지금은 화려하게 갖추어진 차실은 아니지만 작은 방 하나에 단출한 차 공간을 마련했다. 이 공간에서 홀로 차를 마시며 고요하게 스스로를 돌아보는 시간을 가진다.

햇살이 따뜻한 날 홀로 말차를 마셨다. 류동문 선생의 천목차완을 준비했다. 송나라 때 유행했다는 천목차완은 태토에 철분이 많아서 검게 보인다고 한다. 안팎으로 유약이 발라져 있는데 굽다리가 있는 쪽은 유약이 발라지지 않았다. 따뜻한 물로 먼저 차완을 데웠다. 잔이 차가우면 차 거품이 올라오지 못하는데 천목차완은 열감이 오래가니 말차에 사용하기 적합하다. 고운 말차를 차시로 떠서 차완에 넣고 물을 부어준다. 빠른 손놀림으로 격불을 하니 뽀얗게 올라오는 거품이 너무 아름답다. 차의 향기가 코끝을 자극하면서 마음이 차분히 가라앉고 생각도 안정된다. 천목차완에 담긴 말차는 너무 아름다워 마음이 울컥해진다. 어쩜 차색이 이리 선명하고 고운지 보는 눈과 마음이 즐겁다. 차 맛은 쌉쌀하고 고소하고 부드러우며 감칠맛까지 있다. 차를 혼자 요요하게 마심이 심신의 수행이 됨을 느끼게 되었다. 어렵고 힘든 일

이 있어도 나 자신을 지켜주는 차의 공간이 있음에 감사함을 느낀다.

홀로 차를 마시는 것도 좋지만, 결이 비슷한 차 친구들과 함께 하는 찻자리는 더욱 소중하다. 매주 목요일이 기다려지는 이유는 서로의 마음을 느낄 수 있는 차 도반들을 만나는 시간이기 때문이다. 매주 목요일 오전 11시, 윤의, 윤빈, 윤공, 윤경, 윤아, 윤요 차사와 함께하는 차도 심화연구반에서는 조금 더 깊이 있는 차 이야기가 이어진다. 화윤 선생님은 차를 즐길 수 있는 마음의 여유 속에 녹아있는 노장사상 등 동양철학적 접근, 차문화와 역사, 그리고 차에 대한 예법 등의 이론 수업을 깊이 있게 안내해 주신다. 차와 함께 하는 시간, 이론적 사유 체계가 깊어질수록 도반들과 함께 차를 마시는 공수선차 共修禪茶 시연은 조금 더 조심스러워진다. 차를 우리는 과정은 매 순간이 끊임없는 알아차림의 연속이기 때문이다.

말차 시연은 이건용의 '별과 시'라는 차 음악에 맞춰 도반들이 한 호흡으로 말차를 마시며 수행하는 선차이다. 차와 음악과 도반들의 호흡이 혼연일체가 되어 앞서지도, 뒤처지지도 않는 명상수행이다.

화윤 선생님께서 죽비를 탁탁 치면, 희미하거나 엉켜 있던 생각들이 번뜩 정신을 차리며 의식이 성성해진다. 차상보를 걷어내면 정돈되어 있는 소박한 찻상이 모습을 드러낸다. 단락이 끝날 때마다 다시 공손하게 두 손을 모아 마음을 가다듬는다. 차완에 고이 담겨 있는 솔을 꺼내어 제 자리에 놓고 물을 따른다. 물 따르는 소리가 경쾌하게 들리는 날이 있는가 하면 어떤 날은 그 소리가 고요하고 차분하기도 하다. 물 따르는 소리에 마음이 그대로 담겨진 덕분일 것이다.

첫 번째로 뜨거운 물로 찻 사발과 솔을 깨끗하게 닦아 낸다. 깨끗한 차행주로 찻사발의 물기를 닦아낸다. 닦아낸 찻사발을 옮길 때에도 손가락이 벌어지지 않도록 조신하게 마음을 담아 마치 어린 아기 다루듯 조심스레 제 자리에 놓는다. 차시도 닦아내고 정돈된 찻상을 한 번 더 살피니 마음도 정결해진다.

깨끗하게 닦고 예열한 찻사발에 말차를 넣을 때 도반들과 함께 하기 위해 공수를 하고 기다렸다가 같이 시작한다. 차호에 담긴 말차를 차시로 떠서 차완에 살포시 넣고는 차시를 차완의 전에 가볍게 톡톡 턴다. 이 소리는 공수선차 시연의 처음을 알리는 죽비 소리처럼 나의 의식을 다시 일깨워 준다. 이제 차원에 뜨거운 물을 따른다. 찻사발을 차상의 내 앞쪽으로 가까이 가져와서 차선으로 휘젓는다. 이 때 흘러나오는 음악 소리는 마치 하늘에서 은하수가 쏟아지는 느낌이다. 아주 고요하던 음악 소리가 빨라지면서 차에 대한 설렘을 증폭시켜 준다.

잘 격불된 차를 차상 중앙 제자리에 놓고 공수한다. 공손하게 두 손을 모아 가볍게 인사하며 감사심을 표하고 찻사발을 든다. 색과 향, 맛이 나의 몸 안에 들어오면 세상 그 무엇도 부러울 게 없어진다. 그리고 지금,

이 순간의 행복에 충분히 녹아들게 된다. 대개 두세 번에 나눠 마시는데 차가 쉬이 사라지는 것이 아쉬워진다. 그래서 매 순간이 그냥 지나가지 않도록 마음에 사무치도록 정성스레 차를 내고자 하는 다짐을 하게 된다. 차 한 잔이 나의 목을 적시기까지 차가 지나온 과정을 돌아보면 참으로 감사한 마음이 우러나고 환희가 샘솟는다.

차를 마시고 나면 찻자리를 다시 처음처럼 되돌리는 설거지 시간이다. 찻사발에 뜨거운 물을 붓고 차선과 찻사발에 남은 것을 씻고 차선을 제자리에 놓는다. 제자리

에 놓는다. 행주로 찻사발을 닦아내고 모든 차구를 제자리에 정돈한다. 마지막으로 차포로 상을 덮고 덮고 두 손을 모아 감사하는 마음으로 인사한다. 한다.

화윤 선생님께서는 모든 것은 생겨났다가 사라진다는 생멸의 법칙을 늘 강조하신다. 도반들과 함께 하는 이 순간도 생겨났다가 사라지겠지만, 그 시간들이 마음속에 차곡차곡 쌓이면서 고요한 알아차림의 연속, 평정심을 깨달아가게 된다. 그리고 도반들과 함께 하는 공수선차는 이 알아차림으로 가는 길이 외롭지 않음을 알려준다.

스승과 함께, 또는 도반들과 함께 하는 공수선차의 차 생활 덕분에 나만의 작은 차실은 자연스레 친구들과 삶의 대화를 나누는 공간이 되었다. 예기치 못한 코로나19로 정상적이었던 일상이 멈춰지고 사람들과의 접촉이 부담스러워진 시절이 길어졌을 때, 친구와의 만남을 만들 수 있었던 나의 작은 차실에 얼마나 감사한지 모른다. 친구와 찻자리를 즐기며 이런저런 차담을 나누면 어느덧 마음속의 이야기들도 편안하게 되고 지쳐있는 친구에게 위로가 되는 시간이었다는 말을 들으면 차인으로서 또다른 기쁨을 느낀다. 차는 우리의 대화를 좀 더 편안하고 품격 있는 자리로 만들어 주었다. 스스로에게는 차분함과 따뜻함 그리고 자신을 사랑하는 마음을 갖게 해주었다. 이웃들에게 차에 대한 호기심을 심어주고 차 생활의 기쁨을 알려줄 수 있는 것도 행복한 일이다.

어느덧 차는 나의 가장 소중한 친구가 되어, 혼자 있거나 여러 사람과 함께 있을 때에도 행복한 시간을 만들어 준다. 세월에 따라 차가 더 깊이 익어가듯이 나의 인생도 더 향기롭고 멋있게 이어가리라 다짐해본다.

11. 다식-찻자리의 멋

/ 윤보 안병선

　　다식은 차를 마실 때 찻자리를 아름답고 정성스럽게 장식하고 차 맛을 더 즐기도록 도와준다. 그러기에 찻자리를 준비하면 자연히 다식에도 마음을 쓰기 마련이다. 다식이 간결하게 놓인 찻자리를 마주하는 순간 절로 탄식이 나오고 누군가를 위해 정성을 다한 찻자리의 주인에게 감사하는 마음이 일어난다. 그러므로 차 생활에서 다식 만들기는 매우 중요한 작업이라 할 수 있다.

　　처음 창원대학교 평생교육원에서 차 공부를 시작할 때 배운 다식 만들기는 잊을 수 없다. 평소 다식에 관심이 많았던 나는 강의를 듣기 전에 박남식이라는 남자 선생님께서 다식을 지도한다 하니 걱정 반, 의문 반을 품고 첫 수업에 들어갔다. 그런데 강의실에 들어오신 분이 남자분이 아니어서 웃음이 나왔다.

　　막상 실습을 시작하자 남자 학생들이 더 꼼꼼하게 잘 만들었다. 특히 박청학 선생님은 힘이 세서 그런지 다식판에 박아서 찍어내는 기본 다식을 아주 깔끔하고 반듯하게 만들어서 놀랄 정도였다. 나중에 안 사실이지만 워낙 깔끔하고 완벽한 성품이어서 모든 일을 그렇게 완벽하게 하였다.

　　다식을 만들다 보면 여러 가지 재미있는 일들이 생긴다. 흑임자다식 반죽을 할 때 꿀을 많이 넣어서 질퍽해서 혼났던 일도 있었다. 아이들을 위한 치즈다식을 만들 때도 꿀의 열성 때문에 치즈가 녹아서 질척해진다는 것을 알았다.

　　다식 수업 보조를 맡았던 허광임 선생님은 재료를 준비한다고 남편까지 동원하였다. 부부가 우리 수업에 좋은 다식 재료를 제공하기 위해 손에 물집이 잡히도록 밤을 새워 작업을 했던 일은 두고두고 감사한 마음으로 남아 있다. 생강란 재료를 준비하기 위해서 부부가 밤새도록 강판에 생강을 갈고, 앙금을 가라앉히면서 수업 재료를 준비하는 모습은 참 아름다운 풍경으로 내 마음에 저장되어 있다.

요즘에는 다양한 다식 재료들이 나와서 손쉽게 다식을 만들 수 있다. 그래도 다식판에 꼭꼭 눌러서 찍어낸 전통 다식이 훨씬 정성스럽게 보인다. 우리 조상들은 다식도 음양오행을 생각하며 오방색을 갖춰서 만들었다고 하니 다식 그 자체로서도 철학이 있고 예술적 감각이 들어있다는 생각이 든다.

기본 다식은 깨, 콩, 참깨, 찹쌀, 밀 등의 곡식을 빻아서 볶은 가루나 송화 가루를 꿀로 반죽하여 다식판에 꼭꼭 눌러서 여러 가지 문양이 나오도록 박아낸 것이다. 송화다식, 녹말다식, 흑임자다식 등 주재료에 따라 다식의 이름이 붙여진다. 다식은 혼례상이나 회갑상, 제사상 등 의례상에는 반드시 등장하는 과자다. 『삼국유사』에 의하면 삼국시대에도 차 잎 가루로 다식을 만들어 제사상에 올린 것을 알 수 있다.

화윤선차회는 수료식이나 각종 행사를 앞두고 도반들이 둘러앉아 도란도란 얘기도 나누며 다식을 만든다. 다식에 대한 정보를 서로 나누기도 하고, 특별한 장기를 가지고 있는 사람은 자신의 비법을 알려주기도 한다. 그 시간도 차인의 향기를 느끼는 소중한 시간이다. 그렇게 하여 각자의 찻자리를 아름답게 꾸미고 차생활의 멋을 더하면서 행복한 살림살이를 가꾸어가고 있다.

기본 다식 만드는 몇 가지 방법을 소개하기로 한다.

종류	재료 및 분량	만드는 방법
송화다식	송화가루 1컵 꿀 3큰술	① 송화 가루에 꿀을 넣고 고루 섞어 한 덩어리로 반죽한다. ② 다식판에 랩을 깐다. ③ 반죽을 밤톨만큼 떼어 다식판에 꼭꼭 눌러서 찍어낸다.
호두강정	호두 100g 설탕 400g 물엿 1/2컵 소금 약간 식용유	① 호두는 끓는 물에 소금을 넣고, 삶은 후 찬물에 2번 헹구어 체에 밭쳐 물기를 빼서 불순물과 떫은맛을 없애준다. ② 냄비에 물엿, 설탕, 물을 넣고 끓인다. ③ 물이 약간 졸여지면 호두를 넣고 불을 낮추어 실선이 생길 때까지 조린 후 체에 밭쳐둔다. 이때 너무 자주 젓지 않는다. ④ 조린 호두를 150~160도의 기름에 넣고 황갈색이 되면 체에 건져서 붙지 않도록 하나씩 떼어 찬바람에 식힌다.
무화과 정과	무화과 100g 백포도주 1/2컵 설탕 1컵 꿀 2큰술 잣 조금	① 무화과 밑 부분에 가로와 세로로 2번 가위집을 넣는다. 물로 씻으면 미끄러워 가위질이 안 되므로 씻지 않아야 한다. ② 찬물에 재빨리 한 번 헹구어 먼지와 여물질을 제거한다. ③ 두꺼운 팬에 백포도주, 물, 설탕을 중불에서 젓지 않고 설탕이 녹으면 무화과를 넣고 서서히 졸인다. 코팅된 팬을 사용한다. ④ 마지막에 꿀을 넣고 한 번 더 수분을 날려 마무리 한다. ⑤ 모양을 잡아 가운데 잣 고명을 올린다.
팥양갱	적앙금 500g 한천 10g 물 200ml 설탕 100g (약8큰술) 호두알갱이 10g	① 한천을 물에 20여분 불려준 뒤 물기를 짠다. ② 냄비에 물과 한천을 넣고 녹인다. ③ 한천이 완전히 풀리면 설탕을 넣고 녹인 후 앙금을 넣고 잘 저어 준다. ④ 모양틀이나 그릇에 담아 냉장고나 서늘한 곳에서 식힌다.
율란 조란 생강란	밤 20개 꿀 3큰술 계피가루 약간	① 밤을 삶는다. ② 밤의 껍질을 벗기고 속살을 따뜻할 때 체에 내려서 보슬보슬한 고물을 만든다. ③ 꿀과 계피가루를 넣고 조린 다음 한 덩어리로 뭉친다. ④ ③을 밤톨 모양으로 빚어서 한쪽 끝에 계피가루를 묻혀서 담아낸다. ※ '란'은 가루를 만들어 밤이나 대추 모양을 빚어서 만드는 것이고, '초'는 대추나 밤을 형태 그대로 조청에 조린 것을 말한다.

12. 제차-차를 만드는 시간

/ 윤초 김혜원

밀양 화악산 자락 대각정사 절 뒤편에는 그리 크지 않은 화윤차례문화원 차밭이 조성되어 있다. 지금 우리 회원들이 해마다 봄이면 싱그러운 숲에 둘러싸여 차를 따는 곳이 바로 그곳이다.

30년 전에 대각정사 주지 성구스님께서 보성에서 차 씨 두 포대를 구입하여 씨를 뿌리고 가꾼 차밭이다. 이 차밭에서 신도들이 차를 따고 불을 지펴서 가마솥에서 차를 덖은 유서가 서린 현장이기도 하다.

그 후로 차밭 관리와 차를 만들 사람이 없어 자연히 차밭이 방치된 채 몇 년을 묵히다보니 풀덤불이 덮여서 제 모습을 잃게 되었다. 2004년 화윤 선생님께서 이 차밭을 이어 받으시고 새로 손질하여 드디어 차밭다운 면모를 갖추게 되었다. 화윤 차밭은 비료나 약을 전혀 사용하지 않기 때문에 소량만 채취하게 되는 것이 아쉽지만 청정한 '화윤선차 和胤禪茶'의 맛이 여기서 유래하니 오히려 부족함이 없는 것이라 하겠다. 화윤 선생님께서는 차를 지극히 좋아하면 차밭이 저절로 우리를 찾아온다며 차의 옛이야기를 일러주신다.

봄바람에 흔들리는 키 큰 은사시나무는 찻잎을 따는 차인들의 마음을 한 없이 평화롭게 만들어 준다. 차인들이 찻잎을 따며 각자 명상에 든 풍경은 아름다움의 극치다. 그 현장에 있는 사람만이 경험을 할 수 있다. 자연과 일체되고 스스로의 욕심을 완전히 비우는 순간에는 내년에도 내가 이곳에 있을 수 있기를 기도하게 된다.

초의선사의 「차신전」을 읽으면서 배운 채차 採茶 의 내용을 다시 새겨본다. 찻잎을 따는 일은 그 시기가 중요하니, 너무 이르면 향이 온전치 못하고 늦으면 신령스러움이 흩어진다. 곡우 전 5일이 가장 좋고, 곡우 후 5일은 두 번째로 좋으며, 다시 5일은 그 다음으로 친다고 했다. 그러나 지구 온난화로 인하여 차 따는 시기가 점점 빨라지고 있는 실정이다. 차의 잎은 자주색이 가장 좋고, 잎이 주름진 것은 두 번째로 좋으며, 동그랗게 말린 것을 그 다음으로 친다. 밤새 구름 한 점 없는 날 밤 이슬을 머금은 것을 채취한 것이 가장 좋고, 낮 동안 햇볕 아래에서 채취한 것이 그 다음이며, 흐리거나 비 올 때는 마땅히 채취하지 않는다. 또한 산골짜기에서 나는 것이 가장 좋고, 대숲에서 난 것이 두 번째이며, 자갈밭에서 나는 것이 세 번째이고, 황사에서 나는 것이 그 다음이라 했다.

「차신전」의 조차 造茶 에는 채취한 차는 늙은 잎과 억센 줄기 부스러기 등을 골라 버리고 솥이 아주 뜨거워졌을 때 찻잎을 넣고 급히 덖는다. 이 때 불의 세기를 낮추지 말아야 한다. 차가 덖어지는 것을 기다려 솥에서 꺼내 펼쳐 널기를 몇 차례 한 다음 다시 솥에 넣고 불기운을 점점 약하게 하면서 적절히 건조 시킨다. 그 속에 현묘함이 숨겨져 있어서 말로 표현하기 어렵다고 했다. 불기운을 고르게 하면 색깔과 향기가 모두 아름다우나 현묘함이 부족하고, 노력을 다 하지 못하면 신령스러운 맛이 모두 사라진다고 했다. 시중에 판매되고 있는 녹차는 찻잎을 솥에서 바로 덖어내는 부초차인데 반해 화윤차는 뜨거운 물에 증하여 바로 건져서 물기를 뺀 후 솥에서 덖기 시작하는 증차 蒸茶 를 만들고 있다.

「차신전」의 변차 辨茶 에서 좋은 차를 분별할 때, 차의 현묘함은 차를 처음 만들 때의 정성과 저장하는 방법 그리고 물 끓임에 대한 마땅함을 얻는 데에 있다고 하였다. 차의 좋고 나쁨은 당연 처음 덖는 솥에 있고, 맑고 탁한 것은 마지막 덖는 불에서 좌우된다. 차를 덖을 때 불이 너무 세면 향은 맑아지나 솥이 식으면 신령스러움이 적어진다고 했다. 불이 사나우면 날것이 타고, 너무 약하면 비취색을 잃게 된다. 차를 너

무 오래 덖으면 너무 익어버리고 빨리 꺼내면 도리어 다시 살아난다. 또한 차가 잘 익으면 황색을 띠고 설익으면 흑색을 띠게 되는데, 차를 만들 때 순리에 따르면 달고 거스르면 떫으며 잘 덖어진 차가 가장 낫다고 했다.

곡우절기를 기점으로 몇 번에 걸쳐 차를 따고 만드는 과정을 거쳐 한 해 차 만드는 작업이 마무리가 된다. 나는 행복하게도 이 차밭 근처에 살고 있어서 차를 따는 날이면 늘 새벽같이 소쿠리를 들고 차밭에 먼저 당도하여 차를 따며 회원들을 기다린다. 그래서 화윤차례문화원에서는 나를 '채차반장'이라고 부른다. 그 호칭으로 책임감을 느끼면서도 어깨가 슬그머니 올라가는 것이 어쩐지 기분이 좋아진다.

찻잎을 한소쿠리쯤 따고 있을 때면 회원 무리가 나타난다. 화윤 선생님께선 자리를 깔고 차 바구니를 헤쳐 먼저 차부터 우려 주신다. 아직은 덜 숙성되어 기운이 다듬어 지지 않은 햇차의 싱그러움을 혀끝에 굴리며 모두 한잔씩 음미한다. 행복과 환희심이 어우러진 차밭에서 도반들과 함께 하는 아침 차회는 우리를 끈끈하게 묶어준다. 화윤차는 증차여서 새벽에 빈속에 마셔도 속에 전혀 부담을 주지 않으며 약효도 뛰어나다. 실제로 두통이 오거나 마음이 불안하거나, 피로감에 젖었을 때 화윤선차를 우려 한잔 마시면 스르르 병질이 물러감을 느낀다.

화윤 차밭은 화윤차례문화원의 차인들이 지극히 사랑하는 새봄 놀이터다. 회원이라면 빠짐없이 매년 한번은 스스로 차밭에 들려 제차실습에 참여한다. 이 기간에는 화윤 선생님이 한 달 정도 차 만드는 곳에 자리를 틀고 대장노릇을 자처하신다. 회원들은 시간이 허락하는 대로 시간을 안배하여 무리를 지어 참여하게 된다.

화윤차는 차를 따고 만들기까지 전 공정이 수공이다. 증제녹차는 뜨거운 물에 잠시 증했다가 뜨거운 김을 날리고 꾸덕꾸덕 해지기를 기다려 뜨거운 솥에서 덖어내므로 일반 부초차보다 시간이 배나 걸리고 공정이 까다롭다. 또한 미세먼지나 송화 가루 등의 잡 물질이 증 과정에서 완전 제거되어 본래 청정한 찻잎은 더욱 청결해진다.

화윤차문화를 좋아하는 사람은 누구나 이 차밭으로 깃들기 때문에 그 중에는 풍류 기인들도 있다. 어떤 사람은 차밭에서 기타연주를 해주고, 대금연주자는 차를 만드는 동안 흥취가 돋는 데로 대금연주를 해주기도 한다. 그래서 화윤차는 풍류를 머금은 기운이 넘치는 차이다. 화윤차는 재차법이 지난하지만 일 년 마실 차 양식 만들기가 끝나면 햇차로 풍류차회를 연다. 그 동안 차 만들기에 함께 했거나 어쩔 수 없이 참여 못했거나 상관없이 차인들이 모두 함께 모여 명상차도를 하고 차시를 읊고 가악을 즐긴다. 물론 넘겨보는 지인들도 다 초대하여 즐긴다.

해마다 새 봄이 오고 봄비가 잦은 곡우 즈음이 되면 차나무는 어떤 모습으로 나를 맞이해줄까 항상 가슴 설렌다. 겨울을 견디어 겨우 새싹을 틔운 여린 찻잎을 하나 둘 따노라면 즐거움만이 아닌 차나무에 미안함도 앞선다.

여기 저기 온갖 새들의 합창 소리가 들리고 한 잎 두 잎 찻잎이 모여지는 동안 동이 트고 파란 하늘이 열린다. 봄 햇살과 싱그러운 바람에 춤을 추듯 흔들리는 나뭇잎 어디선가 날아오는 봄꽃 향기까지 모든 것이 축복이다. 한 바구니 가득 차를 이고 돌아오는 길은 콧노래가 절로 나온다.

뜨거운 무쇠 솥에서 찻잎을 비비고 굴리고 털어내는 동안 상처를 온몸으로 겪어내며 차는 탄생한다. 진통을 겪은 만큼 진한 향기와 맛으로 보답하는 것이 차다. 차를 마실 때면 차를 우려 놓고 합장 인사를 한다. 이 한 잔의 차가 내 앞에 오기까지 모든 이들의 노고와 차의 희생에 감사와 고마움을 전하는 것이다. 그 순간, 색과 향과 맛으로 가슴에 진한 감동의 물결이 일렁이기 시작한다.

초의선사의 「차신전」에는 차를 마시는 데에는 사람이 적을수록 좋다고 한다. 사람이 많으면 시끄럽고, 시끄러우면 고상한 분위기가 적다. 홀로 마시면 신령스럽고, 둘이 마시면 뛰어나며 좋은 정취를 느낄 수 있으며, 서너 명은 즐겁고 유쾌하고, 대여섯 명은 평범하고 구속 받지 않으며, 일고여덟 명은 그저 나눠 마시며 베푸는 것이라고 했다.

혼자 마시는 차는 자기 내면을 정화시키며 온갖 시름과 혼미함을 없애주는 신묘한 힘이 있다. 차의 맑고 향기로운 기운은 모든 이들이 대자연의 품으로 돌아가 겸손함과 은혜를 느낄 줄 알게 해 준다. 항상 나를 희생하여 남을 기쁘게 할 수 있는 찻잎과 같은 사람이 되고 싶다. 내년에 다시 만날 연둣빛 그리움으로 나는 오늘도 차와의 인연에 합장하며 감사함을 전한다. 이러한 소녀 같은 감흥과 환희심이 십 수 년이 지남에 차와 함께 한 시심이 나를 시인으로 만들었다.

찻잎을 따고 차를 만들면서 차와의 인연을 이어간 나의 마음을 시에 담아본다.

〈나를 낮춰 너를 보리〉

꽃 피는 봄날이면 연둣빛 너도 보여
햇살에 춤을 추듯 바람에 술렁이듯
이 돌산 찾는 발걸음 잎잎마다 축복이다

손끝에 전해지는 보드라운 너의 감촉
무딘 손 여린 살을 신명 나게 보듬다가
뜨거운 무쇠 솥에서 생잎 덖는 사랑놀이

비비고 솎아내고 말리는 멍석 위에
상처나 진한 향기로 보답하는 너의 헌신
찻자리 아득한 향기 나를 낮춰 너를 보리

13. 반야로차도문화원 효당가 차맥 계보 특강

/ 윤슬 이영옥

2017. 11. 25. (금) | 1차 특강

11월 25일 서울 인사동 반야로차도문화원 본원에서 반야로 차맥 계보 특강이 있었다. 참가자는 화윤 선생님과 윤주, 윤오, 윤여, 윤사, 윤허, 윤아, 윤빈, 윤용, 윤송, 윤의, 윤창이었다.

화윤선차회 회원으로서 본원의 원화 선생님을 뵙고 반야로 차맥을 공부하는 것은 한국 차도의 역사에서 현재 나의 위치를 확인하고 나의 차도정신을 정립하는 중요한 일이었다.

2018. 01. 14. (일) | 2차 특강

2018년 1월 14일 반야로차문화원 본원에서 2차 특강이 열렸다. 2017년 1차 특강에 참석하지 못해서 못내 아쉬웠는데 다시 기회가 주어져서 모든 일을 뒤로 하고 참가신청을 했다.

이날 특강 참여자는 창원차향회에서 윤슬, 윤담, 윤수, 윤단, 윤보, 윤초, 윤재, 윤채, 윤효, 윤야, 윤징이었고, 안산차향회에서 윤서, 윤후가 참석했다. 안양차향회에서는 윤휘, 윤요와 이길동 님이 참석하여 모두 15명이 특강을 들었다.

어렵게 다시 찾아온 기회임을 알기에 창원차향회 선생님들과 특강에 참석하기 위해 새벽같이 기차를 타고 서울로 향했다. 서울은 남쪽보다 추울 거라 생각되어 핫팩을 허리와 배에 붙이고 단단히 준비했다. 그럼에도 불구하고 감기에 걸려서 목소리가 나오지 않았다. 젊은이의 체력이 어찌 다른 분들보다 이리도 떨어질까 부끄러웠다.

반야로 본원을 찾아가는 길에 어려움이 있을까 염려하신 화윤 선생님께서 상세하고 친절하게 길을 찾을 수 있도록 글을 보내주셔서 단번에 본원을 찾았다. 도착하고 보니 경주, 안산, 안양, 서울 등 여러 지역에 흩어진 화윤 선생님 제자 차인들이 모여들어 함께 특강을 들었다.

윤담은 솜씨를 발휘하여 정성 가득한 색색의 폐백을 만들어 왔고, 윤보는 쑥떡 바구니를, 윤서는 곶감 상자를 준비해왔다. 원화 선생님께 먼저 인사를 올리고 각자 준비해 온 폐백을 올렸다.

큰 가르침을 앞두고 스승에 대한 존경심과 감사함을 표현하는 폐백은 이제 화윤 선차회 회원이라면 당연하게 알고 있는 예의범절이 되었다. 모두 화윤 선생님의 가르침 덕분이다.

원화 선생님은 이미 사진으로 많이 뵈어서 그런지 낯설지 않았다. 멀리서 온 우리가 돌아갈 길이 멀다며 거침없이 5시간 가까이 쉬지 않고 강의를 이어가셨다. 한 치의 흐트러짐이 없는 시간이었다. 한국의 차문화 명맥을 잇기 위해 한길만을 힘겹게 걸어오신 내공을 느낄 수 있었다. 어렵게 시간을 내주신 만큼 한정된 시간 안에 많은 것을 알려주시고자 애쓰시는 것이 느껴졌다. 효당 스님을 이어 한국의 차문화를 이어오기 위해 애쓰신 이야기를 들으니 존경심이 우러났다. 또 다른 기회가 있다면 더 깊은 이야기들을 청해 들으면 좋을 것 같다는 생각이 들었다.

특강을 마치니 이미 해가 기울었고, 먼 곳에서 일찍 나서서 여기까지 온 제자들을 격려하시느라 화윤 선생님께서 맛난 저녁을 사주셨다. 예스러움이 느껴지는 반야로 본원 근처에서 먹는 보리굴비는 정말 꿀맛이었다. 시간이 더 있었다면 조금 더 여유롭게 그곳의 정취를 즐기고 싶었지만 돌아갈 시간이 급했다. 아쉬움을 뒤로 하고 다음을 기약하며 바삐 움직여 다시 창원으로 돌아왔다.

차인으로서의 자부심

특강을 들으면서 차에 대한 나의 부족함을 자각 할 수 있었다. 이제 나는 반야로 차맥 계보 등재 회원이 되었다. 효당 최범술 선생이 한국차문화의 이론을 정립하시고, 원화 선생님이 그 계통을 세우시고, 화윤 선생님이 그 전통을 계승하여 우리 화윤차례문화원의 정신을 굳건히 하신 그 길을 분명히 알 수 있었다.

반야로 계보 특강은 차인으로서의 나에 대한 자부심을 갖게 해주었다. 원화 선생님과 화윤 선생님께서 그동안 맥을 이어 전해주시는 차인의 정신에 부끄럽지 않은 제자가 되어야겠다는 다짐도 생겼다. 다른 한편으로는 잘할 수 있을까 하는 걱정도 있지만 선생님과 회원들이 굳건히 이끌어 주시니 묵묵히 따라가면 될 것 같다. 반야로 차도계보 특강을 통해 차인으로서의 현재 나의 자리가 역사의 긴 줄기 위에 어느 시점에 있는지, 또 내가 가는 차인의 길이 미래에 우리 한국 차문화를 어떻게 발전시키고 계승해 나가는 길인지 알 수 있는 배움의 장이었다.

14. 차와 명상연수

/ 윤도 김명옥

2014년 하계 연수 [8월 21일~22일, 대원사]

2014. 08. 21. (목)

태풍 루핏의 영향으로 며칠째 전국에 강풍을 동반한 집중호우가 내렸다. 안산에도 새벽부터 굵은 빗줄기가 쏟아지고 점점 그 기세는 강해지고 있었다. 악천우 속에 집을 나선다는 것이 겁도 나고 불안도 했지만 윤명, 윤빈, 윤휘와 합류하면서 근심과 걱정은 자유의 웃음소리로 바뀌었다.

지리산의 대원사로 가는 길은 마치 비밀의 정원을 찾아가는 미로 같았다. 좁은 산길을 오르고 굽이진 비포장도로를 달려 하늘에 닿을 듯 높은 고개를 올라 웅장한 물소리가 들리는 다리 입구에 다다라서야 비로소 대원사 이정표를 만났다. 지난밤 불어난 계곡물이 온 산을 삼킬 듯 포효하고 깊고 웅장한 지리산의 기운에 우리들은 긴장하며 목적지에 도착하였다.

대원사는 우리나라 대표적인 비구니 참선도량답게 깔끔하게 정돈되어 있었다. 숙소에 도착하여 화윤 선생님과 창원 도반들과 합류한 후 절에서 내어준 수련복으로 갈아입고 한 공간에 머물며 일정을 공유하였다. 저녁 공양 후 화윤 선생님과 우리들은 둥글게 앉아 우렁찬 계곡 물소리와 더불어 공수선차를 하고 차를 마셨다. '차향이제'의 가야금 소리와 우리들의 호흡과 동작들이 어우러져 날아갈 듯 가벼운 희열을 느꼈다.

2014. 08. 22. (금)

이른 새벽 주지스님과 함께 느리게 걷기 명상을 하였다. 지금껏 자유롭게 걷고 생각대로 움직였던 몸과 마음이 느리게 걷자니 중심조차 잡기 힘들고 비틀거렸다. 내 몸이 내 마음대로 되지 않는다는 것과, 내 몸과 내 마음이 제각각 움직인다는 것에 놀라고 당황스러웠다. '지금까지 불편 없이 움직인 나는 누구인가?' 하는 의문이 들었다.

대웅전 앞마당에서 시간이 멈춘 듯 느리게 발을 떼고 발걸음을 옮기기 위해 집중했다. 그것에 익숙해지자 리듬을 타듯 몸과 마음의 움직임이 가벼워지고 발끝에 채이는 이슬과 작은 풀벌레 소리가 또렷이 느껴지고 서로의 어깨에 손을 얹고 우리 모두 자유롭게 걷고 있음을 볼 수 있었다.

걷기 명상 후 새벽예불과 108배 수행을 끝내고 아침공양 후 주지스님을 모시고 말차 공수선차를 하였다. 명상의 에너지가 가득한 우리들은 숨소리마저 맞춘 듯한 호흡으로 차를 우려 마셨다. 우리들은 각자의 손끝에서 각자의 향기를 피워 짙은 녹향을 함께 나누었다.

차의 에너지는 나눌수록 커지고 함께 할수록 더 짙은 향기를 품는 것 같다. 이 모든 것의 중심에는 화윤 선생님이 계시므로 가능한 일이다. 어제의 일인 양 그때의 차향이 입안에 머문 듯 느껴진다.

2014년 동계 연수 [12월 28일~29일, 남도]

2014. 12. 28. (월)

아침 8시 안양 안산의 차인들이 화성행궁을 출발하여 남도로 향하는 길, 창밖은 겨울로 접어들어 휑하고 을씨년스럽다. 남쪽으로 가면 조금은 더 따스함도 느끼지 않을까 싶고 초의스님, 다산, 혜장스님, 백련사, 일지암, 유천수 등 차와 연관된 흔적을 직접 밟을 수 있다는 것에 기대가 되었다.

특히 이번 여행은 호남의 차인 윤유의 야심찬 해설과 안내로 진행되었다. 대흥사에 도착하여 초의 영정에 차를 올리고 주지스님과 차담이 이어졌다. 지루하지 않은 간이 잘 맞는 이야기들이다. 바쁜 일정이 아니라면 더 듣고 싶었다.

일지암 마루에 앉아 초암의 선향도 느껴 보고 유천수를 한 모금씩 맛보았다. 다산초당 아래 황토방에 숙소를 정하고 호남의 차인들과 공수선차를 행하였다. 작은 촛불을 밝혀두고 물 따르는 소리와 차가 익어 향기를 피워내기까지 모든 흐름이 조화롭게 진행되었다.

2014. 12. 29. (화)

6시에 기상하여 7시에 다산초당에서 백련사로 가는 오솔길을 산책하였다. 초겨울 새벽이 어슴푸레 푸른색을 떨치며 사라지고 동틀 무렵 해월루에서 화윤 선생님과 해맞이를 하였다.

겹겹의 웅장하고 깊은 산의 실루엣이 아름답게 쏟아져 드러나 안개에 싸여있던 산봉우리는 바다인 듯 보였다. 혜장과 다산이 소통하였던 그 길을 걷노라니 흔적 없는 흔적의 기억들이 조릿대 잎에 스치어 아프게 들려왔다.

산중턱에 올랐을 즈음 동백이 빨간 꽃잎 사이로 황금색 수술을 뾰족이 내밀었다. 내려오는 길에 간간이 우리 일행들의 모습이 보였는데, 몸은 자유롭고 햇살에 드러난 얼굴은 환하게 밝았다. 백운동별서의 아름다운 정원에 띄워두고 온 동백처럼 이쁘다.

이번 여행은 광범위하고 시간이 촉박한 일정이었다. 많은 곳을 들렸고 흥미로웠지만 몸이 바쁜 탓에 기록이 부진하여 아쉬움이 많이 남았다. 다시 한 번 꼭 가보고 싶은 곳이다.

2015년 하계 연수 [2015년 8월 15일, 산청 고담난야]

'쉬고쉬고 또 쉬고 차 명상수련'이라는 주제로 수련회가 열렸다. 이번 수련회는 세책례를 겸한 것이었다. 고담난야 작은 관음전 부처님 앞에서 안산, 안양, 창원 차인들의 축하 속에서 「초발심자경문」 세책례를 하였다.

함께 공부한 도반들과 초심으로 돌아간 듯 설레었고, 여러 차인들 앞에서 예를 행하자니 긴장이 되었다. 한 해 동안 신심 나는 공부를 하고 한 과목을 매듭지으며 더 나아가는 공부를 위한 자리매김을 하는 자리이다. 더불어 우리들의 성적표인 단자수신을 받았다. 윤빈은 적寂, 윤여는 연然, 박경수는 경敬, 윤아는 신信, 윤휘는 검儉, 나는 성誠을 받았다.

입학차례 때도 그렇지만 세책례도 정해진 홀기에 따라 치우침 없이 그대로 행한다. 입학차례는 선생님을 모시고 폐백을 준비하고 학생 대표가 배움을 청한다. 선생님께서 배움을 허락하시면 학생들은 절을 하며 감사함을 전한다. 세책례 때는 선생님을 등지고 앉아 학생들은 그동안 배운 것을 배강한다.

그동안 입학차례와 세책례를 여러 번 행하면서 꼭 필요한 덕목이라는 생각을 한다.

세책례를 끝내고 청계저수지가 보이는 고담난야의 잔디밭 키 큰 소나무 아래서 공수선차를 행하였다. 해넘이가 시작되려는 시간이라 마치 선녀가 내려앉은 듯 고운

모습들이다. 차 넣고 물 넣고 시간에 뜸 들여 우려낸 차를 함께 마신다. 거룩하고 아름다운 공간에 우리들은 자연이 되었다. 늦은 저녁 우리들은 한 시간의 명상을 거뜬히 끝내고 한결 성숙해진 나를 느꼈다.

다음날 아침 화윤 선생님을 선두로 숲길을 걸었다. 끊어질 듯 이어지는 계곡물 소리를 들으며 어릴 적 보았던 물봉선화와 익숙한 풀꽃을 보며 발끝에 전해지는 바윗돌의 존재를 느끼는 순간순간이 명상이 되었다. 계곡으로 내려가 제각기 좋아하는 바위 돌에 자리를 정하고 앉아 명상을 하였다. 물안개가 피어오르는 계곡은 마치 선계를 보는 듯 아름답게 우리들의 모습을 휘감았다. 선열의 기쁨이란 이런 것을 두고 하는 말이 아닐까 싶다.

한 해에 한 번, 짧은 시간이지만 화윤 선생님은 선한 에너지로 우리를 성숙케 하신다. 당장은 모르지만 시간이 지나보면 알 일이다.

15. 차사 수료식

/ 윤휘 천혜진

2016. 04. 23. (토) | 화윤차례문화원 제10기 차사 수료식

내 삶에 있어서 차를 만나서 정해진 과정을 모두 마치고 한 단락을 지었다는 뿌듯함이 가슴 가득 들앉아 있다. 사실 내가 차를 만났을 때는 개인적으로 여러 가지 어려운 상황 속에 있을 때여서 마음의 여유를 갖지 못했다. 차공부에 앞서 요가수련을 열심히 하여 이미 요가지도강사가 되고 나서 비로소 차도공부를 하고 싶었다. 마음으로 결정을 내리지 못하고 있을 때 화윤 선생님께서 조용히 차담자리를 마련하고 편안한 마음으로 차공부를 시작하라고 권유하셨다. 차생활을 통해서 요동치는 마음을 잡고 선차 禪茶 수행을 하면 내가 처한 어지러운 일들이 자연스럽게 풀려 해결되는 힘을 준다고 일러주셨다.

때마침 화윤 선생님께서 안양시문화원에 '차도예절명상교실'을 개설 2012. 3. 5 하여 강의가 시작되었다. 나는 별 고민 없이 선생님과의 차 마심만 생각하며 참여하게 되었다. 안양시문화원 차도예절명상과정에서 전통예절, 기본생활예절, 차 마시기 실습, 차 만들기 실습, 차도개론 등을 1년 동안 공부하였다.

안양시문화원 차도교실을 수료한 후에는 화윤차례문화원에 정식으로 차도입문을 하여 5년여 동안 인성, 예절, 차도개론의 심화과정을 하고, 차서 茶書 원전 강독과 마음수행서 원전을 강독하였다. 차서인 동차송 東茶頌, 차신전 茶神傳 과 한퇴지의 사설 師說 등을 치열하게 공부했다.

화윤차문화는 차의 수양을 강조하여 수행하므로 보조국사의 계초심학인문誡初心學人文, 원효성사의 발심수행장發心修行章, 야운선사의 자경문自警文 등의 수행서를 꼼꼼하게 공부하였다. 늘 공부를 시작할 때는 먼저 선생님이 우려주시는 차로 마음을 가라앉히고, 공부의 마무리 때에는 그날 공부한 내용을 되새기며 잠시 명상하는 시간을 가졌다. 그리고 수업이 끝날 때는 그날의 소회를 나누는 시간을 가졌다. 마지막 당부의 말씀은 "여러분들이 오늘 나눈 소회를 반드시 글자로 바꾸어 '화윤차문화밴드'에 올리세요."라고 과제를 내린다. 매일의 감회의 결과물까지 점검하는 것이 화윤 선생님의 교육 방식이다. 학생들은 자연히 차를 통해 말하고, 글을 쓰며 생활을 반성하는 시간을 갖도록 하셨다.

화윤 선생님께선 늘 글자로 기록하면 역사가 되고, 그것이 쌓이면 전통이 된다고 강조하신다. 이러한 공부와 훈련으로 쌓은 인문학적 기량은 화윤차문화에 많은 문인이 탄생하게 하였다. 그래서 선생님의 가르침에는 늘 실천에서 결실을 거두는 독특한 힘이 있다. 자기를 표현하는 훈련이 덜된 사람들에게 부담스러울 때도 있지만 선생님은 아랑곳하지 않고 우리 차인들의 안목을 높여나갔다.

공부를 시작하는 첫 시간에 학생들에게 들려주셨던 선생님의 다짐이 지금도 생생하다. "여러분들이 시간만 성실하게 지켜주면 저는 여러분을 반드시 차의 전문가 반열에 올려놓을 것입니다. 이것이 저의 선물입니다."

차 공부를 해나가는 과정 속에서 명상차도 실기, 명상차문화공연, 나눔 차회 등의 실천을 함께 하였다. 차사과정 수료생은 화윤차문화에서 주관하는 명상차문화공연과 헌공추모행사, 대외협력 초청행사에도 함께 참여하여 이론과 실기가 병행되는 참다운 배움을 실천하였다.

제10기 차사 과정을 수료한 사람은 윤빈 정용희, 윤아 이종애, 윤휘 천혜진 세 사람이었다. 우리들은 앞으로도 화윤차문화의 전통을 이어 차문화 전승과 인성·예절교육의 중심에 서서 행복한 차 살림을 실천할 것을 다짐했다.

화윤차문화에 입문하여 어언 5년여에 이르러 봄꽃들의 화려한 수다가 잠잠해질 때 여러 차인 선배들을 모시고 차사 수료식을 했다. 수료식 내내 마음이 상기되었다. 때마침 중국 정연문화 鼎研文化 의 후뤼윤 胡瑞芸 선생이 이끄는 중국전통문화교류단을 맞이하여 '한·중교류차회'를 더하게 되어 우리의 수료식은 더욱 풍성하고 뜻깊은 행사로 진행되었다.

수료식 행사는 1부 수료식과 2부 한중차문화교류회 그리고 식사 후 차담으로 진행되었다.

1부는 수료자 대표 정용희 차사의 학사 보고, 화윤 선생님의 내빈 소개와 환영인사, 화윤차례문화원 선배 차사들의 잎차 공수선차, 자격증 수여, 특별 축하공연, 축사로 진행되었다.

10기 차사들이 함께 말차 공수선차 시연을 하였다. 시작할 때는 가슴이 두근거리더니 정작 시연에 들어가서는 마음이 아주 적정하여 환희심이 일어났다. 화윤 선생님과 함께 시연하니 뿌듯한 마음이 치솟기도 하였다. 말차 공수선차는 이건용의 '별과 시'라는 차악 茶樂 에 맞추어 차와 음악, 그리고 도반들의 숨결이 하나가 되어 마치 하늘을 오르는 듯하였다. 차 공부를 시작했을 때 방만했던 나를 떠올리면 정말로 감사하지 않을 수 없었다. 수료식을 축하하기 위해 앞자리에서 조용히 지켜보고 있는 남편을 마주하니 참으로 고맙기도 하고 행복했다.

1부 마지막 순서에 스승 및 선후배에 대한 예를 가지는 시간은 참으로 따뜻하고 경건한 시간이었다. 먼저 수료자 세 차인이 화윤 스승께 큰절로 가르침에 대한 감사

의 예를 올렸다. 가슴이 뭉클하며 뜨거움이 일어났다. 다음은 선배에 대한 예를 올렸다. 반야로지부 화윤선차회 '胤'자 차호 茶號 차인들이 서로 마주하여 평절로 인사했다. 이어 반야로 지부 회원들이 반야로 본원 '和'자 차호 선배님께 반야로 절로 예를 갖추었다. 예를 다함으로서 존경과 서로의 소중함을 다지는 언약이 이루어 진 것 같았다.

2부 순서는 중국 하이난도 하이커우시 '음범문화예술관' 관장인 후뤼윤 선생이 이끄는 중국전통문화교류단의 특별 축하공연이 있었다. 광둥성 광저우시 란슈지 선생이 '조산공부차' 시연을 했다. 봉황단총을 우렸는데, 하이커우시의 유단단 선생이 시자 노릇을 하였다. 이 때 후뤼윤 선생이 한켠에서 조용히 향도를 함께 시연하였다. 중국의 기와 예가 어우러진 아름다운 공연에 모두 감탄과 찬사를 보냈다.

이어서 후뤼윤 선생의 축사와 사단법인 한국담마요가협회 회장인 김소영 박사의 축사가 있었다.

마지막 순서로 수료자 가족 대표의 감사인사가 있었다. 사회자인 윤청 선배가 나의 남편을 대표로 불렀다. 남편 김재경 씨를 통증크리닉 누리의료협동조합 병원장으로 지역사회 건강증진을 앞장서서 선도하는 아름다운 의료인이라고 소개하여 감사했다. 그동안 내가 차 공부를 할 수 있도록 외조를 아끼지 않았던 남편에 대한 감사한 마음이 일어났다.

화윤차문화에 입문하여 한국직업능력개발원에서 인정한 '차도예절사자격증'과 '차사茶師자격증'을 취득하였다. 자격시험을 위해 공부한 내용을 정리하고 이론과 실기시험을 떨리는 마음으로 보던 순간들이 주마등처럼 지나갔다. 화윤 선생님께서 처음 말씀하신대로 우리는 차의 전문가가 되었고, 차를 즐기며 이웃에게 찻물을 들이는 차마스터가 되었다. 나의 삶에 차를 만난 그 자체가 행운이었음을 확신한다.

가장 특별했던 추억은 화윤 선생님을 따라 성균관대학교 '무이산주자학술기행(2014. 11.6~10)에 윤명, 윤도 선배와 함께 참여한 것이다. 4박 5일 동안 무이산을 오르고, 무이구곡의 배를 타고, 무이산 차밭의 꽃 향기를 맡으며 주자의 자취 따라 탐방하며 무이암차를 즐겼다. 무이산 차여행을 생각하면 지금도 마치 꿈결 같다. 여행 내내 한 방을 쓰며 화윤 선생님과 나누었던 따뜻한 대화도 잊을 수 없다.

화윤차문화는 수료 후에도 후속 연구심화과정을 이어가며 끊임없는 인문차도를 펼치고 있다. 지금은 직장에 매여 시간 내기가 어렵지만 여유를 갖게 되면 같이 합류하여 힐링하는 차 생활을 도반들과 함께 이어가기를 소망한다.

16. 초록명상

/ 윤요 민유정

아직 멀었으리라 생각한 화윤차례문화원 30주년이 성큼 다가왔다. 차와 요가를 만난 순간부터 지금까지 그 인연이 끊어지지 않고 이어짐에 감사할 따름이다. 끊임없는 순환과 반복을 통해 앞으로 나아가는 시간의 속성에 몸을 맡겼을 뿐이지만, 이는 30년이라는 역사와 함께 화윤차례문화원에 스며있는 많은 선배님들의 에너지 덕분일 것이다.

그 긴 역사 가운데 최근 2년은 코로나19라는 특수한 상황이 우리 모두를 혼란에 빠트렸다. 당황스러운 일들의 연속이었지만 이러한 위기의 시간을 마주할 때, 차와 요가는 더욱 또렷하게 현상을 바라보고 알아차리는 힘을 가져다주었다. 코로나19가 우리에게 왜 찾아왔는지, 코로나19가 인류에게 주는 메시지는 무엇인지에 대한 의문은 자연스레 명상으로 이어졌다.

이에 화윤차문화협동조합과 행복한담마요가는 2020년 11월부터 초록명상을 시작하게 되었다. '하늘, 바람, 茶, 그리고 요가'라는 주제로 시작한 우리들의 초록명상은 단순히 물 좋고 산 좋은 곳에서 요가를 하며 힐링하는 것에서 그치지 않는다. 우리 삶의 터전! 초록환경을 다음 세대들에게 깨끗하게 물려주고자 하는 지혜를 모으는 시간이다.

1910년 우리나라는 일본제국주의에 의해 주권을 탁탈당했다. 설 땅이 없어지자 일본의 말도 안 되는 폭력 앞에 무참히 짓밟혔던 시간을 우리는 기억한다. 100년이 채 안된 그 역사적 사실을… 최근엔 기후학자들이 이야기한다. 이러한 기후 붕괴가 이어질 경우 한 국가의 주권 박탈을 뛰어넘어 인류가 설 땅이 없어진다고 끊임없이 경고하고 있다. 급진적인 기후학자들은 앞으로 7년, 일반 기후학자들은 앞으로 10년. 지구가 버틸 수 있는 시간이 얼마 남지 않았다고 이야기한다. 우리가 살아가는 지구가 아파하고 있고 그 위기는 여러 가지 기후붕괴 현상으로 나타나고 있다. 그래서 화윤차문화협동조합과 행복한담마요가원은 함께 지혜를 모으고 의식을 기울이는 출발을 하자고 뜻을 모았다.

기후 문제, 환경문제는 국경을 가르지 않는다. 모든 것이 연결되어 있고 모든 것이 우리의 일이다. 최근 코로나 때문에 묻혔지만 시리아 난민문제가 사회적 문제로 회자되어왔다. 시리아는 원래 내전이 빈번했던 곳으로 시리아 난민이 갑작스럽게 늘어난 근본적 원인을 전쟁으로만 설명하기 어렵다. 사실 시리아난민이 급증한 것은 2015년 러시아의 극심한 가뭄 때문이라고 보는 것이 적절할 것이다. 러시아의 극심한 가뭄으로 밀 생산이 중단되자 주 식량인 밀의 공급이 안 되면서 먹을 것을 찾아 떠날 수밖에 없게 된 것이다.

강 건너 불 보듯 할 일이 아니라는 생각에 초록을 향한 우리의 소리를 모으기로 했다. 화윤차문화협동조합과 행복한담마요가는 햇살 좋은 어느 날, 안양 중앙공원에서 초록명상을 했다. 이날 느낀 자연의 향기, 그 감동이 아직도 사라지지 않는다.

2020. 11. 04. (수) | 안양중앙공원

날씨가 영하권으로 떨어진다고 하여 살짝 걱정을 했는데. 하늘과 바람, 햇살이 우리의 걱정을 씻어 주었다. 늦가을의 정취가 무르익은 안양 중앙공원 한 편에 우리는 매트를 깔았다. 초록의 무성한 여름을 보낸 가을 낙엽이 흐드러진 안양 중앙공원에서 땅의 에너지를 만끽하면서 행복한담마요가 회원들은 요가 삼매경에 빠졌다. 화윤차문화협동조합 차인들은 찻자리를 펼치며 자연과 어우러진 차향을 즐겼다. 낙엽이 바스락거리는 소리와 함께 흙냄새를 코끝으로 전했다. 어느덧 차가운 바람은 멈추고 등과 정수리가 뜨거울 정도의 햇살이 우리를 안아주는 듯했다.

손끝을 하늘로 쭉 뻗어 올릴 때 온 몸으로 태양의 에너지가 들어오는 느낌이었다. 이렇게 늦가을의 공원에서 차와 요가로 하루를 마음껏 누렸다. 어떠한 시선도, 어떠한 속박도 없이 아주 자유롭게 내 몸과 마음이 흘러가는 데로 호흡했다. 초록명상은 당연한 줄 알았던 하늘과 바람, 빛에 대한 감사한 마음을 일깨워주었다. 우리의 아이들이, 미래의 자녀들이 마음껏 이 자연을 누릴 수 있도록 의식을 깨워야 한다는 사명감이 생겨났다.

신발을 벗고 찻자리에 앉았다. 정성스럽게 차를 우려내는 손길이 더욱 더 감사했다. 화윤차문화협동조합의 트레이드 마크인 화윤찻잎으로 만든 차설기의 향을 나누며 우리는 더욱 가까워졌다. 차와 물이 만나 차향이 익어가는 시간을 차분히 기다려 본다. 본격적인 티타임이 되자 차를 마시며 수다를 이어갔다. 차는 신기하게도 회원들 간의 마음을 이어주는 힘이 있다.

정말 행복한 시간이었다. 햇살은 고즈넉했고 가을바람은 차갑기보다 따뜻했다. 아마 차와 요가, 그리고 자연에 대한 사랑과 감사의 에너지가 담겨있기 때문이었으리라 생각된다. 초록명상은 요가와 차를 사랑하는 우리에게 불편함도 기꺼이 감수하도록 해주었다. 행복한 지구를 지키고, 숨 쉬는 자연을  만들기 위해 일회용품 사용을 최소화 하는 작은 날개 짓부터 시작하고자 한다. 그리고 별 생각 없이 사용 했던 전기와 물의 소비도 한 번 더 돌아본다. 30년의 역사는 과거에 머물지 않고 현재에서 미래로 이어져야 하기에 화윤차문화협동조합과 행복한 담마요가는 환경교육, 에코의식, 환경윤리의식을 품고 있는 초록명상을 꾸준히 이어가기로 다짐했다.

차와 요가는 하나의 맥이라고 말씀하셨던 화윤 선생님의 말씀이 떠올랐다. 차와 요가는 매 순간 있는 그대로를 바라 볼 수 있게 하는 힘이 있다. 끊임없는 알아차림을 통해 고요한 평정심을 찾는 차와 요가는 정말 유기적으로 연결되어 있다. 요가와 차를 만난 후 나의 삶은 참 많이 달라졌다. 마음의 결핍이 만들어낸 불특정한 욕구는 가득 채워질수록 공허해진다는 것을 깨닫게 해 주었다. 찻잔과 물 끓이는 주전자, 차관에 그득하게 담긴 차향은 소박하지만 풍요롭다. 그 풍요로움은 내가 갖고 있는 것에 대한 감사함, 나눔과 비움의 실천으로 이어졌고 이러한 시간이 초록명상을 이끌어냈다.

요가지도자로서의 삶을 이어가면서 사유하는 시간이 많아졌고 전문분야에 대한 공부, 글을 써야 하는 시간도 많아졌다. 그 고요한 시간에 차는 나의 소중한 친구이다. 화윤 선생님처럼 격조 있는 찻자리는 아니지만 업무 책상 위에는 물 끓이는 주전자가 들어와 있다. 생각이 너무 많아 질 때, 글이 뒤죽박죽이 될 때가 있다. 그럴 때는 뜨끈한 홍차 한잔을 마주한다. 그 향기가 코끝에 다가오면 정신이 맑아진다.

비움 속에서 풍요로움을 느끼고 고요함 속에서 역동감을 느낄 수 있게 해준 차와 요가의 명상을 알고, 그 철학적 가치를 이어온 화윤차례문화원 30주년의 역사와 함께 할 수 있어서 참 행복하다.

2장 차를 담은 풍류

1. 여성독립운동가 추모 헌공차례

/ 윤빈 정용희

　살아오면서 독립운동이라고 하면 역사책으로 배운 '유관순 누나', '삼일절 노래' 정도였다. 삼일절 행사는 TV로만 보았고 그런 행사에 직접 참여하는 것은 생각해본 적도 없었다.

　요즘은 항일여성독립운동에 대한 관심이 높아졌다. 여성독립운동가에 대한 서훈은 남자 서훈자에 비해 2% 라는 턱없이 적은 수다. 즉, 이름 석 자, 사진 한 장 기록이 없는 무명의 여성 열사들이 수없이 많다는 뜻이다.

　여성독립운동가기념사업회(회장 김희선)가 창립되면서 중요 사업의 하나로 항일여성독립운동가 추모 차례를 지내기로 하였다. 일제로부터 독립하였다고는 하나 조국은 아직도 남과 북으로 분단되었다. 나라의 독립을 위해 일생을 바쳤던 수많은 독립운동가의 공적이 제대로 평가받지 못한 상태이다. 더구나 여성독립운동가들은 이름도 없이, 빛도 없이 서훈대상에도 올라가지 못한 분들이 수도 없이 많다.

　여성독립운동가기념사업회 주최의 추모행사에 화윤차문화는 유명, 무명 여성독립운동가 열사들을 위한 추모헌공차례를 도맡아 주관하였다. 2014년 3월 1일 서대문독립공원 여옥사 앞마당에서 추모 헌공차례를 주관 거행한 것을 시작으로 매년 삼일절의 중요행사로 이어졌다. 코로나 19로 행사개최가 어려울 때까지 지속되었다. 이러한 큰 행사는 화윤차례문화원 지부 전체의 전체의 참여로 진행되었다.

2014. 03. 01. (토) | 제1회 헌공차례

처음으로 치러지는 행사에 안양차향회, 창원차향회, 안산차향회 회원들과 많은 정·재계 인사들과 관계자들이 참석하여 헌공차례를 올렸다. 행사 도중에 갑자기 바람이 불어와 대형화분이 쓰러지고 상보가 펄럭여 그분들의 나투심을 알리는 듯했다. 어린 나이에 독립을 위해 들꽃처럼 사라져간 그분들을 기리는 헌공차례에 나는 찬인으로 참여했다. 그날 한 분 한 분 명호를 외치는 시간, 한 번도 불리지 않은 그분들의 이름을 부르는 시간은 감동 그 자체였다. 많은 플래시가 터지는 소리는 처음이라 속으로는 조금 놀랐다. 의식이 시작되어 화윤 선생님이 축문을 읽으시자 많은 내빈과 우리 집사들도 눈시울이 붉어졌다. 처음으로 받으시는 차례상에 그분들도 그동안의 서러움이 위로가 되셨으리라 생각되었다.

2015. 03. 01. (일) | 제2회 헌공차례

이번 헌공차례 때도 바람이 세차고 차가운 날씨였다 사람들은 이름도 기록도 없이 서훈을 받지 못한 무수한 무명 여성독립운동가 선열 들꽃들께서 감응하신 것일 거라고 하였다 100년 전의 우리 선조들께서 피 흘리며 독립운동으로 지켜주신 덕분으로 오늘을 살 수 있어 그 뿌리에 감사하였을 것이다. 추모 헌공차례에 임하는 차인들의 경건한 정성이 너무 아름답게 느껴졌다. 여러모로 재능을 기부하는 차인들의 모습이 감동으로 다가와 작년과 또 다른 감회가 느껴졌다. 올해도 찬인으로 참여했는데 독감이 심해서 긴장했다. 약을 많이 먹고 몸을 달래어 행사를 무사히 치르고 나서는 며칠을 심하게 앓았다. 그래도 후손들이 잊지 않고 이름 없이 들꽃처럼 살다 가신 그분들을 기리고 우리가 지금처럼 편히 살 수 있게 된 것에 감사함을 잊지 않았다.

2016. 03. 01. (화) | 제3회 헌공차례

올해로 세 번째 맞이하는 추모차례도 무사히 마치게 되었다. 이번에 나는 집례자로 참여했다. 매해 마다 날씨가 쌀쌀하여 몹시 추웠지만 독립운동가들이 만주벌판을 누비며 혼신을 다했던 투쟁을 생각하며 참사자들은 경건한 자세로 임하였다. 올해는 눈 내린 뒤의 막바지 추위라 더욱 차가웠다. 올해는 참석자들과 그곳에 온 시민들에게 따뜻한 차를 대접했다. 따뜻한 차 한 잔을 마시는 모습이 또 다른 감회가 일었다. 바람이라도 잠잠했으면 좋겠다고 마음속으로 기도했다. 그러나 구천을 떠도는 유명, 무명의 영령들이 강림하시느라 차례를 봉행하는 시간에는 어김없이 바람이 불었다. 참사자들은 영령들이 강림하시는 것과 같은 감화를 받는 듯 했다. 우리는 한 치의 흐트러짐도 없이 엄숙하고 경건하게 차례를 올렸다.

2017. 03. 01. (수) | 제4회 헌공차례

이번에 나는 알자로 참여했다. 여전히 차가운 겨울바람이 옷 속으로 스미어 추위에 몸이 시리지만 무명 여성 독립 운동가들의 정신과 그 헌신을 생각하면 감동에 마음이 저려온다. 오늘 선생님은 깁스하신 다리로 대축을 하시고 창원과 안양회원들이 종일 함께 했다. 해마다 새로운 느낌을 받고 우  리가 하는 사업이 자원봉사라서 더욱 의미가 컸다. 감사하는 마음이 해가 갈수록 함께 자라고 동참하는 시민들도 늘어나고 있어 뿌듯했다. 올해는 윤봉길 의사의 종손인 윤주한 군이 헌화를 하였다. 세대를 잇는 행사에 기쁨이 배가 되었다. 늘 그 시간에 그분들이 오심을 느끼게 해주는 바람이 세차게 일었지만 여느 해와 다름없이 마음을 다해 차례를 올렸다.

2017. 08. 15. (화) | 제5회 헌공차례

이번 추모헌공차례는 독립유공자로 서훈 받은 293분의 초상화를 스토리펀딩과 유수한 화백들의 재능기부를 통해 완성한 초상화 제막식과 함께 더욱 뜻깊은 행사였다.

이날은 비가 많이 와서 행사를 축소하여 진행하였다. 어린 학생 자원봉사자들이 비바람을 우산으로 막아주어 다행히 의식을 잘 치를 수 있었다. 세찬 비바람 속에서도 전혀 흔들림 없이 의식은 진행되었고 축문을 읽는 선생님의 목소리에 갑자기 감동이 솟구쳐서 눈물이 멈추지 않았다.

아~ 그분들은 어땠을까! 여리디 여린 꽃다운 소녀들의 무섭고 두려웠을 그날들을 생각하며 우중에서의 이 제사가 조금이라도 그분들이 희생에 위로가 되길 간절한 마음으로 기도했다.

영령들이 소낙비로 다녀가시느라 빗소리가 요란했나 보다 생각했다. 행사장 한편에 초상화를 걸어놓아 그 시절의 모습이 살아나 그리도 바람을 일으키셨나 하는 생각도 들었다. 비 오는 풍경과 추모차례 의식의 어우러짐이 오히려 아름다운 한 폭의 그림처럼 느껴졌다. 30명의 시민 헌공자들의 헌차 순서를 마련하고 번호표를 준비했는데 우천으로 생략되어 무척 아쉬웠다.

2018. 03. 01. (목) | 제6회 헌공차례

탑골공원 삼일문에서 기미 독립선언서를 낭독했다. 이날은 특별히 남, 여 고등학생 33명이 낭독하고 학생들의 선창으로 함께 만세 삼창을 하였다. 새롭게 읽는 기미 독립선언서가 이토록 아름답고 좋은 뜻이 담긴 줄 몰랐다고 다들 눈시울을 적셨다는 소회를 나누었다.

선언서에 일제에 대한 원한의 내용이 담겼으리라는 선입견을 가졌는데 이토록 용서의 기운을 먼저 펼치는 내용에 감동했다. 이날은 독립선언서가 낭독되었던 공원이라 여러 단체의 행사가 시간 차이를 두고 이어지고 탑골공원 안팎에서 동시다발로 진행되어 더욱 큰 행사가 되었다.

2018. 08. 15. (수) | 제7회 헌공차례

동대문광장 흥인지문에서 광복절 추모 행사를 했다. 이곳은 99년 전에 삼일독립운동 의거가 있었던 곳이어서 추모차례가 더욱 뜻깊었다. 선생님께서 올해는 3.1독립운동 99주년이 되는 해라서 내년 100주년 대비해서 2018년 광복절의 항일여성독립운동가 추모헌공차례를 더욱 열심히 해야 한다고 말씀하셨다.

이날은 해가 쨍쨍하게 나고 그늘도 없어 몹시 더웠는데 막상 차례를 올리는 시간이 되자 갑자기 소나기가 쏟아졌다. 모두 그분들이 오셨다고 생각했다. 늘 그렇지만 어떠한 상황에서도 다들 흐트러짐 없이 경건하고 엄숙하게 헌공차례를 올렸다.

2019. 03. 01. (금) | 제8회 헌공차례

　　3.1절 100주년 행사는 항일여성독립운동 동상이 있는 배재어린이공원에서 진행되었다. 올해는 시민, 학생 20분을 모셔서 직접 차를 올리도록 하여 더욱 뜻깊었다. 다음날 jtbc 8시 뉴스에도 행사 장면이 잠시 나왔다. 늘 감사하고 뜻깊은 행사를 치르게 되어 자랑스러운 마음이 들었다. 이번 행사에는 양혜경 선생님의 넋전 춤도 있었다. 시민들에게 따뜻하고 향기로운 차도 대접했다. 살아있는 대부분의 국민들이 태어나기도 전에 빼앗긴 나라를 찾기 위해 온 백성의 함성을 울린 지 한 세기가 흘러갔다. 오늘의 우리를 있게 한 그분들의 숭고한 독립운동을 상기하며 정성을 모아 함께 차례를 올렸다. 차례를 시작하고 독립선언문을 낭독하자 또 그분들이 오신 것처럼, 여느 해 보다 날씨가 따뜻하고 온화하였는데 갑자기 바람이 몰아쳤다. 해마다 차례를 올리면서 느끼는 것은 호국영령들의 큰 희생이 있었기에 오늘날 우리가 잘 살 수 있다는 것에 감사심이 솟구친다.

　　2019년을 끝으로 전 세계가 코로나 19로 모든 것이 멈추었고 헌공차례도 진행하지 못했다. 그러나 매년 3.1일이 되면 그 의미를 새기며 매년 추모헌공차례를 거행했던 그 날을 회상한다.

　　추모 행사를 주관하여 치르기까지 우리 화윤차례문화원 차인 모두가 한마음 한 뜻으로 기꺼이 함께 하며 차례를 지내는 그날까지 경건한 몸과 마음가짐에 신경 쓰고 정해진 시간에 연습을 위해 집중했다. 처음에는 연습하고 정해진 홀기에 따라 하면 되겠지 하는 가벼운 생각으로 시작했었다. 하지만 연습할수록 또 매년 참여할 때마다 마음은 새롭고 선생님께서 축문을 읽으시며 순국선열들의 이름을 한 분 한 분 호명할 땐 가슴에서 감동이 올라오고 그분들의 통곡 소리와 독립을 외치는 소리가 들리는 것 같아서 눈시울이 뜨거워졌다.

뜨겁게 나라를 사랑하고 조국을 지키기 위해 이름 없는 들꽃처럼, 들꽃처럼 사라져간 그분들을 기억하며 위로하는 헌공차례 자리에 내가 또 우리가 있었다는 것은 가슴 뿌듯하고 감동으로 벅차오르는 일이었다. 매번 날씨는 매섭게 추웠고 차례가 시작되면 햇살이 비추던 하늘은 회색빛으로 변하고 잔잔하던 바람이 갑자기 세차게 몰아쳤다. 제사상의 흰 보가 펄럭이고 우리의 손끝이 차갑게 곱아들기 시작할 때 우리는 열사들께서 구천을 떠도시다가 추모차례를 지내는 이곳으로 향해 오시는 발걸음이라는 것을 느낄 수 있었다.

저희들의 작은 정성이 조금이라도 위로가 되시기를 간절한 마음으로 기원합니다.

흠향하시옵소서!!!

2. 노무현 대통령 추모 헌공차례

/ 윤담 정도영

2013. 05. 19. (일)

오후 2시부터 김해시 봉하마을 고 노무현 대통령 묘역에서 추모 헌공차례를 올렸다. 이날 행사를 위해 3월부터 화윤 선생님 지도에 따라 역할을 분담하고, 윤상 선생이 축이 되어 두 달에 걸쳐 연습을 했다. 추모제 당일 노란색 바람개비가 가득 돌아가는 길을 따라 예를 갖춰 입은 고운 선녀들이 진설할 폐백을 들고 한 줄로 걸어갈 때는 바람소리도 발자국도 가만가만 숨을 죽이는 것 같았다. 노무현 대통령님의 생전 신념에 따라 폐백은 간소하고 검박하게 준비했다.

추모제에서 나의 역할은 점차관이다. 역할을 맡아 하루 전에 우곡사에서 찻물을 길러오고 옹기 항아리에 담아 하루 동안 가라앉힌 다음, 그 물로 정성껏 차를 우렸다. 차는 노무현 대통령께서 생전에 봉하마을 뒷산에 직접 심어 가꾸어 온 차나무에서 2013년 4월 20일 곡우 날에 채취한 첫차이다. 차 한 잎 한 잎마다 많은 바람과 별이 스쳐 울고 차나무는 가득한 그리움들로 자랐을 것이다.

점차관이 차를 우려 봉차자에게 주면 봉차자는 잔반을 들고 알자와 초헌관을 따라가서 신위전 앞에서 차를 초헌관에게 준다. 초헌관은 차를 받아 헌차하고 전차에게 주면 전차는 차를 신위 전에 올린다. 행사가 진행되는 내내 고개를 다소곳이 숙이고 그분이 오심을 느꼈다. 오로지 내 맡은 일에만 집중하여 정성을 다해 차를 우렸다. 누가 왔는지 어떻게 진행되는지 눈조차 위로 뜰 수가 없었다. 처음 찻상보를 걷을 때는 긴장해서 손이 떨렸다. 전체가 한 호흡이 되어 엄숙하고 진지하게 예를 올리니 아마도 고 노무현 대통령님께서도 흥감한 마음으로 우리의 정성을 받으셨을 것이다.

봉하마을을 찾아온 일반 관객들도 진지한 모습으로 숨죽여 지켜보고, 추모제 끝에 누구나 차를 한잔 올릴 수 있는 기회가 주어짐에 무척 감동했다.

우리도 그날의 감동은 평생 잊지 못할 것이다. 모든 도반들이 혼연일체가 되어 한 걸음 한 걸음 나아갈 때의 그 마음과 감흥은 오래도록 가슴에 남아, 기억이 떠오를 때마다 우리의 마음을 따뜻하게 해준다.

헌공차례는 성균관에서 행해지는 작헌차례 홀기와 서원 등에서 행해지는 향례홀기를 기본으로 예도와 시의에 맞게 재 작성한 것이다. 화윤선차회는 2007년부터 매년 운암서원 고유헌공차례를 실시하며, 2008년부터 웅천임진선조도공 추모 헌공차례를 매년 주관하였다. 그 과정에서 참사자의 복식 고증과 준비에 어려움이 있어, 현대의 형편에 맞도록 편안하게 접근한 것이다.

헌공차례의 의식 절차는 홀기에 의해 진행되고, 대중들의 폭넓은 이해를 위하여 한문 홀기는 생략하그 한글 홀기로만 진행하였다. 진행 순서는 『국조오례의』 「석전의주」에 준하여 진설과 전폐례, 초헌례, 아헌례, 종헌례, 음복례, 망예례의 순서로 진행되었다. 진설은 미리 준븨하였고 폐백은 노무현 전 대통령께서 생전에 조성한 차밭에서 딴 첫 차를 올렸다.

집사정기는 다음과 같다

2013년 노무현 대통령 추모 헌공차례 집사정기			
초헌관(初獻官)	성균관 부원장 김영근		
아헌관(亞獻官)	노무현재단 봉하사업 본부장 김경수		
종헌관(終獻官)	봉하마을 이장 김봉호		
헌화자(獻花者)	김진아		
대축(大祝)	박남식	묘사(廟司)	김임선
찬인(贊人)	이영란	알자(謁者)	공차임
봉차(奉茶) 겸 봉향(奉香)	이점순	전차(奠茶) 겸 봉로(奉爐)	송다겸
점차(點茶)1 겸 사전(司奠)	정도영	점차(點茶)2 겸 사전(司奠)	구원조
점차(點茶)3 겸 사전(司奠)	이금숙	관세(盥洗)	김정숙, 권부귀
헌화집사(獻花執事)	최갑운, 홍혜정	집사(執事)	노성미, 김종희
집례관(執禮官)	차문정		

원(原) 2013년 5월 19일

헌공차례는 다음의 홀기에 따라 진행하였다.

○ 진설례(陳設禮)

1. 찬인이 모든 집사를 인도하여 관세위에 이르러 손을 씻고 배위로 나아가시오.
2. 집사들은 모두 4배하시오.
3. 찬인은 집사들을 인도하여 정해진 자리로 나아가시 오.
4. 헌화를 올립니다.
5. 찬인은 묘사를 인도하여 당내의 진설이 법도에 맞는지 살피시오.
6. 묘사는 전차와 봉차를 인솔하여 점촉을 하고 주독 主櫝 을 열고 제기의 덮개를 걷은 다음 제자리로 돌아가시오.
7. 알자는 초헌관을 인도하여 축판과 향궤를 받들어 전향문 밖 정한 자리에 서시오.
8. 찬인은 대축을 인도하여 전향문에 나아가 축판과 향궤를 받들고 향소에 나아가 향상위에 놓고 자리로 돌아가시오.
9. 알자는 헌관을 인도하여 관세위에서 관수하고 정한 자리에 나아가시오.
10. 알자는 초헌관의 왼쪽에 나아가 행사하기를 청하시오.
11. 알자는 헌관을 신위전으로 인도하시오.
12. 헌관은 모두 4배하시오.
13. 알자는 헌관들을 인도하여 정해진 자리로 나아가시오.

○ 전폐례(奠幣禮)

14. 알자 창, "행 전폐례"
15. 알자는 초헌관을 인도하여 신위전에 이르러 북향北向하여 꿇어앉으시오.
16. 찬인은 대축과 전차, 봉차를 인도하여 헌관의 좌우에 나아가 꿇어앉으시오.

17. 초헌관은 향을 세 번 사르시오.
18. 대축은 폐비를 초헌관에게 드리시오.
19. 초헌관은 폐비를 받아 헌폐하고 대축에게 주시오.
20. 대축은 폐비를 신위전에 올리시오.
21. 초헌관은 부복하고 일어서시오.
22. 알자와 찬인은 헌관과 대축을 인도하여 자리로 돌아가시오.

○ 초헌례(初獻禮)

23. 알자 창, "행 초헌례"
24. 알자는 초헌관을 인도하여 점소에 이르러 서향하여 서시오.

> 오늘 헌공차례에 올리는 이 차는 고 노무현대통령께서 생전에 봉하마을 뒷산에 심으셨던 차로 2013년 4월 20일 곡우 날에 봉하마을과 고 노무현대통령을 그리워하고 사랑하는 많은 손길들에 의해 자연 친화적으로 길러지고 만들어진 햇차입니다. 차 한 잎 한 잎마다 많은 바람과 별이 스쳐 울고, 차나무는 가득한 그리움들로 자랐을 것입니다. 후대에 남은 우리들의 더 맑은 영혼을 위하여 심어놓고 가셨던 그 차를 오늘 정성껏 법제하여 정갈하게 우려냅니다.

25. 점차관은 점차 하시오.
26. 점차관은 잔반에 차를 올리시오.
27. 알자는 초헌관을 인도하여 신위전에 이르러 북향하여 꿇어앉으시오.
28. 점차관은 찻잔을 봉차에게 주시오.
29. 봉차는 찻잔을 초헌관에게 드리시오.
30. 초헌관은 잔을 받아 헌차하고 전차에게 주시오.
31. 전차는 차를 신위전에 올리시오.

32. 찬인은 대축을 인도하여 초헌관의 왼쪽에 동향하여 꿇어앉으시오.

33. 헌관 이하 모든 집사는 부복하시오.

34. 대축은 축문을 읽으시오.

〈축문〉

세월이 흘러 벌써 계사년 오월 십구일이 되었습니다.
신 김영근 등은 삼가 고노무현대통령께 감히 밝게 아뢰나이다.

파란 하늘 푸르디푸르고, 하얀 구름 높디높으며
울긋불긋 꽃 만발하니 천지간이 진 풍경입니다.
온산에 상서로운 기운 감도니 천제가 봉하를 비추옵니다.
오년 동안 어진 덕정, 만민이 경앙하고 영호남 하나 되니, 모두 왕께 귀의합니다.
은덕은 초목까지 온 세상을 감화하네
재상으로는 고도요, 왕으로는 문왕, 무왕이니 만세의 거룩한 성덕자로다.
대한의 국민은 뭇별이 북극성을 사모하듯, 모두 당신을 섬기네.
능히 높은 덕을 밝히니 봉하마을 더욱 거룩하도다.
부엉이 바위는 나라님 잃은 슬픔을 간직한 채, 피눈물로 사년 세월 보내었네.
오호라 슬프고 애통하도다. 학이 구고에서 우니 울음소리 저 하늘에까지 들리네.
해님! 달님! 별님이시여!
창창한 하늘에 밝히 임하소서!
금관가야의 유구한 역사 천년세월 이겨왔네.
가락의 그윽한 향기 이제 봉하에서 계승하누나.
명산에서 선화 따고 얼음보다 맑은 물 길어다가
장군차 고이 달여 두 손 모아 올리나니
삼가 흠향하시옵소서!

35. 축문 읽기를 마치면 헌관 이하 일어나시오.

36. 알자와 찬인은 초헌관과 대축을 인도하여 자리로 돌아가시오.

○ 아헌례(亞獻禮)

37. 알자 창, "행 아헌례"
38. 알자는 아헌관을 인도하여 점소로 나아가 서향하여 서시오.
39. 점차관은 잔반에 차를 올리시오.
40. 알자는 아헌관을 인도하여 신위전으로 나아가 북향하여 꿇어앉으시오.
41. 점차는 잔반을 들고 아헌관을 따라가 헌관 옆에 앉으시오.
42. 점차는 찻잔을 봉차에게 주시오.
43. 봉차는 찻잔을 아헌관에게 드리시오.
44. 아헌관은 잔을 받아 헌차하고 전차에게 주시오.
45. 전차는 차를 신위전에 올리시오.
46. 헌관은 부복하고 일어나시오.
47. 알자는 아헌관을 인도하여 자리로 돌아가시오.

○ 종헌례(終獻禮)

48. 알자 창, "행 종헌례"
49. 알자는 종헌관을 인도하여 점소로 나아가 서향하여 서시오.
50. 점차관은 잔반에 차를 올리시오.
51. 알자는 종헌관을 인도하여 신위전으로 나아가 북향하여 꿇어앉으시오.
52. 점차는 잔반을 들고 아헌관을 따라가 헌관 옆에 앉으시오.
53. 점차는 찻잔을 봉차에게 주시오.
54. 봉차는 찻잔을 종헌관에게 드리시오.
55. 종헌관은 잔을 받아 헌차하고 전차에게 주시오.
56. 전차는 차를 신위전에 올리시오.
57. 헌관은 부복하고 일어나시오.
58. 알자는 종헌관을 인도하여 자리로 돌아가시오.

○ 음복례(飮福禮)

    59. 알자 창, "행 음복례"
    60. 찬인은 대축을 인도하여 신위전으로 나아가시오.
    61. 대축은 전차와 봉차의 잔반위에 차와 다식을 올려주시오.
    62. 대축은 전차와 봉차를 인도하여 음복위로 나아가시오.
    63. 대축은 차와 다식을 진설하시오.
    64. 초헌관은 음복위에 이르러 서향하여 서시오.
    65. 초헌관 이하 모두 꿇어앉으시오.
    66. 대축은 찻잔을 초헌관에게 드리시오.
    67. 초헌관은 찻잔을 받아 음복하시오. 대축은 초헌관에게 다식을 권하시오.
    68. 대축은 음복 상을 물리시오.
    69. 초헌관 이하 일어서시오.
    70. 알자는 초헌관과 집사들을 인도하여 자리로 돌아가시오.
    71. 찬인은 대축을 인도하여 신위전으로 나아가 변을 거두시오.
    72. 찬인은 대축을 인도하여 자리로 돌아가시오.
    73. 알자는 삼헌관을 인도하여 신위전으로 나아가시오.
    74. 三獻官을 모두 4배 하시오.
    75. 알자는 삼헌관을 인도하여 자리로 돌아가시오.

○ 망예례(望瘞禮)

    76. 알자 창, "행 망예례"
    77. 알자는 초헌관을 인도하여 망예위로 나아가 북향하여 서시오.
    78. 찬인은 대축을 인도하여 축과 폐백을 축궤에 들고 망예위로 나아가 동향하여 앉으시오.
    79. 대축은 축과 폐백을 사르시오.

80. 알자는 초헌관을 인도하여 자리로 돌아가시오.

81. 찬인은 대축을 인도하여 자리로 돌아가시오.

82. 알자는 예필을 고하시오.

83. 알자와 찬인은 삼헌관과 대축을 인도하여 나가시오.

84. 대축 이하 모든 집사는 신위전을 향해 4배한 후 나가시오.

85. 묘사는 전차, 봉차를 인솔하여 전내에 나아가 주독을 덮고 나가시오.

이로써 2013년 고 노무현 대통령 추모 헌공차례를 모두 마쳤다. 다음으로 노무현 대통령께서 늘 시민과 소통하기를 즐겨하셨기에 시민 헌공차례를 준비했다. 참여하고 싶은 시민들이 너무 많아 선착순으로 36분을 모시고 12명씩 차례로 헌차 했다.

시민헌공차례의 집사는 윤용, 윤송, 윤강, 윤담, 윤오, 윤단, 윤영, 윤사, 윤재, 윤부 차사와 김정숙이 맡았다.

3. 조선웅천도예인 추모 헌공차례

/ 윤담 정도영

2022년 5월 20일 오후 밀양 삼은정에서 풍류차회가 있었다. 이 자리에 참석한 진해 웅천요 최웅택 선생께서 내게 화윤 선생님 모시고 꼭 웅천요에 한번 다녀가라는 인사를 남기고 가셨다.

점심도 대접할 겸 사흘 뒤에 화윤 선생님과 함께 웅천요를 방문했다. 400살 된 백자화병에 보라색 꽃 한 송이를 꽂아두고 우리를 기다리셨다. 그리고 귀얄문 찻사발을 화윤 선생님께 선물하셨다. 너무나 귀한 선물이었다. 점심도 손수 지어 정갈하게 담아 내오셨다.

천산 최웅택 선생님과 화윤 선생님의 인연은 2008년 화윤선차회에서 조선웅천도예인 추모 헌공차례를 올리면서 시작되었다. 그 이전에 윤상이 웅천 막사발 전승보존회 회원으로 활동하고 있어서 천산과 윤상, 화윤으로 그 인연이 이어진 것이다.

이번 방문에서 천산 선생님과 나눈 대화로써 우리의 인연을 기록하고자 한다.

[문] 선생님께서는 어떤 계기로 언제부터 웅천선조 도공 추모제를 올리셨습니까?

[답] 군 입대하기 전, 내 나이 열여덟 살 때 송아지 한 마리를 사서 매일 산에 올라가 송아지 풀을 먹이고, 장작 나무를 해다 장에 내다 팔며 돈을 조금씩 모으고 있었다. 어느 날 산에서 내려오다 보니 일본인들이 땅을 벌집 쑤시듯 파서 도자기 도편을 자루에 담고 있는 모습을 보았다. 마을로 내려와서 어르신께 여쭤보았다. 임진왜란 때 이곳 도공들을 잡아가기 위해 온 일본인들이 도망가는 도공을 붙잡아 처참하게 죽였고,

많은 도공들을 일본으로 잡아가고, 저항하다 억울하게 죽은 원혼은 셀 수가 없을 정도였다고 했다. 누군가 제사를 지내 주냐고 물어봤다. 한 번도 제사를 지내 준 적이 없다는 말에 가슴이 저려 그날 밤 잠을 설치고 말았다.

며칠 뒤 해군 입대 날짜가 잡혔다. 서둘러 송아지를 팔고, 몇 달간 장작을 팔아 모아둔 돈으로 지게가 가득하도록 제사상을 차려서 정성껏 제사를 지냈다. 제사를 지내고 나서야 기쁜 마음으로 입대를 했다.

[문] 그럼 그때부터 선조 도공들을 위한 제사를 매년 지내셨습니까?

[답] 입영 후에도 휴가 때마다 그곳을 찾아가 제사를 지내고, 전역을 한 후 마도로스가 되어 먼 이국에 있을 때에도 추석, 설 때는 고향땅 보개산 쪽을 향하여 합장하며 마음으로 그분들의 넋을 위로하였다.

본격적으로 2000년부터 보개산 옛 도요지에서 매년 추모제를 올리고 있다. 제5회 부터는 웅천요에서 추모제를 지냈고, 2011년 제12회 추모제는 웅천도예전시관 개관을 앞두고 도예전시관 앞마당에서 화윤차례문화원이 주관하여 지내게 되었다.

[문] 찻사발을 만들게 된 이유는 무엇인지 여쭤봐도 되겠습니까?

[답] 나는 마도로스가 꿈이었고, 꿈을 이루었지만 깊은 고민에 빠졌다. 2년 뒤 내가 진정으로 해야 할 일은 웅천선조도공들의 맥을 이어가는 것이라고 결론을 내리고 보개산 기슭에 가마를 묻고 작업을 시작했다.

그들의 영혼을 위로하기 위해 후대가 할 수 있는 일은 웅천 찻사발의 맥을 잇는 일이라고 생각했다. 400여 년 동안 불 꺼진 옛 웅천 가마에 불을 당기고 끊어진 웅천 사기의 맥을 잇기 위해 오랜 세월 옛 사발의 재현에 힘을 쏟았다.

두동요지는 이도다완의 재현이라는 무언의 사명을 내게 안겨주었고 지금도 그때를 생각하면 전율이 느껴진다. 조선 도예인들이 나를 잡기 위해 필연적인 만남을 유도했고 맥을 이어줄 후예로 만들었구나 하는 생각이 든다.

임진년과 정유년에 왜란을 당하여 끌려간 웅천의 사기장 거관의 후예가 되기를 자처하고 스스로 거관 1대 후예의 길을 걸어 왔으며 사람들 또한 그렇게 인정한다.

[문] 도자기는 누구에게 배운 적이 있습니까?

[답] 제게는 스승이 따로 없다. 이 도편들이 제 스승이다. 보개산 삼백토로 끊임없이 만들어 보고 또 만들고 그 당시의 모양을 재현하고자 노력했다. 그곳에서 수습되는 수많은 도편들은 나의 말없는 스승이 되었다. 보개산은 이도다완의 몸흙과 유약을 제공하는 나의 학습장이었다. 그곳에는 아직 조선사기장들의 숨결이 살아있고 그 숨결은 나의 작품에 신선한 영감을 불어 넣곤 했다. 그분들의 모습이 도편 하나하나에 또렷이 박혀있는 것이 느껴진다.

[문] 선생님의 정신을 이어받아 이도다완을 계승하고자 하는 제자들이 많습니까?

[답] 내가 손을 놓으면 웅천사발의 맥이 끊긴다는 사명감으로 오랜 세월을 하루처럼 보냈다. 명성이나 돈 욕심은 저버리고 맥을 잇는 자긍심 하나로 버텨왔다. 그러나 누가 나처럼 그렇게 할 수 있겠는가? 처음엔 나름의 이유들을 가지고 여러 사람들이 나의 도자기술을 배우고자 찾아왔지만, 결국 끝까지 하지 못하고 다른 방향으로 나가버린다. 현실적인 문제들 때문이라고 생각한다. 하지만 지금도 몇 사람은 웅천의 맥을 잇는 후예가 되고자 공부하고 있다.

[문] 웅천에서 뿐만 아니라 선조도공들의 원혼을 위로 하고자 일본도 여러 번 다녀왔다고 들었습니다. 그 얘기 좀 해 주시겠습니까?

[답] 웅천 조선 도공들의 맥을 이어가야겠다고 결심한 나는 보개산 기슭에 가마를 묻고 작업을 시작했다. 이듬해 일본 히라도 그분들의 공동묘지를 찾아가 참배 추모제를 올렸다. 처음 찾아갔을 때 선조 도예인 26구의 무덤은 돌무더기로 너무나 초라하고 관리 소홀로 인해 유골이 노출되어 있었다. 도예가 마시하루(당시 74세)가 각계에 호소하여 1994년 고려비를 건립하였다. 뒤에 2명의 유해는 비석 하단에, 24명의 유해는 비석 정면에 정돈해 놓고 매화와 무궁화를 심어 한국의 웅천과 일본의 히라도를 오간 망국의 혼들을 위로 하였다. 또한 보개산 흙으로 직접 만든 이도차완을 고려비 앞에 묻었다. 돌 2개와 주변 대나무 2그루를 가져와 웅천요와 두동 웅천도요지에 심었다. 그 뒤로 해마다 비공식적이지만 보개산 도요지와 일본 히라도를 오가며 추모제를 지냈다.

2007년에는 12월 새벽 5시 대한해협을 지날 무렵 선상에서 400년 전 이 길을 따라 왜인에게 끌려간 조선사기장 추모제가 열렸다. 웅천사기장들이 사용했던 삼백토를 한 움큼씩 손에 쥔 채 바다위로 헌토했다. 이어 국화꽃 500송이를 보존회 회원들과 함께 바다에 헌화했다. 여명이 밝아올 무렵 뱃전에서 8월 23일 임진왜란 당시 조선도공들이 끌려갔던 한일 해협 뱃길을 따라 향을 올리고 고국의 흙을 뿌렸다. 또 대마도를 지날 때는 뱃고동을 울리고 헌차례를 올려 도공들을 위로했다. 웅천선조 도공들이 끌려가다 수장된 뱃길을 따라 해마다 원혼제를 올렸다.

고려비를 찾아가 추모사, 헌수, 헌화, 헌차하고 400여 년 전 두동요에서 웅천조선사기장들이 구운 찻사발 도편 20여점을 고려비 앞에 묻었다. 무덤가 일대에 수십 그루의 무궁화를 심었다. 고려비와 선조의 무덤에 보개산의 삼백토와 그 계곡의 물을 가져다가 적셨고 차인들은 21기의 돌무덤위에 잎차를 올렸다. 한편 웅천 선조도공들이 잠든 히라도 공동묘지 묘석을 웅천의 옛 가마터 비석 밑에 묻었다.

> ※ 역사적으로 웅천지역은 15~16세기경 분청사기 이도다완, 귀얄다완, 웅천다완 등 다양한 다완을 제작하여 어느 지역보다 활발한 도예문화가 꽃피웠던 지역이다. 1598년(선조 31년) 왜군이 퇴각하면서 웅천도공을 포함한 125명이 마쓰우라 시게노부(히라도섬 영주)에게 피랍되었다. 임진·정유 왜란 때 젬골의 사기모을 사람들과 함께 일본으로 납치되어간 거관은 히라도시에서 나가노요를 열었다. 그는 1630년부터 50년까지 자기를 구웠던 조선 사기장이며 그 후 미카와치로 옮겨 거관의 자손인 이마무라 집안이 중심이 되어 어용품을 구워내기 시작했다고 기록은 전한다.

화윤선차회는 진해구 웅동의 보개산 기슭에 위치한 웅천도요지에서 2008년부터 2010년까지 세 차례에 걸쳐 매년 10월 30일에 조선웅천도예인 추모 헌공차례를 주관했다.

1부 기념행사는 살풀이춤, 헌무, 바라춤으로 추모제의 정성을 더하고, 웅천요 최웅택 사기장이 헌다완 예절을 시작으로 헌차례 행사가 시작되었다. 윤상이 집례관이 되어 알자의 "행 전폐례~"를 알리면서 본격적인 헌차례가 시작되었다. 초헌관, 아헌관, 종헌관을 신위전으로 인도하고 나는 점차관이 되어 초헌례을 행한다는 알자의 알림에 따라 최웅택 사가장님이 내어준 차완에 말차를 일구어 봉차자인 윤평에게 주면 봉차자는 차를 눈높이까지 올려서 들고 나아가 초헌관어게 주고 초헌관은 차를 받아 헌차하고 전차에게 전했다. 전차는 윤여, 윤용이 담당하고, 봉차는 윤평, 사전은 윤단, 찬인은 윤영과 김임선이 맡았다. 짧은 연습 기간에도 불구하고 모든 도반들이 힘을 모아 행사를 잘 진행했다. 윤슬은 3살짜리 딸 윤하은과 남편까지 참여해서 힘을 실어 주었다. 참으로 영광된 시간이었다. 이어서 일본에서 조선웅천도공 거관 14대 후손들이 와서 헌화하고 일반 손님들도 헌화하였다.

2011. 10. 29. (토)

제12회 추모제는 옛 가마터가 있는 도자박물관에서 거행하였다. 해군사관 생도들의 3번의 조포 소리에 이어 먼저가신 선조 도공들에 대한 묵념을 올리는 것으로 식을 시작했다.

1부 추모제 행사에서는 스님의 바라춤을 추고 남연화수 선생의 살풀이춤과 극락춤을 추었다. 스님의 헌향과 헌토에 이어 각 기관장들의 헌화가 이어졌다.

2부 헌공차례 행사에서는 알자 이정숙의 "행~ 헌차례" 알림에 따라 제 집사들은 모두 관세위로 가서 손을 씻고 신위전으로 나아가 4배를 올리고 제자리로 돌아갔다. 전폐례는 웅천 선조도공 후예 최웅택 사기장이 맡아서 400전에 구워져 뫼를 올렸다는 그 신주 단지에 뫼를 담아 올렸다.

다음으로 홀기에 따라 알자의 "행 ~ 초헌례"가 울리고 나는 점차관이 되어 최웅택 사기장이 내어준 차완에 말차를 이루어 사전인 윤슬에게 잔반을 주었다. 사전은 초헌관을 따라 신위전으로 나아가 봉차에게 주면 봉차는 잔을 받아 초헌관에게 주고,

초헌관은 잔을 받아 헌차하고 전차에게 주었다. 전차는 차를 받아 신위전에 올렸다. 대축이 나아가 축문을 읽는 동안 모든 집사는 부복하여 꿇어앉았다. 대축의 축문이 끝나면 아헌례, 종헌례, 망예례가 이어졌다.

전체 차인을 대표하여 화윤 선생님이 헌차하고, 일본에서 온 조선도공 거간들의 맥을 잇고 있는 후예 도공들이 헌차했다. 그리고 부산여자대학 전통다도학과 차인들의 헌차에 이어 각 차인 단체에서 헌차가 있었다.

헌화를 끝으로 헌차례를 마치고 모든 집사들이 신위전으로 나아가 재배하고, 묘사는 신위에 나아가 촛불을 끄고 참사들의 인사를 끝으로 헌공차례를 마쳤다.

3부 행사로 여러 흥겨운 공연들이 이어졌다. 우리도 어깨춤을 덩실덩실 추며 함께 어울렸다.

집사정기는 다음과 같다.

초헌관	최명근(부산진해 경제 자유구역청장)				
아헌관	김헌만(창원시 해양개발사업소장)				
종헌관	최웅택(웅천도공 거관 1대 후예)				
집례관	박남식(화윤차례문화원장)				
묘사	강미숙	**대축**	박경윤	**알자**	이정숙
찬인	이금숙	**전차**	진화영	**봉차**	정득수
전차	정병식	**점차**	정도영	**사전**	이영옥
집사	김미옥, 김종희, 황현숙, 노성미			**찬자**	송다겸, 이점순
집례	차문정				

30년사 기록을 위해 이 자료의 녹화 영상을 다시 보니 감회가 새롭다. 모든 도반들이 한 치의 흐트러짐도 없이 정중하고 깊은 마음으로 헌차례를 하고 있다는 것을 느낄 수 있었다.

지금은 고인이 된 윤상 차문정 선생께 감사한 마음 무한하다. 함께 한 시간들과 아름다운 추억들이 너무 많다. 하늘나라에서 부디 행복하길 바라며 명복을 빈다.

4. 근로자의 날 농민, 노동자 추모 헌공차례

/ 윤송 이점순

'처처불상 處處佛像 사사불공 事事佛供'이라는 대원 스님의 법문 한 구절이 내 마음에 담겨있다. 세상을 살아보니 나와 인연한 모든 것들이 나의 스승 아닌 것이 없었다. 그리고 전체 속에 하나가 있고 하나 속에 전체가 있으니 나의 차 생활도 그런 원리 속에 다 들어 있었다.

화윤선차회 회원이 되어 20년 가까이 지난 세월을 돌이켜보니 여러 가지 추억이 떠오른다. 그 중에서 먼저 가신 농민·노동자를 추모하는 헌공차례를 올린 것이 내게 큰 추억으로 남아 있다. 그 당시에는 그것이 얼마나 소중한 순간이었는지 지금만큼 절실하게 느껴지지는 않았다.

우리 화윤선차회에서는 조선웅천도예인, 노무현 대통령, 여성독립운동가 등을 추모하는 헌공차례를 여러 번 해왔다. 그러는 동안 공수선차와 독수선차가 이제 하나의 문화행사의 틀로 자리 잡게 되었다. 그렇게 된 데는 화윤 선생님의 차문화 보급에 대한 의지와 우리 차문화를 확대 발전시키려는 뜻이 있었고, 우리를 그 길로 이끌어 주셨기 때문에 가능했다. 그 가르침을 따르는 동안 자연히 차 한 잔의 힘과 차례의 본질을 깊이 알아차리게 되었다. "콩나물 독에 물이 다 빠져나가도 콩나물이 가득 차듯이, 지금은 아무 것도 아닌 것 같아 보여도 이런 작은 것들이 쌓여서 나중에 우리 가슴에 충만해진다."는 화윤 선생님의 말씀이 바로 그것이었다.

2011. 11. 05. (토)

도청 잔디밭에서 경남NGO박람회가 열렸다. 경남민예총의 동그라미축제에 먼저 간 농민, 노동자를 추모하는 행사의 일환으로 우리 차회에서 헌공차례를 맡았다. 우리 차회가 민예총에 가입되어 있었고, 그동안 운암서원에서 민예총의 동그라미 축제를 했고, 보현선원 봉축 문화행사도 같이 해왔기 때문에 뜻깊은 민예총 행사에 우리도 당연히 동참하게 되었다. 그런데 그날은 회원들이 모두 바쁜 일정이 있어서 참여할 사람이 없었다. 누군가는 시간을 내어주어야 할 상황이었다. 내가 시간을 내겠다고 기꺼이 손을 들었고 다행히 윤수도 함께 하겠다고 했다.

하루 전날 내린 비로 골목에는 노란 은행잎들이 땅으로 내려와 있고 각자 제 갈 길을 기다리고 있었다. 윤수와 둘이서 차실로 가서 '차향이제' 음악에 맞추어 잎차 공수선차를 연습하고 동선을 정리했다. 향을 피우고 물을 끓이고 차를 우려 올린 뒤 반야로 절을 올렸다. 이 땅의 고통 받는 농민 노동자를 위해 바치는 차이기에 어느 때 보다 엄숙함이 느껴졌다. 매번 하는 공수선차이지만 큰 행사 무대에 서기 때문에 마음의 부담이 되었으나 한 치의 흐트러짐도 없는 경건하고 엄숙하고 아름다운 모습이어야 했기에 가볍게 나설 일이 아니었다.

화윤 선생님이 우리를 지켜보고 있는 것 같았다. 보이지 않는 가르침이 우리의 마음을 이끌었다. 언제나 편한 자리에서 즐기는 마음으로 보아왔던 선생님의 독수선차, 그 단단한 모습이 얼마나 높은 것인지 다시 한 번 생각하게 되었다. 그래서 선생님의 가르침대로 "대충이 아니고 정성으로…모양이 아니라 정신으로…" 차를 우릴 것을 말하면서 윤수와 나는 한마음이 되었다.

행사가 열리는 날 아침, 나는 새로 마련한 한복을 다려서 상자에 넣고 내가 만든 햇차를 차호에 담고, 찻상보와 행주를 깨끗이 다림질하고, 물품을 다시 확인하고 도청으로 출발했다. 도청 잔디밭에는 주말 행사여서 그런지 가족 단위의 참가자들이 많이 보였고, 행사에 참여하는 단체들의 부스가 하얀 천막으로 이어져서 사람의 생기로 가득했다. 모두 선한 가치를 찾고 실천하는 아름다운 사람들일 것이다. 흐릿한 하늘이 불안했지만 그 아래 사람들은 모두 밝고 즐거운 분위기였다.

먼저 본부석 음향 팀에게 행사 음악이 담긴 CD를 전달하고 무대 뒤에서 한복을 갈아입었다. 무대는 내가 생각했던 것보다 높았다. 계단이 높아서 찻상을 들고 오르는 것은 안정감이 없을 것 같았다. 우리는 준비된 찻상에 찻상보를 덮어서 무대 앞에 먼저 올려놓았다.

기타 연주와 노래, 춤 등의 식순이 지나고 헌공차례를 올리는 순서가 되었다. 나는 윤수와 차례로 무대에 올라 찻상을 방석 앞으로 옮기고 자리에 단정하게 앉았다. 그 순간 무대 앞에 모인 사람들의 얼굴과 눈망울들이 호기심어린 눈빛으로 총총하게 빛나며 우리 공연을 기대하고 있었다. 음악의 시작에 맞추어 합장을 했다. 관중들이 일시에 조용해지는 것이 느껴졌다. 고개를 숙였다가 들어보니 무대 앞에 모인 얼굴들과 눈 맞춤으로 인사를 나눈 것 같았다. 모두 이 자리를 뜻깊게 만들어주는 사람들이고 나와 같이 먼저 간 분들의 희생을 추모하는 마음에서 모인 동지들이라 생각했다. 떨리는 마음으로 무대에 올랐는데 일순간 마음이 고요해졌다.

음악의 흐름을 따라 찻상보를 차례로 접어서 옆에 두고, 차례용 큰 찻잔을 열어 뜨거운 물을 붓고 헹구어내고 행주로 물기를 닦아냈다. 차관에 차를 넣고 물을 부으니 향긋한 차향이 은은하게 올라왔다. 그 순간, 긴장이 사라지고 환희심이 일어나며 내가 지금 하고 있는 이 행위에 감사하는 마음이 일어났다. 그런데 그 순간 심상치 않았던 하늘빛이 더 무거워지더니 빗방울이 투두둑 떨어지기 시작했다. 일기 예보에 소나기가 예상된다고는 했는데, 하필 우리 헌공차례 시간에 비가 내린 것이다. 그러나 우리는 조금의 흐트러짐도 없이 그대로 차를 우리고 뚜껑을 덮고 두 손으로 잔을 높이 들어 올려 단 앞으로 나아가 차를 나란히 올렸다.

내가 정성들여 올리는 이 한잔의 차가 모진 노동의 현장에서 희생된 노동자들과 먼저 기치를 들고 권익을 외치다 희생당한 열사들, 말없이 노동자의 삶을 살다간 성실했던 노동자들, 그리고 그의 가족과 사랑하는 사람들의 숭고한 삶에 경의를 표하는 것이라는 것을 느끼면서 온 마음을 모아 진심을 다해 추모하는 마음으로 차를 올렸다. 그들의 영혼이 안식을 얻기를, 그들의 뜻이 헛되지 않기를 빌며 차를 단 위에 올리고 합장한 뒤에 그분들께 큰 절을 두 번 올렸다. 단 위에 차를 올리고 절을 마치고 무대를 내려올 때쯤 차향이제 음악도 때맞추어 끝났다. 무대에서 내려오니 박수소리가 귀에 들어왔다.

차를 우리는 시간부터 내린 비는 무대를 적시고 내 몸을 적시고 있었지만 나는 스스로 추모의 감정에 몰입되어 빗물에 옷이 얼마나 젖었는지도 느끼지 못했다. 오히려 비가 내리는 가운데 헌공차례를 흔들림 없이 진행하는 동안 나를 사로잡은 것은 희열이었다. 찰나의 행복. 이 순간이 지나면 영원으로 사라질 행복을 나는 충분히 누리고, 느끼고, 온 마음으로 그것을 받아들였다. 지나고 보니 이런 순간들이 행복이었고 오늘의 나를 지켜준 힘이 된 것 같다.

무대를 내려온 우리는 서로 젖은 몸을 만지면서 웃음이 저절로 터져 나왔다. 버선은 빗물에 젖고 무대의 먼지까지 닦아서 흙탕물에 빤 것 같았다. 또 하하 호호 웃으면서 버선을 벗어서 비틀어 물기를 짜냈다. 새로 장만한 한복 자락에 흙탕물이 묻었어도 고운 명주가 쭈글쭈글하고 볼품없이 헐렁거려도 나는 웃음이 나왔다. 환희심 이상의 그 무엇도 그 순간에 들어올 수 없었던 것 같다. 지금도 열심히 일하는 사람들의 수고를 생각하고 그들을 위한 문화마당이 펼쳐진 것에 차로 동참했다는 기쁨이 긴 여운으로 남아 있다. 그날 참석한 사람들도 나처럼 축제의 장에서 스스로를 칭찬하고 먼저 간 노동자, 농민들의 희생에 감사했을 것이다. 그것으로 모든 것에 만족할 수 있었던 날이었다.

2012. 09. 06. (목)

오후 7시부터 창원 늘푸른전당에서 '먼저 간 노동자를 위한 헌공차례'가 있었다. 고인이 된 윤상, 예쁜 새댁인 윤슬, 창원 차향회의 기둥인 윤담이 소복단장을 하고 경건하게 헌공차례를 올렸다. 국악연주와 시 낭송, 노래 공연 등의 행사에 이어 우리 화윤선차회에서 헌공차례를 올렸다. 나는 무대 뒤에서 탕관에 담을 물을 준비해주고 행사가 원만하게 마무리되도록 마음을 한데 모아주었다. 무대 조명을 받으며 세 사람의 공수선차가 진행되었다. 차 한 잔으로 먼저 간 노동자의 희생을 기리고 감사하는 마음을 전할 수 있다는 것이 경이로웠다. 그리고 그 뜻깊은 행사에 내가 차인으로 참여할 수 있다는 것에 감사했다.

2021년 7월 17일, 제1회 창원노동문화축제가 열렸다. 이렇게 노동자를 주제로 한 정기적인 문화축제가 만들어지기까지는 무수한 사람들의 노력과 헌신의 역사가 깔려 있다는 것을 잊지 말아야 할 것이다. 내가 참여했던 그날의 헌공차례도 이러한 역사의 한 디딤돌이 되었을 것이라 믿는다.

5. 운암서원 고유차례

/ 윤오 구원조

내가 화윤차례문화원과 인연을 맺은 것은 차나무와의 인연 때문이었다. 차나무는 차의 세계로 나를 인도했고 화윤 선생님을 만나는 행운을 준 고마운 존재다.

경남 하동에서 차밭을 가꾸시던 시이모님이 어느 날 차나무를 뽑아내고 차밭을 논으로 만드시게 되었다. 이모님은 나무를 버리는 것이 아깝다고 하시면서 내가 가져다 심으면 어떻겠느냐고 하셨다. 나는 이모님의 제안을 받아들였고 그렇게 해서 내 밭에 차나무가 이사를 오게 되었다. 이것이 차 인연의 출발이었다.

그 시절 나는 창원에서 직장생활을 했는데, 퇴근하면 성주사에 가서 부처님 공부를 했다. 불교 경전 공부를 하고 부처님의 진리를 알아가는 일은 나의 수행에 큰 힘이 되어주었다. 성주사에 차반이 있었는데, 나는 이왕 차밭 주인이 되었으니 차를 제대로 알아보는 것이 좋겠다 싶어서 차반에 들어갔다. 절에서는 주로 부처님 헌다를 연습하면서 공부했다. 그때 같이 공부하던 도반이 창원문화원에 차반이 있으니 같이 공부해 보자고 제안했다. 그렇게 따라 갔다가 처음으로 화윤 선생님을 만났다.

선생님은 수업을 시작하기 전에 먼저 요가를 했다. 요가로 몸과 마음의 긴장을 풀어주고 그 다음에 수업을 진행하셨다. 선생님 수업을 들으면서 내 몸과 마음의 눈이 번쩍 뜨였다. 그래서 나는 마음속으로 평생 부처님과 화윤 선생님을 따르리라, 끝까지 선생님 옷자락을 꼭 붙들고 살아가리라 다짐했다.

그렇게 해서 창원문화원, 창원대 평생교육원, 문성대 평생교육원, 담마요가원, 운암서원 등, 화윤 선생님이 가시는 곳은 어디든지 따라 다니며 공부를 했다.

화윤 선생님은 창원종합터미널 근처에 있던 담마요가원에서 요가 지도와 화윤선차회 창원차향회의 교육을 병행하셨다. 그러다가 2005년 9월 25일에는 창원 등명산 자락의 운암서원으로 교육장을 옮겼다.

운암서원은 화윤 선생님이 태어나고 자란 고향이자 선생님의 선조가 모셔진 서원이다. 서원에서 차를 마시고 공부를 한다는 것은 무엇보다 고전적인 멋과 깊이가 느껴졌다. 서원 강당과 뜰을 교육장으로 하니 마음이 더 청량해지고 공부하는 데도 더 활력이 넘치게 되었다. 특히 서원 본당 강당에 앉아 차를 마시면서 맞은편 팔룡산 능선을 바라보는 것은 마음의 긴장이 풀어지고 공단도시 안에서 자연의 품을 느낄 수 있어서 감회가 새로웠다. 서원으로 공부를 하러 가는 날은 순수한 학생의 마음이 되어 설레었다. 그것은 내 직장생활에도 큰 활력소가 되었다.

당시 운암서원을 근거지로 하여 우리 차향회는 전통문화교실과 공연 등 야심찬 프로그램을 준비하고 추진해나갔다. 윤담 선생이 관장을 맡은 창원차향회 운암예절관에서는 청소년차도교실을 운영하여 인근 중학교 학생들을 위해 주말마다 교육 프로그램을 운영했다. 운암서원차도교실은 서원에 활기를 불어넣었고 밀양박씨 종중에서도 적극 지지를 보내주었다. 지금 돌이켜보니 그 시기가 가장 왕성하게 지역사회와 소통하면서 교육과 문화, 모든 면에서 발전하던 시기였던 것 같다.

서재인 근학당勤學堂에서 차도 실습을 하고 주말에는 나눔 차회를 열어 누구라도 손님이 되어 우리가 차를 대접했다. 동재 권선재勸善齋는 관리사 주인이 주로 기거했는데 마당에서 우리 차회의 예술행사가 열릴 때는 주인이 기꺼이 집을 내주어서 서원 전체가 우리 교육장이자 문화의 장이 되었다.

2006. 07. 08. (토) | 1기 차사(茶師) 수료식

내 차생활의 귀중한 역사로 기록되는 날은 2006년 화윤선차회의 1기 수료식이 열린 날이다. 그날은 수료생들이 선차발표회를 하고 운암서원에 모셔진 선인들께 고유제를 행한 날이다.

운암서원에서는 해마다 음력 3월 15일에 지역 유림들이 모여 작헌례를 봉행하고 있다. 우리 화윤선차회에서 서원 강당을 교육장으로 사용하면서 드나드는 장소여서 서원에 행사가 있으면 회원들이 차와 다식을 내어 손님들을 대접하기도 하였다. 그러기에 우리 수료식에 예를 갖추어 차를 올리는 일은 뜻깊은 일이 아닐 수 없었다. 수료생들이 차호를 받은 것을 고하는 의미도 있고 전통적인 서원 고유제를 배우는 교육의 기회가 되기도 하여 더욱 뜻깊었다.

모두가 처음 경험하는 사원의 고유제였기 때문에 하나하나 선생님의 지도를 받으며 동선을 익히고 절하는 법을 배웠다. 홀기에 따라 움직이는 동선 하나 하나를 모두 긴장 속에서 연습했다. 그리고 수료식 며칠 전에 서원의 강당을 윤이 나게 닦고 마당과 화장실까지 깨끗하게 청소했다. 손님들도 초대하고 내빈과 축하객들을 위한 다식과 간단한 음식도 준비했다. 그 과정에서 우리 도반들끼리 한 마음이 되었고 많은 것을 배웠다.

연습하는 날은 날씨가 좋았는데 행사 당일은 장대비가 내려서 동선을 조정하여 강당 뒷문을 열어놓고 묘사를 향해 예를 올려야 했다. 비오는 날의 행사는 더 강렬하게 내 기억에 저장되었다. 차례문화를 배우고 수료를 하여 차호를 받으면서 운암서원에 모신 송은·인당·의와·우곡선생 4위께 예를 갖추어 고유제를 행하는 것은 감동적인 순간이었고, 비는 그 감동을 더욱 엄숙하고 깊은 정서로 우리들을 이끌었다.

본당 강당 뒷문을 활짝 열고 내삼문을 열어놓고 사우를 향해 고유제를 행했다. 화윤 선생님께서 우리 수료식을 위해 성균관에서 행해지는 작헌차례 홀기와 운암서원의 향례 홀기를 기본으로 하여 예도에 맞게 새로 홀기를 작성하셨다. 또 조선시대에는 성균관에서 작헌례만 하였고 헌차례는 올리지 않았기 때문에 우리 행사에 맞도록 궁중에서 여관女官들이 입던 소례복인 당의를 대신 입었다.

고유제의 의식절차는 홀기에 따라 진행되었다. 시간상 어려움 때문에 진설과 전폐례는 생략하고 초헌례, 아헌례, 종헌례, 망예례의 순서로 진행되었다.

집사자는 초헌, 아헌, 종헌, 축관, 알자, 봉차, 전차, 사전, 점차 순으로 줄을 맞추어 섰다. 다음으로 제집사가 관세위에 이르러 손을 씻고 관세위 옆에 마련된 수건에 손을 닦아 정갈한 마음자세를 가다듬었다. 그 다음 차례로 축관, 알자, 봉차, 전차, 사전, 점차가 배위로 나아갔다.

배위로 나아간 집사들이 4배를 했다. 축관은 "국궁 궤, 배 흥, 배 흥, 배 흥, 배 흥, 평신"을 알리고, 우리는 그에 따라 굽히고 꿇어앉고 절하고 일어서고 몸을 펴기를 질서 있고 절도 있게 행했다. 축관은 신위를 열고 봉차, 전차는 나아가 촛불을 밝혔다. 제 집사들은 다시 정해진 자리로 나아가고, 그렇게 하여 예를 올릴 준비를 마치고 3헌례가 진행되었다.

때를 맞추어 점차관은 점소에서 차를 준비했다. 차를 우리고 준비하는 동안 축관이 차를 올리는 의미를 알렸다. 축관이 알린 차를 올리는 의미는 다음과 같다.

우리 민족에게는 옛 날부터 차를 즐겨 마시고 예절을 숭상하는 아름다운 차례 문화가 있습니다. 혼약이 정해지면 차를 봉해서 함에 넣었다 하여 '봉차'라 하였고 차로써 조상들에게 예를 올려서 '차례'라 하였습니다. 나라를 사랑하는 선조들은 차를 통해 충절을 나타냈으며 화랑들도 차를 마시며 수련을 하였습니다. 차를 마시면 머리가 맑아지고 몸 안의 모진 독을 풀어주며 심신을 건강하게 합니다. 차생활의 실제를 통하여 넘치지도 모자라지도 않은 중정의 도를 얻습니다.

송은 선생과 절의를 같이 하신 포은 정몽주 선생과 목은 이색 선생께서도 모두 차 생활을 하셨습니다. 포은선생은 "나라의 은혜에 아무 공효도 없는 늙은 서생이, 차 마시는 버릇으로 세상일을 잊어버렸네. 눈보라 휘날리는 밤 그윽한 서재에 홀로 누워, 돌솥에 일어나는 솔바람소리만 즐겨 듣네."라고 불사이군의 충절을 노래하였습니다. 또 목은 선생은 "차를 맛본 후 목구멍으로 내리니, 살과 뼈가 똑발라서 비뚤어짐이 없구나. 신령스런 가슴속은 밝고 밝아 생각함에 사특함이 없구나. 어느 겨를에 세상을 다스리랴? 군자는 마땅히 집안을 올바로 다스려야 할지니."라고 차의 정신을 바른 일만 생각하는 사무사에 두었습니다.

차가 준비되자 사전이 잔반에 차를 받고, 알자는 초헌관을 인도하여 송은 선생 신위 전에 나아가 북향하여 꿇어앉아 향을 사르고, 사전은 잔반을 봉차에게 주어 봉차가 잔반을 초헌관에게 드렸다. 잔반을 받은 초헌관은 잔을 받아 헌차하고 전차에게 주었다. 전차는 초헌관의 차를 신위 전에 올렸다. 차를 올린 초헌관이 부복 후에 뒤로 조금 물러나 앉았다. 축관이 나아가 초헌관의 왼쪽에서 동향하여 꿇어앉고, 헌관이하 제 집사들도 부복하였다.

준비가 끝나자 축관이 축문을 읽었다. 축문의 내용은 다음과 같다.

단기 4339년 음력 6월 13일, 후학 화윤선차회 박남식 등은 감히 송은 박 선생께 고합니다. 절의로는 백이, 숙제와 같이 하셨으며, 뜻으로는 포은, 이목과 뜻을 같이 하셨습니다. 이 태조가 다섯 차례나 찾았으나 문을 닫고, 나아가지 아니하시어 세세토록 모범이 되었습니다. 이에 여름을 맞이하여, 삼가 차를 올리나이다. 이 지성에 감응하시어 그윽한 은혜를 베풀어 주시기를 바라나이다. 선생과 더불어 인당 박 선생, 의와 박 선생, 우곡 박 선생께서는 흠향하시옵소서.

축문 읽기가 끝나자 헌관 이하는 일어섰다. 차례로 단당·의와·우곡 선생의 신위 전에 차례로 차를 올렸다. 헌차를 마치고 알자가 초헌관을 인도하여 제자리로 갔다. 다음으로 아헌례와 종헌례도 초헌례와 동일하게 진행되었다.

종헌례를 마치고 삼헌관이 모두 4배를 올리고 망예례를 행했다. 알자가 초헌관을 인도하여 망예위로 가서 북향하여 서고, 축관은 축문을 들고 서쪽 계단으로 내려가서 망예위로 가서 서향하여 섰다. 축을 살라 구덩이에 넣고 다시 제자리로 갔다.

망예례를 마치자 축관이 올라가 합독하고 전차 봉차는 촛불을 껐다. 마지막으로 알자가 헌관과 학생을 인도하여 나가고, 모든 집사자들이 4배하고 물러나왔다. 또 집례와 알자는 계단 사이에서 각각 재배, 4배를 올리고 물러나왔다. 축관과 집사들이 사우로 들어가서 예찬을 거두고, 문을 닫고 물러나옴으로써 고유제를 모두 마쳤다.

이렇게 엄숙하고 예법에 맞는 고유제를 올리는 동안 그동안 공부한 것들이 정신과 행동 속에 스며있음을 느꼈다.

1기 수료자는 화윤 선생님으로부터 윤자를 이어 차호를 받음으로써 함께 도반이 되었다. 차사과정을 수료하고 차호를 받은 사람은 모두 8명이었다.

윤담 胤潭 정도영, 윤송 胤松 이점순, 윤수 胤琇 노성미, 윤오 胤梧 구원조,
윤용 胤用 송다겸, 윤재 胤齎 이영란, 윤정 胤靖 박정둘, 윤초 胤草 김혜원

화윤 선생님은 차호를 받은 우리들에게 축하 선물로 부채를 하나씩 주셨다. 그 부채는 선생님께서 우리에게 주는 시와 그림이 그려진 것이다. 한 사람 한 사람을 생

각하며 각자에 맞는 차호를 짓고 시를 고르고 직접 정성들여 글을 쓰신 것을 생각하니 그 감동을 말로 표현할 수 없을 만큼 컸다.

지금은 고향 하동으로 귀향하여 시골 생활에 다시 적응하는 중이다. 매월 차바구니를 들도 곱게 단장하고 다니던 월례회를 생각한다. 반가운 도반들을 만나고 공수선 차를 하고 차를 마시던 시간을 생각하면 그때가 그립다. 하지만 하동과 창원의 거리가 멀어서 마음 같이 달려가기가 쉽지 않다.

처음 차밭을 만들고 가꾸던 시절에 차를 만들기 시작하면서는 쉬는 날이면 남편과 함께 하동으로 가서 시이모님과 셋이서 작업을 했다. 낮에는 차를 따고 밤에는 동네 차솥에서 밤을 새워가며 차를 덖고 새벽에 창원으로 돌아왔다. 지금 생각하니 참 용기 있던 시절이었다.

그 시기에 갑자기 찻잎 값이 비싸져서 노후에는 찻잎 따서 파는 것으로도 생활이 될 것 같았다. 그래서 남은 논에다 차를 더 많이 심었고 몇 년이 지나니 제대로 차밭이 되었다. 제차 방법을 말로만 듣고 하다가 나중에는 차를 덖으러 화계 차 공장에 다니시는 고향 지인을 모셔다가 직접 배우고 실습을 하면서 점점 더 좋은 차를 만들게 되었다. 역시 전문가의 지도가 있어야 제대로 차를 만들 수 있다는 것을 경험으로 깨달았다.

차나무는 이렇게 내게 좋은 인연을 만들어 주었다. 스승님과 인연, 도반님과 인연은 내 생애에서 너무나 소중하다. 항상 감사드린다.

6. 한재 이목 선생 불천위제례 헌관 참관기

/ 화윤 박남식

차인으로서 한재 寒齋 이목 李穆, 1471-1498 의 「차부 茶賦 」를 만나게 된 것은 무척 행운이었다. 뒤늦은 나이에 박사학위 논문으로 「한재 이목의 차도사상 연구」를 쓰게 되었다. 이 논문은 한재 종중회의 지원을 받아 『기뻐서 茶를 노래하노라』로 출간되었으니 종중회의 사랑을 많이 받은 셈이다.

2013년에는 해남차인회가 주최하고 한국차학회가 주관하는 대학원생 논문경진대회에서 「한재 이목의 심차사상 연구」로 대상을 수상하였다. 또한 한국연구재단으로부터 학술논문지원사업에 선정되어 지원금을 받고 「차부에 나타난 한재 이목의 낙도사상연구」의 학술 논문을 등재하기도 하였으니 이만하면 한재 선생의 사랑을 듬뿍 받았다고 할 수 있을 것이다.

논문을 쓰면서도 그랬지만 책을 출판한 후에도 한재 이목 선생의 기품은 늘 나를 붙잡고 있었다. 한재의 차도사상 핵심인 내 마음의 차 吾心之茶 는 늘 내 삶의 지표가 되어 차실에 걸려있다. 논문을 쓰면서 글의 올이 잘 풀리지 않을 때는 옷깃을 여미고 정성들여 우린 차 한 잔을 '오심지차'의 액자 앞에 올리고 가만히 마음을 다듬곤 하였다.

한재는 점필재 김종직의 문인이라는 이유로 무오사화 1498, 연산군 4 의 참화를 입어 28세의 젊은 나이로 생을 마감하였다. 선생은 조선시대 유학자로 유생들의 귀감이 되었던 인물이며, 춘추의리정신으로 도학을 실현하였던 인물이다. 해마다 8월 즈음 음력 7월 26일 에는 김포시 하성면 소재의 한재당에서 한재 선생 불천위제례를 지낸다. 화윤차문화에서 「차부」 강독을 하면서 차인들과 한재 묘소에 차를 올린 적도 있었다. 이후에는 한재 선생의 불천위기제에 대부분 참석하였다.

2009. 12. 28. (월)

성균관대학교 대학원 동양철학과 박사과정 동학들과 한 학기 동안 한재의 「차부」를 공부했다. 그 결실로 새롭게 해석하여 정리된 자료집이 나왔고 이것을 한재 사당에 헌정하고 차를 올렸다.

해가 바뀌기 전에 탐방을 하자고 하여 날을 잡았는데 연말의 아주 추운 날이었다. 때마침 전날 대설 절기에 내린 눈으로 날씨가 매서웠다. 삼색 떡을 올리고, 향을 피우고, 교의에 신주를 봉안하고, 잎차와 말차를 올렸다. 나름 초헌례, 아헌례, 종헌례의 형식을 취해서 재배를 올렸다. 차례를 올리고 음복을 하는 자리가 너무 추워 모두 몸은 덜덜 떨면서도 차를 나눠 음복하는 묘미는 색다르게 뜻이 깊었다.

한재선생의 고절한 성품이 한파로 전이되어 후학들에게 일찍 찾아오지 못했던 게으름에 채찍을 가하는 것이라 반성하였다. 묘소를 둘러보고 인근 식당에서 뜨거운 국물을 훌훌 마시며 헌차 행사의 의미를 풀어내었다.

2010. 04. 08. (목)

안산차향회의 윤청, 윤도, 윤계, 박미자 등 일곱 명이 한재 사당을 둘러보고 한재 묘소에 차를 올렸다. 한재 이목의 「차부」를 공부하면서 한재당 탐방을 통하여 한재 선생의 도학정신과 차도사상을 좀 더 깊이 있게 교감하는 시간을 가지기 위해서다. 봄날의 아름다운 기운이 번지는 날, 차 세 잔으로 간략하게나마 삼헌례를 갖추었다. 차례를 행하고 나서 묘소에 앉아 따스한 봄볕 속에 차를 나누어 음복하면서 한재 선생 덕분에 봄나들이 기분도 만끽하였다. 아울러 한재당 인근에 있는 김포다도박물관을 탐방하였다.

2016. 8. 28. (일)

한재 선생 518주기 불천위제례를 맞아 한재의 후손인 이병규 선생 16대손 과 이환규 선생 17대손 의 초대로 제례의 종헌관으로 참여하게 되었다. 늦었지만 나의 박사학위논문 「한재 이목의 차도사상연구」 헌정식을 곁들이게 되어 매우 뜻깊은 출입이었다. 더군다나 종회의 긴급 논의로 이미 집사정기에 정해진 종헌관 자리를 얼른 내게 돌려 한재 선생께 잔을 올리게 해준 것이라 감동이 더욱 깊었다.

선조의 얼을 널리 알리는 논문을 쓴 후학을 따뜻하게 맞이하고 그에 따른 예우를 아끼지 않는 종회의 모습에 참으로 아름다움을 느꼈다. 다만 아쉬웠던 것은 종헌관에 알맞은 제례에 걸맞은 의전복을 미처 갖춰 입지 못한 것이었다. 그해부터 종중회 이세병 회장님은 한문 홀기를 한글 홀기로 바꿔 후세 젊은이들이 진행 사항을 잘 이해하도록 시행하였음이 새로운 변화였다.

논문 헌정으로 많은 종친들의 따뜻한 치하를 받아 과분하고 민망하기도 하였다. 한재당 인근에 있는 김포다도박물관 손민영 관장께서도 나의 참석을 무척 반가워하며, 박물관에도 논문 헌정하기를 청하여 논문을 드렸다. 그동안 화윤차문화 회원들과 헌정식을 가져야 되겠다는 마음의 숙제를 일차적으로 끝내서 홀가분하기도 한 날이었다.

나의 차도 인생에서 「차부」를 중심으로 한재 이목 선생의 삶과 차도사상을 만난 것이 행복이었고 보람과 환희를 느꼈다. 이 모든 것이 차를 통한 선물이라 차신에 대해서 깊이 감사할 뿐이었다. 가을이 무르익을 즈음 우리 차인들과 편안한 마음으로 행복

한 한재당 탐방을 한 차례 더 해야겠다고 다짐하였다.

제례에 이어 김포다도박물관 주관의 헌차례를 가졌는데 차인 대표로 차인 부부가 먼저 차를 올렸다. 그 참한 차인 부부의 여자 차인은 성균관대 대학원 예다학과 양지현 후배다. 이어 20여 분이 두 사람씩 차를 올리는데, 종중 어른께서 "차를 좋아하신 한재 할아버지께서 무척 좋아하시겠다." 라고 한 말이 귓전에 닿았다.

제례가 모두 끝나고 음복한 후에는 후손 이환규 선생과 이병규 선생, 류지만 김포문화원원장님과 함께 산소를 둘러보았다. 때마침 날씨도 참으로 화창하여 초가을 하늘이 더욱 높았다. 산소에서 건너다보이는 먼발치의 산자락도 편안하고, 바로 내려다보이는 한재정과 연못, 그리고 차밭의 풍경도 아주 아름다웠다.

행사 다음 날에 이환규 선생으로부터 감동적인 편지글을 받았다.

"나비님 고맙습니다.
어제는 나비님께서 김포 사당까지 태워 주시고 돌아올 때도 안전하게 잘 되돌아오게 되었습니다. 오랜 폭염 끝에 날씨도 맑고 무척 시원했습니다.
1982년부터 35년 동안 거의 빠짐없이 참례했지만, 어제 518년째 기제사는 참으로 뜻이 깊었습니다. 한재「차부」와 관련된 차부 연구 박사님이 네 분 나오셨지만, 기제에 참례하시어 종헌을 올리시고, 묘소 참배까지 올리신 박사님은 박남식 선생이 처음이었으니까요. 게다가 신간, 차부병서 출판 계획에 관하여 진지한 토의와 의견을 조정하는 시간을 갖게 되었다는 것 또한 미래지향을 위한 발전적 의의가 컸다고 생각됩니다.
다시 나비님의 정성과 적극적 협력에 큰 감사를 올리면서 머리나 말로 하는 예절이 아니라, 발로 밟고 몸소 실천하는 예리(禮履)를 베풀어주신 은덕을 깊게 새겨 잊지 않겠습니다. - 왈차曰茶 환규 올림"

'나비'는 나의 인터넷 필명이다. 이 편지를 메일로 보내주신 이환규 선생은 당시 85세셨다. 2021년에 90세로 타계하셨다. 선조에 대한 정성이 얼마나 큰지 헤아리기 어려울 정도였다. 돌아가실 때까지도 「차부」의 왜곡된 해석을 바로잡기 위해 자료를 모으고 연구를 하시는 모습이 감동적이었다. 내게는 게으름을 피우지 못하게 늘 채찍질을 하셨고, 끊임없이 반성하게 만드신 분이다.

2018. 8. 28. (화)

「차부」의 저자 한재 이목선생의 520주기 불천위제례에 다녀왔다. 그간의 한재 이목 선생의 연구를 망라하여 엮은 나의 졸저인 『기뻐서 茶를 노래하노라』를 함께 올리고 왔다. 매우 뜻깊은 일이어서 감사심과 환희심이 크게 일었다. 삼헌례가 끝난 다음에 책을 헌정하였다. 사진을 찍어줄 사람이 옆에 없어서 이 장면을 사진에 담지 못해서 못내 아쉬웠다.

한재 선생의 부조묘가 있는 한재당은 김포시 하성면 가금리에 소재하고 있다. 한재당 가까운 곳에 손민영 선생께서 관장으로 있는 김포다도박물관이 있어서 문중의 제사와 더불어 꼭 헌차례를 행한다. 올해도 성균예다연구소 학술국장인 양지현 선생이 참여하여 더욱 반가웠다. 평일이라 평소보다는 문중에서 많이 오시지 못하였지만 전국 각지에서 올라온 문중 어른들의 선조에 대한 정성을 오롯이 느낄 수 있었다.

제사가 끝나고 야외에서 펼친 음복례의 젯밥이 얼마나 맛이 있던지 배가 부르도록 먹었다. 날씨의 청명함이 한 몫 하여 행사 진행이 수월하였다. 한재사당에 30여 년을 한결같이 매년 헌공차례를 행하시는 손민영 선생을 문중 분들이 한재 선생의 손녀라 불러주었다. 손민영 선생 스스로도 자인하며 흐뭇한 웃음이 오갔다. 내가 드린『기뻐서 茶를 노래하노라』를 받고는 그날 밤에 다 읽었다고 하셨다. 그러고는 차인들에게 이 책이 많이 보급되어야한다고 강조하셨는데, 그 품이 무척 따스하게 느껴졌다.

올해는 한재 이목 선생 내외분의 묘가 합장되어 함께 두 분이 나란히 눕게 되었다. 무오사화의 참화에 이어 갑자사화에는 부관참시까지 당하였지만 고조부 백유 선생이 조선건국에 참여한 개국공신이었으므로 훈구파의 후손으로서 예우를 받아 멸족은 면한 것이다. 부인 예안김씨는 생후 13개월 된 외아들과 친정인 공주에서 지내다가 돌아가셔서 묘소가 공주에 있었다. 530년이 훨씬 넘게 오랜 세월 동안 떨어져 있던 묘소를 이번에 한재당으로 이장하여 합장하게 된 것이다. 한재 선생께서 28세의 젊은 나이로 무오사화의 참화를 입었으니, 조선 차도의 참화도 함께 입었다고 보아야 한다. 행사의 깊은 뜻이 가득 넘쳐서 늦은 여름의 하루가 아주 길게 느껴졌다.

『기뻐서 茶를 노래하노라』는 조선전기 한재 이목 1471-1498 이 지은 「차부」에 관한 책으로 한재 이목의 차도사상에 관하여 거의 모든 것을 망라한 것이다. 1장 '기뻐서 차를 노래하노라-내 마음의 차', 2장 '「차부」의 특성-한재 이목의 심차사상', 3장 '한재 이목의 낙도사상', 4장 '비어 있는 방에 햇살이 비침을 노래함-「허실생백부」', 5장 '한국차도의 연원과 시대적 변천'으로 구성되어 있다.

「차부」는 우리나라에서 가장 오래된 전문 차서 茶書 이다. 세계 어느 차서보다도 심오한 차도사상을 담고 있으며 차의 수양적인 요소를 담고 있다. 내 마음의 차인 '오심지차 吾心之茶'가 바로 그 핵심이다. 그래서 오늘날 차인들을 그를 '차의 아버지 茶父'라고 부르고 있다.

"차는 생명수요, 인간의 본원을 찾아가는 알가 關伽이다. 『기뻐서 茶를 노래하노라』가 오늘날 영혼의 갈증을 달래야 하는 현대인에게도 생명수의 요소가 될 것이다."라고 신간 안내문에 소개되었다.

그러나 누가 무어라 해도 한재 학문의 본류는 도학이다. 차를 중심으로 연구하다 보니 한재학문의 본령에 훼손이 갈까 심히 두렵다.

2018. 11. 29. (목)

안양차향회 화윤, 윤의, 윤빈, 윤지, 윤창이 한재 16대손 이병규 선생님과 함께 그동안 미뤄왔던 한재당 탐방에 나섰다. 가을이 다 지나가고 소설도 지나서야 드디어 행차를 하게 되었다. 기온이 조금 쌀쌀했지만 햇살도 좋고 창공도 훤히 트여 우리의 나들이를 돕는 것 같았다. 우리 안양 차인들은 이병규 선생님과는 꽤 친숙해져서 같은 식구인양 느껴졌다. 우리 안양차인들이 「차부」강독을 하고 『기뻐서 茶를 노래하노라』를 텍스트로 삼아 한재 선생의 차정신과 도학정신을 공부하는 것을 기쁘게 생각했다. 우리가 자신의 선조를 선양하는 일을 하고 있으니 마치 한재 후손들처럼 느껴지는 모양이었다.

미리 손수 만든 삼색 다식을 상석에 올리고, 선향 한 가닥도 지펴 올렸다. 화윤차문화 회원들이 만든 화윤 녹차를 우려 올리고 함께 절을 올렸다. 넉넉하게 마련해간 뜨거운 탕수로 묏자리 앞에 둘러앉아서 차를 우려마셨다. 그 맛은 그야말로 별미 중에 별미였다. 마지막에는 상석에 올린 송화다식과 흑임자다식을 내려서 입안에 녹이며 차를 두루 나눠 마셨다. 이어서 한재차밭도 둘러보고 한재정에 올라 연못의 풍경도 즐기니 마치 고아한 선비라도 된 것 같이 넉넉한 기분이 들었다.

늘 그렇듯이 다음 탐방코스는 김포다도박물관이었다. 미리 탐방계획을 일러놓아서 찻자리를 펴고 반갑게 맞이하시는 손민영 관장님의 활기참에 모두 놀랜다. 인사를 나누고 마련해간 폐백을 드렸다. 선생께서 손수 우려주시는 차에는 정다운 차담이 서려 더욱 맛이 좋았다. 선생께선 사람을 칭찬하여 기분 좋게 만드는 탁월한 능력을 가지신 분이다. 빼어난 화술로 그동안 쌓아올린 금자탑의 스토리를 들으니 돌아갈 길을 잊은 듯했다. 억지로 귀가 시간이 급박했음을 일러드렸다. 늦은 가을해는 금방 기울어 서쪽으로 내려앉았다.

2022. 8. 23. (화)

한재 선생 524주기 부조묘기제에 아헌관으로 참례하였다. 코로나19로 인하여 공식적인 제례행사가 3년이나 멈췄다가 제례가 열린다고 이정병 종중 회장님의 초청장이 왔다. 날씨마저 청량하고 하늘도 눈부시게 맑았다. 아울러 중요한 제례행사에 아헌관으로 참례하기를 요청해서 과분한 마음이 들었다. 이번 기제사에 성균관대학교에서 예학을 가르치시는 이문주 교수님과 대학원 후배동문들이 여덟 분이나 참석하였다. 이렇게 뜻깊은 행사에 내가 아헌관으로 참여한 것은 아마도 성균관대학교 대학원 동학들을 배려한 덕분이라 생각한다.

박사논문을 헌정하였을 때, 갑작스럽게 종헌관으로 임하게 되어 의전복을 갖춰 입지 못했던 아쉬움이 남아 있었다. 그래서 이번에는 하얀 모시 치마저고리에 백색 쾌자를 곁들여 갖추어 입고 제례봉행에 참여하였다.

한재 선생은 조선전기의 유학자로서 절의로 이름 난 분이다. 그의 문집 속에 묻혀 있던 「차부」가 1980년대에 뒤늦게 발견되어 차계에 큰 반향을 울렸다. 「차부」는 한국차문화에서 초의선사의 『동차송』보다 삼백여 년 앞서서 발간된 전문 차서이다.

아헌관으로 임하면서 한재 선생의 절의를 확인하며 제례의 마음가짐을 다시 다지는 며칠이었다. 차와 함께 하며 늘 환희심이 들 때가 많다. 차에 정성을 들이고 차의 도반들과 즐거운 차생활을 이어가면서 차가 우리에게 주는 선물과 행운이 많음을 항상 느낀다. 그래서 늘 감사하는 마음을 놓지 않는다. 차생활을 오래하니 차밭도 절로 화윤차문화로 들어와서 차 만들기 작업을 즐긴다. 화윤차문화의 차인들이 서로 사랑하고 돈독한 우의를 나눔에도 늘 행복하다. 차의 선조들이 화윤차문화에 영광의 기운을 드리워주는 것은 과분할 정도이다. 우리 차인들도 개개인 아름다운 차생활을 꾸리며 이웃과 지인들에게 찻물 들이는 사명감을 잃지 않고 있음에 늘 감사하고 또 감동이다.

한재 선생의 차도 사상의 핵심은 '오심지차 吾心之茶'이다. 「차부」의 결론 부분을 되새겨 본다.

"기뻐서 (茶를) 노래하노라.
내가 세상에 태어남이여, 풍파가 모질구나.
양생에 뜻을 두었으니
너를 버리고 무엇을 구하겠는가.
나는 너를 지녀 마시고 너는 나를 좇아 놀아
꽃피는 아침 달뜨는 저녁에 즐겨 싫어함이 없구나.
곁에 천군(天君)이 있어 두려워 경계하여 이르되
삶은 죽음의 근본이요, 죽음은 삶의 뿌리라 하네.
안만 다스리면 밖이 시든다고

혜강이 양생론을 저술하여 어려운 것을 실천하였다지만
어찌 빈 배를 지수(智水)에 띄우고
좋은 곡식을 인산(仁山)에 심는 것만 하겠는가.
정신을 움직여 묘경에 이르면
즐거움은 꾀하지 않아도 저절로 이르게 되리.
이 또한 내 마음의 차이니
어찌 꼭 저것[茶]에서만 구하겠는가."

7. 대전국립현충원 효당 스님 추모제 참가

/ 윤명 김애희

2008. 07. 12. (토)

효당 스님의 기일을 맞아 대전국립현충원에서 열리는 추모제에 참가하였다. 아침 일찍 윤청과 함께 정갈하게 한복을 갖추어 입고 대전으로 출발하였다. 현충원에 도착하여 반야로 원화 원장님과 자제분, 화윤 선생님, 창원차향회 도반들과 인사를 했다. 현충원은 처음이라 조금 긴장하기도 한데다 날씨가 더워서 땀이 줄줄 흘러내렸다.

차 공부를 하면서 마음에 새긴 효당 스님을 이렇게 찾아뵙고 인사 올릴 수 있다는 것이 무척 자랑스러웠다. 화윤 선생님을 만나 차 공부를 시작하면서 효당 스님을 알게 되었고 그분의 발자취를 따라 다솔사의 차밭과 곤양에 있는 반야로 차밭 기행도 다녀왔는데 오늘은 그분의 묘역에서 추모제를 지내게 되었으니 차인으로서 영광이 아닐 수 없었다. 반야로 차밭기행에서 뵈었던 원화 선생님도 다시 뵈니 화윤선차회의 계통을 잇는 나의 자리가 분명하게 다가왔다.

깊은 산길을 오르고 오르다 보니 곤양의 반야로 차밭에서 하늘아래 덩그러니 늘어선 차나무들이 빳빳한 이파리를 햇살에 말리고 있었다. 하늘과 바람과 새소리와 풀벌레들이 오롯이 밤과 낮의 자연과 더불어 숨 쉬며 자라고 있었다. 한 잎 한 잎, 살이 오른 1창 2기의 자색 찻잎을 따는 체험도 처음이었다.

다솔사의 큰 무쇠 솥에서 원화선생님은 땀을 흘리며 차를 덖으셨고 그렇게 덖고

건조하기를 아홉 번이나 한다고 하셨다. 구증구포의 증차는 효당가의 반야로 차가 대표적이다. 반야로란 지혜의 이슬이란 뜻이다. 차 이름도 효당 스님을 연상하게 하고 불제자임을 드러내신 것 같다.

효당 스님은 찻잔 하나에도 조상의 얼과 자기 자신과 인류의 교감이 있어야 차선일미가 된다고 하셨다. 새삼 그분의 고고하신 모습을 그려보며 그리움에 젖는다. 또한 지금까지 반야로를 이끌어 오신 원화 원장님의 모습도 아름답게 다가온다.

효당 스님과 원화 원장님 그리고 화윤 선생님은 차도의 가르침으로 나를 나답게 살아가게 해준 큰 스승님들이다. 또한 한국 차도의 분명한 사상적 계통을 스스로 알게 해주신 분들이다. 검소하고 소박하며 정갈하고 자연성을 따르는 차 살림을 살아가게 해주신 가르침에 감사드린다.

화윤 선생님을 만나 차를 마시고, 명상을 하고 나를 찾아 수행해 온 20여 년의 시간들은 이제 든든하게 나를 세우는 정신이 되었다.

8. 효당 최범술 스님 탄신 100주년 학술대회 참여 회고

/ 윤정 박정둘

2004년 12월 19일(일) 오후1시, 동국대학교 90주년 기념문화관 예술극장에서 효당 최범술 큰스님 탄신 100주년 학술대회가 열렸다.

부처님께 귀의하여 평생을 나라와 민족을 생각하며 차선삼매를 수행하신 효당 최범술 선생을 추모하는 학술대회의 차담회에 참석하는 것은 우리 화윤선차회의 일원으로서 뜻깊은 자리가 아닐 수 없었다. 서울 길이 서툴긴 하지만 주관이 효당본가 반야로차문화원이며 주체가 효당가 문도회여서 반야로 문도회 회장인 화윤 선생님을 따라 나는 어디든 찾아갈 준비가 되어있었다.

화윤 선생님과 나는 10시 30분에 행사장에 도착하여 행사 준비를 했다. 혼자 무대를 비질하고 멍석자리를 깔았다. 문도회 회원들은 공연 준비와 치장으로 몹시 바쁜 것 같았다. 화윤 선생님 일갈로 질서 있게 역할이 나누어지고 준비상황이 척척 진행되었다.

무대정면에는 아가처럼 환히 웃으시는 효당 큰스님의 사진이 실사로 걸려있었다. 사진 옆에는,

"사람이 무릇 태어나 대도에 정진하되 나라와 민족을 위해 몸을 쾌히 던짐이 상구보리 하화중생의 대승진리를 실천함이요, 세간과 불세간의 변을 여윈 진정한 출격대장부인 것이다." 라는 글귀가 당당히 자리하고 있었다. 작년 여름에 대전국립현충원 국가유공자 묘역에서 거행된 효당 스님의 추모제에 참석했을 때 묘비에서 보았던 바로 그 문구였다.

김상현 교수의 행사 개회 선언과 함께 기념식이 시작되었다.

헌향을 하고 효당의 직계 제자들이 쓴 추모 글을 원화 선생님이 헌정하였다. 대회장이신 목정배 교수, 채정복 회주, 김상현 교수, 최화정 님이 나란히 헌차를 하고 삼배를 올렸다. 대회장과 원화 선생님의 인사말이 이어졌다.

진주에서 상경한 팔순의 아인 박종한 선생, 한국차인연합회 박권흠 회장, 청주불교방송국 사장 한지원 스님의 축사가 있었다. 효당의 제자 오윤덕 변호사의 추모사는 웅변 그 자체였다. 우렁찬 말씀에 감동하여 나뿐만 아니라 눈물을 훔치는 분들이 여럿 있었다. 효당 선생은 우리나라 차 살림의 역사 그 자체임을 추모하였다. 이어 몇몇 효당의 제자들이 추모사를 이어갔다.

독립지사이자 애국지사로, 교육자로, 정치가로, 스님으로, 차인으로, 남기신 혁혁한 업적은 가히 상상하기 어려울 정도이다. 가슴 떨리도록 심오한 것들을 간직하신 분을 알고 싶은 마음이 간절하다. 다행스럽게도 내년 초에 추모집이 출판된다고 하니 너무 감사한 일이다. 추모식이 끝나고 공연이 시작되었다.

잎차 공수선차 시연

첫 번째 공연은 무대 중심에 원화 선생님이 앉고 문도회원 36명이 자리를 잡고 공수선차를 시연하였다. 명상적 에너지가 행사장을 가득 채우고 흘러 넘쳤다. 공수선차는 고요한 차실에서 화롯불에 찻물 끓이는 소리를 들으며 스승과 문도들이 법도에 맞게 잎차를 달여 마시며 함께 심신을 수련하는 것이다. 초보이긴 해도 이미 나도 화윤선차회 일원으로 열심히 공부하며 선차 수련에 정진하는 중이라 강렬한 느낌을 받았다.

말차 공수선차 시연

두 번째 순서로 문도회 회장인 화윤 선생님과 부회장인 정은자 선생님 등 여덟 분의 말차공수선차 시연이 있었다. 그것은 스승과 문도들이 함께 찻사발에 가루차를 내어 마시는 선차수련이다. 온몸에서 수련의 아름다움이 절제되어 피고 있는 꽃송이 같았다.

춤 공연

세 번째 순서는 서울시 무용단 단원 강선미, 송영미 선생의 차 춤이 무대에 올랐다. 검은 색과 붉은 색 의상을 한 무용은 한 해가 저물어가는 동짓날 악귀를 쫓고 태양의 밝음을 찬양하는 춤이었다. 이준호님의 음악 '밝누리'에 온몸을 맡기고 누비는 춤사위에 나의 혼도 따라 누볐다.

헌공차례

공연의 마지막 순서로 원화 원장님을 중심으로 화황 선생님을 비롯한 일곱 분의 헌공차례가 이어졌다. 그것은 별이 총총한 밤 촛불 밝혀 천지신명께 차를 달여 올리며 다사다난했던 한 해를 뒤로 밝아오는 새해를 희망으로 맞이하길 기원하는 행차 의식이었다. 원화 원장님이 떼는 발걸음마다 기운이 공명하고 있었다. 온몸에 전율이 일어났다.

뒤풀이

공연이 끝나자 뒤풀이 테이블이 풍성하게 차려졌다. 3층으로 된 오색 시루떡이 가운데에 우뚝 솟아 있고 팥 시루떡과 인절미, 방울토마토와 귤, 다양하게 솜씨를 낸 다식, 그 중에서도 반야로 차는 중후하면서도 온화한 맛으로 찻자리를 빛냈다. 고품격의 자태를 뿜어내는 찻자리의 꽃도 오랫동안 감상하였다.

> 차로 이어지는 삶의 숨결
> 차 한 잔은 존재하는 우리의 일상입니다.
> 차, 우리의 생명수입니다.

안내장의 마지막 장에 적힌 글귀를 되뇌며 반야로차로 목을 축였다. 효당가 일원들과 하나 되어 고 효당 최범술 대종사님의 품안에 안겨들고 말았다.

9. 부처님 오신 날 봉축 문화공연

/ 윤용 송다겸

    위대하신 부처님 삼존불을 모신 정법도량, 봉림산 자락의 아늑하고 따뜻한 엄마의 품속 같이 맑고 향기로운 청정도량 보현선원!
    생각만 해도 환희심이 솟는다.

    세월이 흘러간다는 생각할 틈도 없이 어렵고 힘든 생활에 쫓기듯 살다 뒤돌아보니 참으로 긴 여정 40년 전을 회상하게 된다.

    지금 계신다면 100수이신 시아버님의 회갑축원 법회를 보현선원에서 행하고 시어머님께서 3배도 제대로 못하는 30대 중반의 젊은 나를 법렬 큰스님과 인연되게 해주셨다. 어머님께 진심으로 감사드리고 싶다.

    부족하지만 세월 따라 일심 一心으로 보고 듣고 어긋나지 않게 행하려고 마음 모으면서 큰스님의 가르침인 보시 布施, 지계 持戒, 인욕 忍辱, 정진 精進, 선정 禪定, 지혜 智慧의 육바라밀의 보살 실천행을 일상 속에서 놓치지 않으려고 애썼다. 그래서 내가 할 수 있는 한 힘닿는 대로 기도와 명상을 생활화하면서 3배로 시작하여 108배, 1000배, 3000배를 하며 기회가 주어지는 대로 열심히 최선을 다하면서 살았다. 지금까지 잘 견디고 잘 살아온 것에 감사하며 이 모두가 불법과 차도의 힘이 아닌가 생각한다.

    매월 초하루 법회가 끝나면 한뜻이라도 우리들의 마음속에 심어주려고 애쓰시는 큰스님의 열정적인 법문 중에, 사람은 살아가면서 누구에게나 올 수 있는 어려운 현실이 닥친다. 그럴 때 현실을 빨리 직시하고 잘 헤쳐 나가는 사람이 현명하고 지혜로운 보살행이라고 말씀하셨다. 모든 것이 내 맘 속에서 이루어지는 일체유심조 一切唯心造라는 스님의 말씀을 되뇌이면서 평정심을 가지고 살려고 애쓰면서 살았다. 그러던 중 20년 전 화윤 선생님을 만나 차도 예절 공부를 하게 되었다. 이것은 나에게 축복이고 행운이라 생각한다.

창원대학 평생교육원에서 처음 만난 화윤 선생님은 잔잔한 미소로 넘치지도 모자라지도 않은 듯 했고, 외유내강의 그 모습이 품격 있는 분이라는 것을 느꼈다. 그렇게 시작한 인연이 20년을 한결같은 마음을 나누면서 살아왔다.

큰스님의 가르침인 육바라밀의 보살이 지켜야 할 법도와 화윤 선생님의 가르침인 차도의 기본 교육인 차도용심의 여섯 가지 덕목인 자연성 自然性, 검박성 儉朴性, 중도성 中道性, 안전성 安全性, 응변성 應變性, 보은성 報恩性 을 실천하면서 살려고 노력했다. 『동차송』, 『차신전』, 『초발심자경문』 등 여러 책을 공부하면서 도반들과 차시 茶詩를 같이 읽으며 아름다운 찻자리도 함께했다. 일상의 멋과 향기를 나누면서 보낸 시간 모두가 감사하고 소중한 시간이었으며 마음을 치유하는 보약 같은 시간이었다.

순간순간 응변성을 발휘하고 검소함과 질박함으로 중도에 벗어나지 않도록 지켜주는 힘이 되었던 불심과 차심, 잘 보낸 그 시간들이 소중하고 감사할 뿐이다.
또한 2009년 법렬 스님과 화윤 선생님의 인연 덕분에 보현선원 신도회 보살들을 위한 차도예절 수업을 하여 더욱더 정진할 수 있었다. 3개월간의 수료 과정을 기점으로 초파일 봉축 법요식에 참여하게 되었고 매년 육법공양 중 부처님께 차를 올리는 헌차를 봉행하게 되었다.

2012년부터는 식전행사가 더욱 멋있고 아름다운 문화공연으로 이어졌다.
화윤 선생님의 연화무와 민족무예 고구려 단장인 박청학 선생님의 기천무가 대웅전 법당 큰 문 앞 단 위에서 멋지게 어우러졌다. 소복을 입은 화윤 선생님의 손에는 연꽃이 들려 있었다. 고요하고 절도가 있어 마치 도를 이룬 듯 우아하고 멋진 그림 같은 춤이었다.

파란 오월의 하늘 아래 연등이 펼쳐져 있고 거룩한 법당 앞에서 절제된 선생님의 연화무와 박청학 선생님의 기천무가 힘이 넘치는 정중동, 동중정의 극치의 조화였다.

두 분의 공연을 보는 스님과 신도들의 신심을 신명나게 일으키며 진호근 선생님의 톱 연주로 흥을 돋우었고 고 박변식 선생님의 기타 연주와 자유로운 영혼이 전해지는 노래는 부처님 오신 날의 분위기를 한껏 띄워주었다. 또 서은주 선생님이 퓨전 가야금 연주로 베사메무초를 도량 전체에 울려 퍼지게 하여 스님과 신도들이 모두 행복한 흥에 취해 축제의 한마당이었다.

특히 봉축행사 중 제일 아름다운 모습은 화윤 선생님을 비롯한 화윤선차회 회원들의 공수선차와 육법공양이었다.

쪽빛 치마에 흰 저고리의 모시한복을 곱게 입은 단아한 모습으로 법당 앞에 앉아 황병기 가야금 연주의 '차향이제' 음악에 맞추

어 정성껏 차를 우리고 차례대로 차를 높이 받들어 부처님께 올리면 육법공양이 시

작된다.

맨 먼저 감로수의 '차'를 올리고 다음은 해탈의 뜻이 담긴 '향'을 올리며 뒤이어 기쁨과 환희의 선열미 '쌀'을 올리고 다음으로 지혜의 '반야등'을 올리며 다음은 깨달음의 '과일'을 올리며 마지막으로 수행 장엄의 아름다운 '꽃'을 올린다. 육법공양의 깊은 뜻이 담긴 행렬의 모습은 너무나 황홀하고 아름다워 법회의 꽃이었고 감동의 시간들이었다.

법요식이 끝날 즈음 큰스님의 감로수 같은 법문으로 깨달음을 얻게 하는 참으로 경이로운 순간들이었다. 화윤 선생님과 우리 선차회 도반들이 연출한 멋진 무대는 우리들의 마음에 불심이 일게 하는 보시공덕을 쌓는 참으로 보람된 시간이었다. 마음의 향기가 솟는 듯 행복한 순간이었다.

법회가 끝난 후 삼삼오오 돗자리를 펴고 가족과 친지들이 함께 모여 그토록 유명한 보현선원의 비빔밥 한 그릇으로 기쁨을 나누는 참 따뜻하고 아름다운 풍경이었다. 스님과 신도들 도반들 그리고 우리 가족까지 같이 할 수 있는 그 시간은 너무나 소중하고 귀한 순간이었다.

사람이 살아가는 데는 각자의 양식이 다르지만 내 맘 속에 가랑비처럼 젖어드는 육바라밀과 차도용심의 실천행은 지금의 나를 있게 한 삶의 스승이다. 그러기에 모두를 소중히 여기며 어떤 어려움도 최선을 다하며 기도하며 노력하는 보살행을 실천하며 일체유심조의 멋진 인생이 되길 바라며, 항상 감사한 마음으로 살아야겠다고 한 번 더 나를 다독여 본다.

10. 안산문화예술의전당 송년 차문화 공연

/ 윤설 박창신

2002년 봄 화윤 선생님께서 안산에 차문화를 꽃피우기 시작하셨다. 안산이라는 도시의 특이성과 차에 대한 생소함 때문에 차를 마시고 차 공부를 하려는 사람들이 매우 적어 어려움이 많았다. 이런 가운데서 내가 차를 만난 건 행운이었다.

단아한 한복을 입고 차를 우려주시며 차에 대하여 이야기를 해 주셨는데 처음엔 말씀해 주시는 뜻도 이해하지 못하고 내어 주신 차만 마셨다. 일주일에 2번 화요일과 목요일에 2시간씩 하는 수업이었다. 나를 위한 차 마시는 시간으로 정하라는 선생님의 말씀을 지키며 오고가기 3년이 지난 후 그동안 차 공부를 함께 한 10명이 2005년에 화윤선차회 1기 수료생이 되었다.

그 후로도 『동차송』, 「초발심자경문」, 「차부」 등을 공부하며 어느새 나도 아이들에게 차를 전하고 있었다. 병아리 같은 두 손으로 찻잔을 잡고 호기심어린 눈빛으로 차를 홀짝거리며 마시는 아이들을 볼 때면 벅차오르는 감정이 절로 생겨났다.

차는 분명 예사로운 물건이 아님을 깨달아가고 있을 즈음 2007년부터 한국전통문화협회 주최로 송년 차문화 공연을 시작하였다. 한국전통문화협회는 안산 차향회가 주축이 되어 월강사 차회, 새마을금고 차회, 안산문화예술의전당 차와 예절 팀이 연합으로 결성된 차와 예절 문화단체이다.

2007. 12. 06. (목)

차를 마시는 일은 인간의 가장 근원적인 존재 양식이다. 차 한 잔은 바로 우리의 생명수이며 일상이다. 한 해를 뒤돌아보고 보다 성숙한 새해를 맞이하기 위하여 한국전통문화협회는 송년 차문화공연과 찻자리를 마련하였다. 차를 사랑하고 예절을 숭상하는 사람들이 모여 아름다운 찻자리를 펴고 삶의 숨결을 함께 나누는 자리이다.

한국전통문화협회의 송년차회 공연이 안산문화예술의전당 국제회의장에서 열렸다. 윤청, 윤중, 윤설이 어린이집에서 지도한 4세 영아들이 차 노래를 부르며 예쁘게 공수선차 시연을 하였다. 저들은 자라서 어떤 모습일까 지켜보고 싶은 마음이 솟구칠 만큼 모두의 찬사를 받은 멋진 공연이었다. 바라보는 어른들 모두가 그날 얼마나 행복했는지 모른다. 우리에게 평소 익숙한 노래가 편안하고도 잔잔하게 명상에 들게 하였다.

안산 차향회의 윤중, 윤후, 윤청, 윤명, 윤도, 윤설이 단아한 모습으로 말차 공수선차 시연을 하였다. 한 학기 동안 열심히 말차 수련을 한 것을 다른 이들에게 나눌 수 있음이 행복했다. 모든 바쁜 일을 뒤로 하고 한마음이 되어 이건용의 '별과 시'에 맞추어 말차 연습을 할 때는 한 가족 같은 한마음으로 다가감을 느낄 수 있어 행복했다.

연습 시간이 부족하여 염려되었지만 짧은 시간 속에서도 서로를 믿으며 의기투합한 저력으로 잘 할 수 있었던 것 같다. 행사를 마치고 나니 축복이라도 하듯 하얀 눈이 내려 주었다. 차의 순수함과 어울려 마음은 동심의 세계로 돌아가 행복한 추억이 되었다.

2008. 11. 28. (금)

2008년 송년 차문화공연은 그 어느 때보다 의미 있고 아름다운 찻자리였다. 고구려 민족문화예술단 박청학 선생의 바라무와 화윤 선생님의 헌차무는 적막한 가운데 끊어질 듯 이어지는 오묘한 춤사위가 보는 이로 하여금 숨을 멎게 하였다. 손짓 몸짓은 경계를 벗어난 한 마리의 학처럼 보였다. 차를 통하여 경험하는 또 다른 문화 충격이었다.

한 해를 곱게 마무리함에 감사하고 새해를 기약하는 차례를 하늘에 올렸다. 여러 단체가 어우러져서 소리 없이 각자의 일을 행하고 그 에너지를 모아서 담백하게 송년 차회를 마무리했다. 그 중심에 차가 있으므로 가능한 일이 아니었나 싶다.

2009. 12. 22. (화)

송년 차문화 공연을 준비할 때면 선생님께서 항상 하시는 말씀이 있다. '연습은 실전처럼 실전은 연습처럼'. 그 말씀이 큰 힘이 되어 우리는 어떠한 장소에서라도 당당하게 시연을 하였다.

와동영아, 새봄, 프뢰벨 창의스쿨 어린이집의 4세 21명의 영아들이 고사리 같은 작은 손으로 차를 우리는 모습은 보는 이들의 가슴을 따뜻하게 하는 마법을 부리고 있는 것 같았다. 안산시립국악단 가야금 연주자의 멋진 연주가 있었다. 연주곡은 황병기 작곡의 '침향무'였다. 주남저수지의 철새와 더불어 노시는 명상 도인 진효근 선생의 톱 연주도 경이로웠다.

2010. 11. 26. (금)

한 해를 뒤돌아보고 보다 성숙한 새해를 맞이하기 위하여 올해도 어김없이 송년 차문화 공연과 차회를 하였다. 2010년에는 각 차회마다 장기를 선보이는 자리가 기획되어 화윤선차회는 공수선차 시연, 새마을금고차회는 중국 다례 시연과 교복을 입고 추는 댄스 타임, 월강사차회는 대중 찻자리를 준비하였다.

새봄 어린이집 7명의 영아들은 윤중 차사의 지도로 공수선차 공연으로 시선을 사로잡았다. 각각의 개성을 지닌 차인들이 한데 모여 매년 한 마음으로 송년 찻자리를 마련하는 일은 쉽지만은 않다. 그런데도 불구하고 해를 거듭할수록 차의 위력 덕분인지 더욱 성숙한 모습으로 송년 차회가 펼쳐졌다.

이후 안산에서의 송년 찻자리는 한국전통문화협회의 어려움으로 이루어지지 못했다. 그러나 안산 차향회는 그 맥을 이어오고 있다. 차와 함께하는 생활이 꾸준히 이어진다면 어느 곳에 있더라도 우리만의 차 살림을 늘려 아름다운 찻자리가 만들어질 것이다.

11. 민족무예 고구려 복본復本 연출

/ 윤허 김묘임

2006. 11. 04. (토) | 창원 성산아트홀

한참 거슬러 가본다.

2006년 11월 4일 오후 3시, 7시. 창원 성산아트홀의 '복본' 공연.

20년 저 너머 그 때를 찾아 오늘과 이어 보고 싶은 꿈을 지울 수 없어 회상해 본다. 아니, 지금 이 자리에서 화윤차 한잔을 화윤차례문화원 모든 회원들 그리고 사단법인 한국담마요가협회 회원님들과 나누고 싶어 나는 복본을 찾아본다.

화윤차례문화원과 요가의 이완법에 다양한 명상법을 수련하는 명상 요가의 산실인 한국담마요가협회 지부 '담마요가'가 큰 공연에 참가할 예정이니 대본 창작과 연출을 부탁한다는 화윤 선생님의 연락을 받았다.

거처를 서울에서 울산으로 옮긴 나는 지금도 그렇지만 당시에도 서울까지 오르락내리락하며 연극 공연을 하면서 내심으로 아랫녘에서도 연극을 하면 좋겠다는 생각이 있었다. 그러니 화윤 선생님의 제안은 참으로 반갑고 고마웠다. 화윤 선생님이 나의 구세주구나 하면서 이유를 불문하고 '예'하며 몸으로 마음으로 화답을 하였다. 더구나 화윤 선생님의 문하생으로 차를 생활화하고 명상이며 요가를 화윤 선생님 옆에서 지켜보고 무언중 익히고 있었던 것을 무대 위에 올릴 수 있다니 천상의 날개를 달고 꿈의 세계를 이룬 듯 신이 났다.

그러나 꿈은 그렇게 쉽게 이루어지지 않았다. 제작사인 '민족무예예술단 고구려'

의 담당자와 인사를 하였고, 이런 저런 공연의 취지를 얘기하면서 작품명이 '복본復本'이니 대본을 써 달라는 것이었다. 제목부터 정해 놓고 대본을 써 달라는 황당한 부탁에 머릿속이 벙벙해졌다. 이 나라의 민족정신, 근본을 찾아, 먼 옛날의 태초를 보고 꿈을 그리며 복본을 이야기하라는 주문이었다.

보름 동안 두문불출 작품을 완성하였다. 작품을 부탁한 제작자들은 몸으로 예술행위를 하시는 분들로 여기고 내 나름대로 연극 대본을 써서 내밀었다. 그랬더니 반응이 어이없어 하는 표정이었다. 연극을 하게 되면 배우만 들어날 뿐 자기들이 추구하는 민족 무예의 계승과 복원을 위한 검 은류비전 106점, 도법, 검무, 벽사검무, 장광무형검, 쌍검, 격검 과 전통무예 기천과 국술은 물론이고 풍물, 바라춤, 탈춤, 대북 법 그리고 명상 요가, 차문화의 독수선차, 공수선차, 헌공차례 등 전통문화를 어떻게 연출할 것이냐는 의문을 제기했다. 영과 육을 가진 이 땅의 우리민족의 태동함을 무대 위에 형상화하고자 했는데 그것들이 보이지 않았던 것이다.

내가 대본 속에 이 모든 것을 다 넣어서 극을 만들었지만 제작진들에게 잘 전달되지 않은 듯했다. 제작진들은 연극 대본이 필요한 게 아니라 발표회 형식으로 순서를 나열하라는 것이어서 서로 소통에 어려움을 겪어야 했다.

나는 잠시 며칠 동안 고민에 빠졌다. 제작자들이 원하는 대로 한다면 결국 발표회 밖에 되지 않는다. 작가도 연출도 필요 없이 서로 의논해서 순서대로 나가기만 하면 되는 것인데 그렇다면 대본도 필요 없는 것이 아닌가. 그러나 이 공연을 포기하기에는 너무 아까운 기회였다.

이 모든 것들을 무대 위에 올려놓을 곳은 소소한 발표 장소가 아니라 '성산아트홀'이라는 큰 공연장이다. 고작 발표회하자고 큰 공연장을 빌리고 민족의 기상을 예술로 승화키 위한 무예들과 선을 향한 화윤선차회와 담마요가협회의 이름을 내걸고

30여 명의 전 회원이 거의 개인 생활을 내몰아가며 연습 과정 몇 달을 보내는 힘겨운 작업을 해야 했나 싶으니 힘이 빠졌다.

제작자들은 공연을 너무 쉽게 여기는 것 같았다. 조그만 회관을 빌려서 하던 생각을 벗어나지 못했고 감히 거대한 공연장의 조명, 음향, 무대장치 등 부속 장치들 그리고 의상, 소품 등을 고려하지 않고 무대를 크게 하려는 열망만 가득했다.

이런 상황에서 제작진과의 긴 타협과 화윤 선생님의 끈질긴 설득 끝에 나는 연출만 맡기로 하였다. 그리고 공연 작품 진행 순서를 제작진 측에서 뽑아 주겠다고 했다. 나는 그 제안을 수용했다. 결과는 나로서는 이해가 되지 않는 평면적인 구성으로 준비되고 있었다.

제작진의 작품 구성을 살펴보니 처음부터 끝까지 검劍과 무舞가 주를 이루고 있었다. 검과 무가 주인공이었으니 당연하였다. 아무리 검을 예술로 승화시켜 무대 위에 춤으로 형상화한다 해도 검은 검이다. 쇠가 번뜩이니 살殺을 생각하지 않을 수 없었다.

어떻게 하면 제작진의 심기를 거슬리지 않게 고쳐야 하나 생각 끝에 묘안이 떠올랐다. 그들이 원하는 구성 작품에 살을 붙이자. 이야기 꺼리가 있는, 드라마가 있는 구성을 만들면 대사가 없더라도 드라마는 형성이 된다는 생각이 들었다. 나는 순서를 바꾸어 연출하겠다고 제작진에게 알리고 작업에 들어갔다.

검을 평정하는 것은 결국 물이었고 명상이었다. 검을 누를 수 있는 명상요가를 서막에서 형상화한다면 전체 테마를 알리는 혼돈에서 평정과 어울림과 소통으로 갈 수 있는 복본의 중심에 화윤차례문화원의 '공수선차'를 작품 주인공으로 내세우면 되겠다 생각했다. 그렇게 하여 나 혼자만의 기획 작품 '복본'이 구성되었다. 나의 연출은 힘을 얻었고 창원 성산아트홀에서 드디어 막이 올랐다.

● 서막: 혼돈과 생명의 탄생

우주의 혼돈을 거쳐 민족의 영과 육의 태동을 무예 벽사검무, 장광무형검 와 명상의 몸짓인 요가의 어울림으로 형상화해 보았다. 이 때 담마요가 회원인 김혜원, 김은숙, 정도영, 전점란. 이금숙 차사가 정적이고 절제된 에너지로 명상요가를 보여주었다. 그분들의 요가는 무대 조명 아래 신비롭고 아름다운 장면을 연출했고 무대 전체와 관객을 신비와 무아의 경지로 몰아넣었다.

● 1장: 꿈의 터

하늘의 뜻을 받들고 세상을 펴며 하늘에 감사의 예를 차로 올리는 '독수선차 獨修禪茶'와 '헌공차례 獻共茶禮'를 연출하고, 천신무. 바라무. 무예 기천유합. 본국검무 가 한데 어우러졌다. 1장의 무대에서는 현대의 일상에서 볼 수 없는 화윤차례문화원 창원차향회 회원들의 헌공차례와 화윤 선생님의 독수선차가 무대를 가득 채웠다. 언제 또 이런 웅장하고 성스러운 장면을 볼 수 있을까, 또 다시 이런 공연을 할 수 있을까 싶어서 감동이 밀려왔다. 내게 영원히 잊히지 않을 장면이었다.

● 2장: 평화로운 꿈의 생활

일상의 평화로움을 표현하기 위해 춤과 풍물을 등장시켰다. 무대 위에서 풍물과 춤꾼들이 어울리며 리듬으로 일상의 평화로움을 자연스럽게 표현했다.

● 3장: 모순과 부조화

인간의 일상 속에서 생활과 정신면의 모순과 부조화를 표현했다. 삶 속에서 모순과 부조화로 인해 평화가 무너지고 정신이 황폐화되어가는 모습을 연출했다.

● 4장: 무사와 여인

세상의 모순과 부조화에 맞서 싸우러 나가는 무사와 무사의 안녕을 기원하는 여인의 마음을 담아냈다. 무사를 향한 그리움과 이겨서 다시 만나기를 염원하는 복본의 정신을 무武와 무舞의 어울림과 조화로 표현했다.

● 5장: 마음의 평정

선善의 모습을 저버리고 불화와 모순으로 얼룩진 인간의 삶을 극복하고 평화를 기원하는 내용이었다. '다게무茶揭舞'는 평화를 기원하고, '공수선차'는 나눔과 조화를 통해 평화롭게 살아온 민족임을 알게 하는 일상의 모습을 표현하였다.

이 무대는 창원차향회의 박정둘, 정도영, 송다겸, 이점순, 구원조, 김혜원, 남영숙, 김순중, 전점란, 김덕연, 김순혜, 박장원, 김나영, 김민순, 김민정, 전미숙, 반은실,

이옥민, 진춘선, 이금숙, 김은숙, 안병선, 김춘덕, 권지영, 노성미 차사와 안산의 안정숙 회원이 함께 했다. 우리 차인들이 무대 위에서 하나가 되어 공수선차를 연출하는 장관은 그 자체로서 마음의 평정을 보여주는 것이었다.

'다게무'는 화윤 선생님과 세 사람의 춤으로 이루어졌다. 화윤 선생님의 놀라운 춤 솜씨는 그 큰 무대를 우아함으로 장식했다. 그리고 이 다게무와 어우러지는 음향은 기계음이 아닌 현장에서 징을 치면서 부르는 구음의 노랫가락이었다. 소리와 춤의 어울림이 보는 사람의 가슴을 울렸으며 우리민족의 정과 한을 고스란히 그려내었다.

다게무에 이어 공수선차가 공연되었다. 30여 명의 차인들이 흐트러짐 없이 각자의 찻상을 들고 등장하는 모습은 비현실적인 환상의 무대를 만들어주었다. 이것이 인간의 모습일까 싶은 감동마저 일어났다. 깊은 산 운무 속에 높이 앉은 스승에게 예를 다하고 서로의 찻상을 마주하고 앉은 제자들과 담소를 나누는 듯 어울리는 장면은 우리 일상의 위계와 서로간의 존엄과 나눔의 아름다움을 펼친 화윤차례문화원의 정원이었다. 이 장면이야말로 복본 공연의 정점이었다.

이 공수선차 공연에서 잊을 수 없는 한 사람이 있다. 그립고 안타까운 동생이면서 친구 같았던 사람이다. 창원차향회 회원이면 누구나 그리운 사람, 보고 싶은 고윤정 박정둘 선생님이다. 지금도 차를 마시며 하늘 정원에서 잘 지내고 계실 것이다.

● 6장: '기상'
● 7장: '결전과 위령'
● 8장: '소통과 어울림'

이렇게 하여 공연은 끝을 맺었다. 8장은 막을 내리는 무대이면서 복본을 향하는 민족의 꿈을 하늘에 올리는 차례였다. 전체 장면의 마지막에서 주인공 화윤 선생님은 연륜과 기품으로 무대를 품었다. 평정된 세상에 감사하는 마음으로 하늘에 올리는 예의 몸짓으로 웅장하고 거대한 무대 위에 한 치의 부족함과 한 숨의 눌림도 없었다. 무대 한 복판에서 800명이 넘는 관객을 사로잡으며 2시간 30분의 긴 연극의 막을 내리는 작은 거인이었다.

뒤에 화윤 선생으로부터 들은 뒷담이지만 너무나 소중하여 꼭 명기하고 싶은 이야기가 있다. 출연자가 100명 이상 되는 이러한 큰 공연은 소요경비도 많이 든다. 어떤 기관의 지원도 없이 공연 티켓을 팔아 충당한다는 것은 어이없는 계획이다. 그래서 모금 후원을 구하기 위해 후원 전담 역할을 두기도 했지만 실제로는 잘 진행되지 않았다. 일머리를 잘 아는 사려 깊은 화윤 선생님은 복본 공연에 참여하는 공연자를 미리 정하고 6개월간의 연습을 위한 준비 프로그램을 진행하였다. 특히 화윤차례문화원 공수선차 공연 참가자들에게 주 1회 두 시간 연습을 제시하고, 연습 기간의 80% 출석자만이 무대에 오르게 하였다. 이러한 약속은 칼같이 진행되어 50명으로 시작하여 끝까지 남은 차인은 26명이었다.

그리고 매월 정해진 월 회비를 자체 저축하여 600만원을 비축하였다. 막바지 공연 티켓이 발급되었을 때는 티켓 판매대금 400만원을 수익으로 잡아서 총 일천만원을 한국문화예술위원회 ARKO 에 조건부 기부를 하였다. 즉 '복본' 공연의 주최인 민족무예예술단 '고구려 대표 박청학'를 지정하여 기부를 하였던 것이다. 이러한 발상은 금액의 많고 적음을 떠나 여자들만이 가지는 특유한 섬세함이랄까 차인이 가지는 실제적인 실천 행위였다. 공연은 기획부터 마무리까지 많은 여운을 남겨 차인들의 지혜와 됨됨이를 돌아보는 훈훈함 그 자체였다.

또한 화윤 선생님은 차가 가지는 명상의 힘을 관객들과 혼연 일체감을 가지기 위해 이미 익숙한 작법임에도 6개월간의 연습 과정을 거치게 하였다. 한 시간은 명상수행을 하고, 나머지 한 시간은 공수선차 차법 수행을 하면서 빈틈없는 명상의 경지으로 몰아갔다. 결과는 앞서 피력했듯이 무대 공연자와 800명 관객이 하나의 숨결로, 하나의 에너지로 융합해 갔다. 연극 연습을 할 때도 나는 늘 명상으로 시작하기 때문에 차도명상의 힘을 잘 알고 있다. 대단한 감동의 물결을 이루었던 것이다.

우여곡절 끝에 '그래도 막은 올라가고 막은 내린다.'는 연극인들의 절박함과 속설을 생각하며 눈물 나게 감동했던 '복본'의 이야기이다. 돌아보니 우리 모두 우뚝 서 있다는 자부심이 일어난다.

화윤차례문화원 창원차향회 회원, 담마요가협회의 담마요가 회원들께 참으로 고생 많이 하셨다고 전하고 싶다. 그때를 회상하니 순간의 추억이 아닌 우리 모두의 역사였음을 알게 된다. 멈출 수 없는 역사를 만들어가는 우리는 오늘도 여러 회원님들과 함께 차를 마신다.

차문화 복본을 또 한 번 꿈꾸며.

12. 민족무예 고구려 복본 차문화 공연

/ 윤정 박정둘

2006. 11. 04. (토) | 창원 성산아트홀 소극장

내일이면 민족무예 예술단 '고구려' 2006년 정기공연 '복본 複本' 공연이 있는 날이다. 우리 화윤선차회에서 이 무대를 위하여 공수선차를 공연하기로 되어 있어 지난 6개월 동안 삼십여 명이 열심히 연습을 해왔다. 그것은 연습이라기보다는 차라리 수행이라 표현해야 맞다. 화윤 선생은 늘 그렇게 표현했기 때문이다. 우리는 한 시간 정도는 반드시 명상요가를 하고 나머지 시간을 명상하는 마음으로 공수선차를 했다.

그런데 나에게 갑자기 큰 병을 발견하게 되어 막바지에는 함께 연습하는 것이 어려워졌다. 그러나 마음으로는 그 공연에 꼭 참여하고 싶었다. 내가 중심이 되어 연습을 해온 것이 이유이기도 하겠지만 큰 병을 가지고 있어서 이번 공연이 내 생애에 있어서 마지막일 수도 있다는 생각이 더 컸기 때문이다.

11월 3일, 경기도 일산에 있는 국립암센터에서 치료를 받고는 내일 있을 공연 참여를 위하여 욕심인지 신명인지 구분이 안 되는 그 힘으로 소요시간을 줄일 량으로 귀가 길에 비행기를 탔다. 그러나 사정은 달랐다. 고도가 높아지자 비행기 내에서 나는 혼절을 하고 급기야는 휠체어를 타고 김해 항공을 빠져나와 택시에 몸을 싣고 택시 기사에게 나를 의탁하게 되었다. 아마도 치료 쇼크가 작용하였던 모양이다. 마음이 절망할 사이도 없었다. 그것은 사치일 뿐이었다.

공연 총 리허설을 하고 있는 화윤 언니를 불러 택시 기사로부터 인도된 나는 밤

9시에 집에 도착하였다. '욕심이 지나쳐 이 고생을 하는구나!' 생각하면서도 생의 시간에 쫓기는 마음이었다. 찬물 한 잔을 마시고 나는 그냥 잠자리에 들었다. 다행히도 깊은 잠 속으로 스며들었고 다음날 새벽 5시에 맑은 정신으로 잠자리에서 깨어났다.

손을 간단히 씻고는 거실의 찻상 앞에 앉아 잠시 명상에 들었다. 그리고 차악茶樂에 맞추어 혼자 공수선차를 수행하였다. 생각이 물 흐르듯이 자연스러웠고 차 마심의 행위도 저절로 물 흐르듯 하였다. 참으로 이것을 적멸이라 하지 않을까 하는 행복감에 솟구쳤다.

4일의 공연은 3시와 7시 두 차례에 걸쳐 성산아트홀 소극장에서 이루어진다. 나는 드디어 3시 공연에 임하게 되었다. 우리 화윤선차회 회원들은 그리운 이를 만난 듯 나를 반겨주어서 너무나 감사하였다. 공연은 차례에 따라 진행되었다.

앞서의 공연에서 인간의 참모습과 조상의 얼을 저버리고 사는 세상의 불화와 모순을 그리고, 그것을 극복하고 삶의 평화를 기원하는 의미의 차게무茶揭舞를 화윤 선생님과 세 명의 헌무獻舞가 하였다.

그리고 차를 따라주고 마시면서 함께 나누며 조화롭게 살아온 민족임을 알게 하고, 일상의 생활문화를 통해 근원을 찾아가고 싶다는 복본復本의 의미를 표현했다. 일상과 마음의 평온을 찾아가는 공수선차의 어울림을 표현하는 자리에 나도 함께 앉게 되었다. 그것도 가장 중심의 앞에 앉게 되니 나의 생애에 큰 의미일 것이다.

나를 중심으로 한 꼭짓점을 정하고 연출자 김은림 선생의 지도에 따라 26명의 차인이 각자 자리를 정했다. 화윤 선생은 무대 맨 뒤쪽의 꼬리 점으로 배치되어 직각 삼각형의 모양을 이루었다. 화윤 선생님은 따로 떨어져 격외로 자리 배치를 하였으나 실은 계단의 높은 자리에 앉은 형태였다.

차 음악이 은은히 흐르고 거기에 맞추어 우리 모두는 하나의 호흡, 하나의 에너지로 공수선차 시연을 시작하였다. 그것은 시연이나 공연이라기보다는 명상수행의 장이었다.

공연장 가득한 관객들도 함께 숨을 쉬며 우리들의 에너지의 파장 안으로 빨려 들어와 바로 하나가 되어버렸다. 그것을 나는 확연히 느껴 온몸이 희열로 가득 찬 듯하였다.. 차를 한 모금 마시고 호흡을 가다듬어 관객을 바라보았다. 마주치는 관객들의 눈에서 '아!~' 그들도 우리들과 함께 호흡하고 있음을 알았다.

함께 숨 쉬고, 함께 음미하고, 함께 생각이 모이는 한자리.
그것은 차가 우리 인간에게 주는 최상의 선물일 것이다.
신이 인간에게 내린 최상의 선물이 바로 차라고 하였듯이 말이다.

*이 공연에 참여한 윤정 차사는 2년간의 폐암 투병 끝에 고인이 되었다. 투병 중에 시조집 「산막일기」를 남겼다.

13. 단원 김홍도 평생도 회혼례 시연

/ 윤청 안정윤

계절이 거듭나는 코로나-19 펜데믹으로 서로가 만나지 못하고 그리움만 가득하던 2021년 4월 어느 날, 윤도와 함께 화윤당을 찾아 화윤 선생님을 뵈었다. 기념집 출간을 위해 각 차사에게 주어진 과제 중 내 몫의 제목을 받아들고 돌아왔다. 찾아낸 자료들로 글을 정리하다 보니 잘 써내야 한다는 부담감보다 한 편의 추억으로 깊은 감회가 일어난다.

회혼례는 해로한 부부가 혼인한 후 예순 돌을 축하하는 기념잔치로 자손들이 주로 그 부모를 위해서 친척 친지들을 초대하여 성대한 잔치를 베푸는 것이다. 혼인예식을 다시 치르며 자손들의 헌수獻壽와 친지들로부터 축하를 받는 것으로, 수명이 길지 못하였던 과거에 회혼례란 극히 보기 드문 일로서 여러 사람들의 부러움의 대상이 되었다고 한다. 회혼례는 유교를 신봉하던 전통사회에서 특히 효孝의 사상을 구현하고자 하는 의미가 깊었던 것으로 자손 중에 먼저 세상을 떠난 자가 없어야 하며 집 안이 편해야 했다고 한다.

이러한 뜻깊은 행사가 안산 단원전시관에서 화윤 선생님이 이끄시는 한국전통문화 협회의 아름다운 차인들에 의해 성대하게 펼쳐졌다.

3개월 동안 수차례 준비 회의를 하며 회혼례의 주인공과 배역을 정하고 홀기와 초례상, 수연상, 의복 등의 재현을 위해 철저히 고증된 자료를 구해서 준비해나갔다. 무대 재현과 각종 소품 구입을 위한 발품을 팔고 시행착오를 거듭했지만 무엇보다 화합과 협력 없이는 불가능했을 그 순간들을 생각하니 가슴이 뛴다. 모두 제각기 바쁜 시간을 뒤로하고 열정을 기울여 참여한 한국전통문화협회 회원과 그 가족들의 거듭

된 연습을 통해 이루어 낸 결과는 실전의 아름다움과 조화를 이루었고 도록까지 출간하였다.

2009년 10월 11일, 화윤 선생님의 지도 속에 안산 차인들이 이루어낸 '단원 김홍도의 평생도에 나타난 회혼례 시연' 행사에서 내가 사회를 맡은 경험은 차사로서의 자긍심을 가슴에 세운, 두 번은 찾아오기 어려운 기회였다.

회혼례 재현행사의 아름다운 추억, 그 소중한 발자취를 되돌아본다.

회혼례 시연의 계획

2009년 7월, 화윤 선생님께서 10월의 단원 김홍도의 축제기간 중에 한국전통문화 협회에서는 '김홍도의 평생도에 나타난 회혼례'를 재현해 보자는 제안을 하셨다. 의미있는 행사가 될 것이라는 막연한 기대감과 자신감으로 10월 11일을 행사일로 정하고 모두 한마음이 되어 시연 행사를 위한 총 계획을 준비하고 실현해 나갔다. 이로써 고령화 시대에 경로사상을 바탕으로 한 전통문화의 소중함을 되새기고 우리의 문화를 복원하여 미래를 향한 문화 전승의 계기로 삼을 수 있다는 자긍심도 충만했다. 홀기를 몇 번이나 수정하고 치우침 없는 역할 분담표를 만들고, 행사장을 수차례 둘러보고, 필요한 도구를 수집하거나 빌리거나 실제 제작하거나 하는 일들을 모두 주인이 되어 끊임없이 준비해 나가던 열정, 그 모두가 소중한 경험이었다.

고증 및 배역 결정

회혼례의 초례상 설치와 수연상 상차림 등의 고증과 의례 절차인 홀기를 완성하고 당상 집례관과 당하 집례관을 결정하였다. 평생도의 회혼례에 참석한 인물들과 당시의 복식에 대한 고증을 통하여 회혼례 시연에 등장할 주인공을 비롯한 자손들의 설정, 수모 등 그 역할이 화윤선생님의 통찰력과 지도력으로 차별 없이 결정되었다. 많은 출연자가 필요하여 회원은 물론 김이순 도반의 사위와 따님과 손자 손녀, 박미자 원장님 내외분과 아드님, 장동선 교사의 온 가족, 윤도의 예쁜 따님 인애, 윤청의 질녀 등 회원의 가족과 지인까지 동원하였다.

회혼례의 주인공 선정을 위해 안산지역 내의 여러 경로를 통해서 지원자 모집 공고를 내기도 했다. 합당한 조건에 가장 가까운 예덕수, 손현수 부부를 회혼례의 주인공으로 모시게 되었다. 손현수 선생은 안산차향회 초기 회원으로서 최고령자이고 차 생활을 아름답게 하신 분이다. 특별히 회혼례의 찬자贊者 역할은 주인공의 큰아들과 큰며느리가 담당하기로 하였다. 진행순서는 1부 순서인 회혼례와 2부 순서인 수연례로 나누고 회혼례 전체 행사가 끝나면 손님들을 대접하는 연회 대신에 차를 대접하는 차회로 진행하기로 하였다.

회혼례 홀기

회혼례 재현의 절차 과정은 가능한 그 당시의 시대상을 반영하여 고증하고 성균관의 예를 근간으로 하였으며 고증에 어려움이 있는 것은 시의時宜에 적절하도록 운용하였다. 예서 등에서 회혼례의 홀기를 따로 찾을 수가 없어서 혼인례의 홀기에서 전안례와 폐백절차를 생략하고, 그 대신 번창한 자손들이 헌수하는 수연례를 두었다.

회혼례 집례는 한문 홀기 창홀자인 당상 집례자와 한글 홀기 창홀자인 당하 집례자로 나누었다. 수연례 집례는 시간의 한계로 한글 홀기로만 진행하였다. 전체 사회를 두어 현대와 과거 전통의 이해를 이어 주었다.

초례상과 수연례 상차림

부족한 재원을 고려하여 고가인 초례상 구입은 포기하고 사진을 참고하여 한성 만남의 도움으로 제작하였다. 답십리 골동품 집을 뒤져 관세 대야를 구입하고 행사에 필요한 고가품 일부는 개인이 구입하여 내어놓는 넉넉함도 비일비재하였다. 윤중은 재봉 솜씨가 좋아서 여러 개의 상보, 작은 소품 등을 직접 만들어 주셨다.

초례상과 수연상 차림에 필요한 그릇과 소품 등은 안양 요리학원 김윤자 원장님께서 흔쾌히 빌려주셨다. 수연상의 음식차림은 이문자 요리장님께서 직접 만들어 주셨다.

복식

성균관의 전통혼례식을 직접 찾아가서 참관하며 석전 보존회 전수자를 찾아 자문을 구하였다. 회혼례 복식 재현에 전시회까지 준비하느라 수고하시던 이윤숙 침장님은 같은 식구라 할지라도 쉽지 않은 일에 기꺼이 회혼례 신랑 신부의 복식을 준비해 주시고 시연 참가자들의 배역에 맞는 특별한 의상준비에 큰 도움을 주셨다. 한복은 각자 준비하였고 족두리, 수염, 갓, 호족상, 쪽, 비녀, 첩지 등은 동대문 광장 시장을 여러 번 다니며 구입하였다.

회혼례 시연행사 초대의 글

조선 후기 문예 부흥기의 시대상을 가장 잘 보여주는 단원 김홍도의 평생도(平生圖)에 나타난 회혼례는 당시의 생활문화를 고증하는 매우 의미 있는 자료입니다.
김홍도 평생도의 주인공인 모당 홍이상(1549년-1615)과 담와 홍계희(1703~1771)는 시대는 달리하지만 조선의 이름난 문신들입니다.

나라의 대소벼슬을 두루 마치고 수명장수까지 얻어 당시 사람들의 염원을 담았던 인물의 회혼례를 재현하여 오늘의 귀감으로 삼는 것은 후손들의 미래를 엮어가는 데 중요한 시금석이 될 것입니다. 또한, 이를 계기로 안산의 자랑인 단원 김홍도의 예술정신을 오늘날 일상의 삶에 견주어보는 기회도 될 것입니다.

김홍도의 평생도에 나타난 회혼례 재현을 통하여 당시의 옷차림과 상차림과 일상풍속 등 선조들의 아름다운 전통을 살펴서 오늘에 다시 새겨보는 일은 참으로 역사적 의미가 깊은 일입니다. 공자께서 말씀하신 "옛 것을 잊지 않고 새것을 알면 스승이 될 수 있다."는 '온고지신'의 이치를 잘 살려내는 일일 것입니다.

본 회혼례 재현의 절차과정은 가능한 그 당시의 시대상을 반영하여 고증하고 성균관의 예를 근간으로 하였으며 고증에 어려움이 있는 것은 시의에 적절하도록 운용하였음을 밝힙니다. 그 역사적 의의를 다 함께 나누시길 소망합니다.

〈한국전통문화협회 회장 박남식〉

회혼례 시연

'09 신종인플루엔자 유행의 영향으로 2009 단원 축제의 본 행사는 취소되었다. 그러나 부족한듯하지만 최선을 다 했던 연습의 시간을 마치고 드디어 한국 전통문화협회 회원들의 저력을 보여줄 회혼례 행사는 거행되었다.

당상집례관(전성균관 전례위원장 최성종 선생)과 당하집례관(윤중)의 진행에 따라 초례를 마치고 이어진 수연례의 주인공 신랑 예덕수님, 신부 손현수님과 온 가족이 함께하였고 회혼례를 치르는 부모님을 위해 큰아들이 섹스폰을 연주해 드리며 남다른 효심을 보여주었다. 특별히 우리 단체의 행사 때마다 성원을 아끼지 않는 안산시립국악단(단장 김명민)의 연주협찬이 행사자리를 더욱 빛내 주었다.

회원과 회원의 가족 50여 명 이상이 함께 이루어 낸 아름다운 쾌거는 차의 조화로운 정신의 힘이라고 믿어 의심하지 않는다.

도록의 출간

행사를 마무리하고 그 결실을 기록으로 남기고자 국회의원, 시장님, 문화원장님 등 내빈의 인사글, 진행홀기 순서에 맞춘 사진 자료, 함께 한 회원들의 소감, 화윤선생님의 마무리 인사 등을 엮어 [단원 김홍도 평생도에 나타난 회혼례 재현]의 도록을 제작하였다.

자부심으로 남은 아름다운 그날

긍정적인 자세로 연습에 임하며 창조적인 아이디어를 내놓기에 아낌없이 기운을 보태었던 한국전통문화협회 차인들!

각기 다른 성격의 차도예절 단체가 모인 협의체가 함께 큰 행사를 도모한다는 것은 정말 쉬운 일이 아닐 것이다. 더욱 큰 의미를 두게 되는 것은, 다중의 힘이 토대가 된 아름다운 결실이 기쁨을 배가시킬 수 있기 때문이다.

일요일인데도 행사를 지켜보기 위하여 끝까지 함께 해 주신 안산시 원복록 문화예술과장님과 담당 계장님, 도반이신 윤진 신항주 시의원, 여성회관 실무주무관 들이 행사의 원동력이 되어 주셨다. 언제나 소리 없이 지원해주셨던 김명민 안산시립

국악단 단장님과 소중한 순간들을 남겨 주시기 위하여 서울에서 오신 안팽주 사진작가님, 그리고 비디오 촬영 팀과 음향 팀들의 노고로 우리들의 추억이 고스란히 남아있다.

화윤 선생님은 평생도의 논문을 찾고 회혼례의 자료를 고증하기 위해 동분서주 하고 상차림에 대한 논의를 위하여 밤늦게까지 야단법석을 떨던 빈진수 총무, 윤중과 나, 이 세 사람의 팀웍은 소라도 잡을 듯하다고 하셨다.

고증과 사전 답사, 구입과 제작을 위한 동분서주, 반복된 연습, 분장실의 모습들, 호기심 가득 안고 행사장을 빛내 주던 손님들, 차 나눔 자리 등 재현행사의 소중한 순간들을 사진으로 담아 정리해준 윤도 차사의 정성, 그리고 회혼례 재현의 산물인 도록의 출간!

어쩌면 짧았을 수 있는 긴 시간의 준비과정, 행사를 바라보는 서로 다른 생각들, 많았던 우여곡절은 행사가 펼쳐지면서 모두 사라지고 함께하여 이루었다는 감동과 감사만이 남았다. 스스로를 믿고 서로가 의지하며 숨은 노력과 열정으로 함께 회혼례 재현을 이루어낸 2009년 가을은, 차인으로서의 가슴에 아름다운 추억과 자부심으로 새겨졌다.

차의 인연으로 화윤 선생님의 제자가 되어 깊이 있는 가르침 속에 화윤 선차회의 차향 가득한 길을 묵묵히 함께 걸어오고 있는 도반들과 이루어내었던 지난 행적과 추억들이 주마등처럼 스쳐 지나간다..

그 소중한 시간들의 중심에 계시는 화윤선생님께 감사와 존경의 마음을 올린다.

14. 안산평화의집 장애인 명상 차도교실

/ 윤청 안정윤

안산차향회는 안산여성회관 차도교실 수료생들의 동아리다. 차 생활이 가지는 사회적 의미의 핵심은 더불어 함께하는 것이다. 차를 매개로 하여 지역사회에서 동아리 활동을 하다가 차 한 잔의 나눔이 소외된 계층을 찾아가야 된다는 결론에 도달하였다. 장애인들의 시설인 '안산평화의집'을 선정하고 먼저 평화의집 모든 식구들에게 차를 대접하기로 하고 약간의 다식을 준비하여 정성들여 우린 차를 대접하였다. 음용 테라피적인 효능을 평화의집 실무자에게 설명하고 의논 끝에 장애인들에게 차도교실 프로그램을 열기로 하였다.

평화의집에서는 장애 상태에 따라 차도교실 프로그램에 참여 가능한 장애인들을 정하기로 하였다. 안산차향회에서는 두 사람이 한 조가 되어 네 조를 편성하였다. 일주일에 한 조씩 차도지도봉사를 하게 되면 각 개인은 월 1회 봉사이기 때문에 시간상으로 크게 부담이 안 된다는 생각이었다. 장애인들은 7명이 선정되었다. 그러나 막상 진행하려고 하자 몇 가지 어려움이 나타났다.

첫번째, 일곱 사람의 수대로 차구가 필요한데 평화의 집에는 그것이 준비되기가 어려웠다. 안산차향회에서 몇 벌의 차구를 준비하고 주변의 여분 차구를 수집하였다.

두번째, 특수상황의 장애인 지도경험이 없어서 회원들이 부담스러움을 가지고 있었다.

세번째, 평화의집이 시내중심에서 떨어진 곳에 위치하고 있어 거리상 불편함이 있었다. 대중교통을 이용하기에는 시간이 너무 걸리는 어려움 때문에 2004년 1월부터 시작하기로 했던 프로그램 실시 날짜가 두 달이나 늦춰졌다. 아무것도 개선되지 않은 채 봉사의 필요성과 그 결의에 의해서 시작되었다. 처음 시작이 어려웠다. 그러나 첫 번째 조의 경험이 다른 봉사자들에게 매우 힘을 주었다. 즐거워하고 행복해하는 장애인들의 모습이 여러가지 어려움을 가리게 하였다. 장애인들의 순수함과 서로를 위하는 모습으로 차도강사들이 오히려 즐거움과 보람을 안고 돌아왔다. 그러나 차 법을 익혀나가는 데는 상당한 시간이 소요되었다.

똑 같은 방법을 매번 반복하여 완전하게 인지되면 그들은 절대 틀리지 않았다. 생각의 단순함과 산만함을 달래어 가는 동안 봉사자의 인내심도 함께 성장하고 있었다. 뭔가 성취동기를 부여하는 것이 좋겠다고 생각하고 전국장애인들의 기능경연대회에 나가보자고 권유하고 일깨워 나갔다. 차법을 완전히 익히지 않은 상태에서 이들에게 방학을 두면 다시 원위치로 돌아가기 때문에 방학을 두지 않기로 하였다. 여름 휴가철을 맞이하면서 봉사자들의 조의 결속이 좀 흐트러지기 시작하였다. 3개월이 진행된 상태에서 중간 평가를 하고는 한 조가 주도가 되어 보다 집중적으로 지도하기로 하였다. 그 전담 역할을 윤진과 김영옥 회원이 고정된 팀을 이루었다. 그 외의 봉사자들은 편안하게 참여하기로 하였다. 매 강의가 있은 후에는 활동일지를 철저하게 쓰고 문제점이나 어려움을 안산차향회에 보고하여 함께 해결해갔다.

10월 8~10일에 개최된 제6회 단원 김홍도축제의 개막일에 평화의집 장애인들이 차도시연을 하기로 하였다. 목표가 정해지자 그들은 매우 의욕적인 자세로 임하였다. 연습 마지막 날에는 그들의 요구에 의하여 세 차례나 더 연습하기도 하였다. 그러한 그들의 열성이 안산차향회 회원들을 감동시켰다.

시연행사에서 그들의 모습은 매우 진지하였고 장애인과 비장애인들에게 차를 대접하는 모습이 함께 자리한 모든 사람들에게 감동을 주어서 훈훈한 이야기가 되었다. 2004년 10월 20일에는 EBS교육방송에서 안산차향회와 평화의집 차도교실프로그램이 소개 방영되기도 하였다. 차도교실 프로그램에 참가한 장애인들의 많은 변화와 성장을 보며 차인으로서 매우 큰 보람을 느꼈다. 장애인들은 모든 일에 자신감을 갖게 되었고, 행동이 진중해지고 자신의 주변을 정리하는 습관이 생겼다. 스스로 차 마시는 행위의 멋을 자랑으로 여기며, 동료 간의 이해와 결속이 강화되었다. 또한 상대방을 챙기고 대접하려는 자세도 생겼다.

실제로는 장애인들을 위한 차도교실프로그램에는 몇 가지 보완점이 필요했다. 먼저 지도 공간이 안정적으로 확보되고 필요한 기구들이 준비되어야 하고 지도강사의 안정적인 활동을 위하여 활동비의 재정확보가 필요했다. 원활한 운영을 위하여 지역사회와 유기적인 연계를 가지고 보다 체계적인 지원시스템을 확보하는 것이 필요했다. 지방자치단체에서 안정된 예산을 편성하고 강사파견을 지원하는 정책적인 배려가 뒷받침되어야 했다.

21C 정보화 사회는 고정관념을 탈피한 창의성, 개성, 자유가 요구되는 전문기술의 시대다. 미래사회는 자기개성이 존중되고 자기고유문화를 창달시킬 수 있는 창의적 두뇌와 감동을 주는 재미가 중요하다. 서로 다른 사람들간에 이해하는 능력과 서로 다른 것을 즐기는 다양성이 요구되는 공동체 정신이 필요하다. 현대인은 미래사회를 대비하는 자세가 요구된다. 그러기 위해서는 '나'부터 변화해야 한다는 전제가 붙는다. 개인의 삶이 사회 전체구조를 생각하는 대안적인 모습이 되어야 한다. 그러한 인성을 갖추기에 적절한 사람이 바로 명상의 에너지가 넘치는 사람이라고 본다. 건강한 사회에너지의 구축을 위해 폭넓은 대안과 제안이 요구된다.

보다 소외된 계층을 향해서 그들을 찾아가는 평생교육의 복지가 새롭게 구축되어야 하고 그 실천 활동을 위하여 제도적인 뒷받침과 국가와 지방자치단체 차원의 건강정책의 장기적인 접근이 무엇보다 시급하다. 체계적인 봉사훈련활동의 지원으로 봉사자들의 사회관과 역사관이 보다 명확해야 한다.

차도교실프로그램 대상자 장애특성과 변화[7] 2004년 10월 현재

번호	성명	나이	장애유형	장애상태와 변화
1	오○○	63세	지체장애 2급	5년 전에 입소한 오○○할머니는 척수의 손상으로 하반신이 마비되어 휠체어 생활을 하고 있다. 평소에 독서와 손 뜨개질을 취미로 하고 계시는 할머니는 항상 기도와 찬양으로 시설의 다른 가족들을 보살펴 주고 있다.
2	노○○	26세	정신지체 3급	소극적이고 내성적인 성향을 가진 노○○씨는 정신지체 3급으로 모든 프로그램에 있어서는 적극적으로 참여하고 있다. 차도교실프로그램에 처음부터 적극성을 보였으며 차도교실 대상자들을 독려해서 프로그램 효율성을 높이는데 공헌을 많이 한다.
3	강○○	33세	정신지체 2급	하트걸이라는 애칭을 가진 강○○씨는 애교가 많고 사교성이 풍부하며 노래를 아주 잘한다. 또한 모든 일에 관심이 많고 참여하고자 하는 의지가 돋보이는 강○○씨는 차도교실프로그램에 처음에는 싫증을 잘 내고 참여율이 저조했으나 차츰 관심도가 높아져 현재 아주 열심히 하고 있다.
4	최○○	29세	정신지체 3급	토끼처럼 뛰어나온 앞니가 매력적인 토끼소녀 최○○씨는 한쪽 편마비로 손이 부자연스러운 상황에서도 차도에 대한 참여율이 높다. 처음에는 본인의 핸디캡으로 인해 소극적이었으나 주위의 칭찬이나 격려로 많은 힘을 얻고 있다.
5	조○○	38세	정신지체 1급	남자로 차도교실프로그램을 시작하던 때 걱정을 많이 했으나 조용하고 온화한 성격으로 차도교실프로그램에 많은 흥미를 갖고 있다. 반복적인 언어나 고자질을 잘 하는 아저씨지만 차도프로그램을 수행할 때는 어느 누구보다도 진지한 모습을 보여주고 있다.
6	고○○	21세	정신지체 2급	차도교실프로그램에 제일 늦게 합류한 고○○씨는 소극적이고 내성적인 성향이지만 재미있게 프로그램에 잘 참여하고 있으며 배우는 속도 또한 다른 사람에 비해 빠른 편이다. 내재된 폭력성이 있는 고○○씨에게 차도는 다른 어떤 프로그램보다 심리적 안정을 위해 유익한 프로그램으로 보여진다.
7	한○○	23세	정신지체 2급	말이 많고 행동이 느린 한○○씨는 차도교실프로그램 중 자세나 많은 부분에 있어, 향상된 모습이 보여 지는 반면에 프로그램 진행 내내 자신의 관심분야에 대해 끊임없이 얘기하는 습관이 있어 차도교실프로그램 진행 중 많은 애로점이 있었다.

7   자료제공 : 이인숙 평회의집 실무자.

평화의집 차도교실 봉사일지 발췌[8]

2004. 5. 27.

평화의 집 차도식구들은 오늘도 건강한 모습으로 만났다. 정말 반가웠다. 모두들 소중한 분들이다. 어제 체육대회를 해서 모두들 조금은 피곤해했다. 수업은 열시부터 시작했다. 순서를 아주 잘 암기하고 있었다. 오늘부터 순서는 웬만큼 아니까 동작 하나하나에 신경을 쓰며 자세를 중요하게 하여 바른 자세를 잡으려고 노력하였다. 모두들 열심히 해서 11시 30분에 끝이나 아주 잘했다. 힘은 들었지만 보람된 하루, 행복한 하루, 즐거운 하루였다.

2004. 6. 3.

몇 분이 밖에 나와서 우리를 기다리고 있었다. 개인적으로는 너무 힘들고 몸이 아주 아파서 오늘 하루를 쉬고 싶은 마음뿐이었다. 그런데 평화의집 친구들을 생각하면 아픈 몸을 이끌고 오지 않을 수가 없었다. 집밖에서 기다리는 이 천사들을 위해서 하루도 게으름을 피울 수가 없었다. 탕관이 없어서 힘들었지만 아주 좋았다. 선이씨가 몸이 아프고 감기기운이 있다면서 하기 싫어했다. 그래도 칭찬하고 안아주고 달래고 했더니 기분이 많이 풀린 것 같다. 모두들 인정받고 싶어하는 모습들이었다.

---

8 평화의집 차도교실봉사일지 발췌는 안산차향회 윤진 신항주 차인의 일지에서 가져옴.

2004. 6. 10.

화윤 和胤 박남식 선생님께서 몹시 바쁘실 텐데도 직접 강의를 하신다고 오셨다. 오늘은 평화의 집 장애인 식구들이 우리 모두에게 특별한 감동을 주었다. 차도공부 자리에 들어갔을 때 전과는 방향이 다르게 찻상이 놓여 있었다. 말없이 선생들이 찻상의 방향을 바꾸어 마당 쪽으로 돌려놓자, 일부러 그렇게 반대방향으로 놓았노라고 하였다. 마당 쪽을 향해서 학생들이 앉으면, 미경씨가 차도공부에 집중하지 않고 마당에서 일어나는 모든 것 하나하나에 간섭을 하니까 집중을 도우려고 방향을 바꾸어서 차도 선생이 마당 쪽을 향하도록 하였다. 동료를 배려하는 마음이 얼마나 아름다운지 가슴이 뭉클하였다. 큰 선생님 오셨다고 오늘은 모두 더욱 집중해서 잘도 따라하였다. 화윤선생님도 잘 한다고 칭찬하셨다. 평화의집 차벗들이 우리들에게 보람과 교훈을 안겨주었다.

2004. 7. 2.

지난주에는 평화의집 친구들이 의정부 행사 참석으로 차도교실을 하루 쉬었다. 일주일 보지 못했다고 너무 반가워서 난리가 났다. 평화의집 행사로 한 주의 강의가 빠지니깐 정말 엉망이었다. 처음부터 하나하나 다시 시작하는 기분으로 독수선차 獨修禪茶 를 두 번 시연했다. 한 주라도 빠지면 절대로 안 되겠다.

2004. 7. 22.

롤 케익을 한 줄 사가지고 평화의집으로 갔다. 자세들이 아주 아름답다. 이제 우리 학생들도 어느 정도 차 맛을 안다. 대견스럽다. 지금부터는 잘못하면 조금씩 혼을 내면서 자세를 확실하게 바로 잡아주어야 되겠다고 생각했다. 평화의 집에서는 8월에 여름방학을 하자고 했는데, 강의를 쉬면 말짱 도루묵이 될 것 같아서 강의를 계속하자고 했다. 어느 무대라도 한번 서서 자신감을 심어주고 싶다는 생각을 했다. 표정들이 너무 밝아져서 보람차다.

2004. 7. 28.

차도시연을 두 번 하고 평화의 집 실무자인 이인숙 선생과 9월 쯤 평화의집 식구들을 데리고 안산여성회관 차도교실에서 연습시키는 걸 의논했다. 모든 것이 갖추어져 있고 좀 더 안온한 환경에서 차도공부를 하고 차를 한잔 마시게 하고 싶었다. 이제 차구를 어느 정도 다룰 줄 안다. 제대로 된 차구 세트를 마련해주고 싶어서 주변 분들한테 조금씩 지원을 부탁했더니 흔쾌히 도와주겠다고 하였다. 아직도 우리사회는 훈훈하고 따뜻한가 보다.

2004. 8. 19.

아침부터 비가 오기 시작했다. 두 번 차도시연 실습을 하였다.
해마다 안산시가 주최하는 단원 김홍도축제가 10월 초에 있다. 단원풍속도에 나타난 차 마심을 학생들과 시민들에게 체험시키기 위한 차도체험행사를 안산차향회가 주관하여 작년부터 3일간 참여하고 있다. 이 행사 중에 평화의집 차도반이 차도시연을 해봄이 어떨까하여서 이인숙 선생과 상의했다. 건강한 우리들은 이분들을 위해서 최선을 다해서 도와줘야 되겠다는 생각이 더욱 절실해졌다. 돌아와서 단원축제에 평화의집 차도시연을 화윤 선생님과 상의하였더니 아주 좋은 안이라고 하셨다.

15. 국립국악원 '신춘차회', '설·여민동락' 접빈차회 공연

/ 윤단 이금숙

화윤선차회 회원으로서 다양한 문화행사에 참여하면서 차는 나와 세상을 아름답게 이어주고 추억을 선물해준 고마운 존재였다. 그 중에서도 국립국악원에서 행한 접빈차례는 차인으로서의 자부심과 화윤선차회에 대한 자긍심을 느끼는 시간이었다.

2013년 계사년을 맞아 국립국악원이 기획한 2월 4일 입춘일의 '입춘차회'와 2월 10일~11일에 걸쳐 '설·여민동락與民同樂' 문화공연에 올린 접빈차례에 동참하게 되었다. 날짜별 접빈차례 참가자와 역할은 다음과 같다.

날짜	차회명	명주	시자
2월 4일(월), 입춘	입춘차회	박남식	이정옥, 권부귀
		차문정	이영옥, 공차임
2월 10일(일), 설	설·여민동락	박남식	이정옥, 박창신
		정도영	이영옥, 박경자, 이금숙
2월 11일(월), 설		박남식	이정옥, 박창신
		정도영	이영옥, 박경자, 이금숙

공연을 위해 안양과 창원 회원들이 각각 연습을 하고, 2월 1일 금요일 국립국악원 예악당에서 만나 무대 세팅을 완료했다. 2월 3일 안양의 화윤차례문화원에 모여 합동연습을 하고 다음 날 10시부터 1시 30분까지 예악당 무대에서 리허설을 했다. 2월 4일 월요일 오후 4시에 신춘차회 공연을 했다.

또 2월 10일은 '설·여민동락' 공연을 위한 리허설을 하고 이틀간 두 차례 공연을 했다. 그런 멋진 무대에 차인으로서 설 수 있었다는 것이 지금도 가슴 두근거린다. 또 그런 기회를 만들어 주신 화윤 선생님에 대한 감사와 존경의 마음을 잊을 수 없다.

국립국악원은 새해를 맞으며 지난 해 동안 받은 은혜와 사랑에 대한 고마운 마음을 전하고 싶은 이들과 올 한 해의 소망을 기원하며, 덕담과 차 한잔의 예를 갖추어 정을 나눌 수 있는 자리를 마련했다. 옛 선조들이 예의를 갖춰 손님에게 차를 대접했던 '접빈차례' 형식에, 노래, 음악과 춤, 그림이 어우러진 '풍류차회'를 더해 정감 있는 세시풍속을 느낄 수 있게 기획된 공연이었다.

1부: '접빈차례(接賓茶禮)'와 '풍류차회(風流茶會)'

1부 차례는 이벤트를 통해 선발된 손님 16명이 각각 하루에 8명씩 무대 양쪽에 초대되어 자리했다. 그분들을 위해 화윤 선생님과 우리 회원들이 차를 대접했다. 접빈차례를 행하는 동안 국립국악원 정악단, 무용단, 민속악단, 창작악단, 유소년국악단 푸르미르 70여 명의 단원들이 공연을 했다. 궁중무용 '처용무'와 경기민요, 서도민요, 남도민요를 공연하고, 관현악으로 들어보는 명절 동요 '설날'과 프론티어, 아름다운나라, 판놀음을 차례로 펼쳤다.

처용무에서 오방을 상징하는 옷을 입고 다섯 사람이 등장하여 춤을 추었다. 이 춤은 한 해를 보내고 마지막 날에 악귀를 몰아내는 궁중 의식으로 새해에 왕실의 평화를 기원하기 위해 춘 춤이라고 한다. 우리가 그 무대에 함께 있었고 그 좋은 기운을 온몸으로 받았다. 국악과 함께 명절 분위기를 느끼는 것도 좋은데, 우리 화윤선차회가 접빈차례를 예술 공연 무대에 어우러지게 연출할 수 있었던 것이 얼마나 뿌듯했는지 모른다.

일반인들 신청을 받아 16명을 추첨하는 평등한 손님 선정 방법도 마음에 들었다. 그리고 그분들에게 우리 차회에서 맑고 향기로운 차를 내어 드리는 것도 행복했다. 노래, 음악, 춤, 그림이 어우러진 '풍류차회'에 우리 차가 어울림으로서 전통문화를 발전시키고 전승하는 역할을 담당하고 있음을 스스로 느끼는 시간이었다.

공연이 펼쳐지는 동안 무대 위에는 심은 전정우 선생이 국립국악원의 신년 휘호인 '화이부동 和而不同, 여민동락 與民同樂'을, 우송헌 김영삼 선생이 계사년의 상징인 뱀을 그려내는 격조 높은 퍼포먼스를 선보였다. 이 과정들은 공연 하는 내내 무대 영상을 통해 생생하게 관객들에게 전달되었다. '화이부동, 여민동락'은 서로의 다양성을 인정하며 우리 음악으로 화합하고 온 국민이 더불어 즐기는 국악이라는 의미를 담고 있었다.

2부: 국립국악원 단원들의 공연

2부는 야외광장에서 국립국악원 민속악단 연희부 단원들이 신명나는 길놀이와 한 해의 안녕을 기원하는 비나리와 국립국악원 무용단의 소고춤이 펼쳐졌다. 더불어 관객들에게 전통주와 한과가 제공되어, 민족 대명절인 설의 분위기를 한층 더 뜨겁게 달구었다.

무대 위에 각자 찻자리를 펼치고 팽주와 시자의 배역을 정하고 손님맞이를 했다. 화윤 선생님은 윤슬, 윤중이 시자를 맡아 찻자리를 펼치고, 윤상은 윤부와 내가 시자를 맡아 찻자리를 펼쳤다. 팽주를 따라 시자가 입장하여 자리를 정해 앉았다.

차를 우리기 위해 차상 보를 함께 거두었을 때 뒤에서 궁중음악이 연주되었다. 처용무, 민요, 대금산조, 궁중무용 등에 어울리게 우리의 손길은 자연스럽게 차를 우리고 올리는 움직임이 물 흐르듯 잘 진행되었다. 안양차회의 윤사와 화륜 차사도 오셔서 무대 뒤에서 우리를 도왔고, 백이운 시조시인과 윤종남 시인도 오셔서 응원해주셨다.

또 풍성한 설 명절의 정취를 느낄 수 있도록 공연 전 2시간, 후 1시간까지 국립국악원 야외광장에서는 제기차기, 투호 및 짚신 모양의 썰매 등 전통 민속놀이 체험이 제공되었다. 또 예악당의 로비에서는 토정비결 체험과 서예가의 가훈 써주기도 준비되어 참가자들의 흥미를 끌었다.

공연을 마치고

　공연을 마치고 우리들은 여유 있게 국악원의 이곳저곳을 구경하며 사진도 찍고 찻집에 가서 차도 마시면서 즐거운 시간을 보냈다. 그 시간도 잊을 수 없는 추억 중의 하나다. 안양 차인들과 합류하여 뒤풀이를 하고 우리는 창원행 열차에 몸을 실었다. 긴장이 풀려서인지 잘 마쳤다는 안도감 때문인지 피로가 몰려와서 기차에서 깊은 잠에 빠져들었다.

　행사를 마친 뒤에 창원차향회 총무인 윤강이 올려준 공연사진을 보는 것도 흐뭇했다. 눈길 속을 달려 서울까지 달려와서 사진도 찍어주고, 저녁도 사주고, 자동차 렌트 비용까지 제공해준 윤강의 넉넉한 마음에 감동했다.

　이날의 멋진 공연을 위해 1월 한 달 동안 연습에 쏟은 시간이 빛이 되어 내게 돌아왔다. 차 바구니에 차 살림을 가득 싣고 서울행 기차에 올랐을 때도, 서울에 도착하여 화윤 선생님 댁에 짐을 풀고 하룻밤을 묵고 선생님께서 차려주신 아침 식사를 맛있게 먹는 동안에도 우리 무대가 이렇게 아름답고 멋스러울지 상상하지 못했다. 잘해야 한다는 긴장감 속에서 보낸 시간들이 헛되지 않기를 바랄 뿐이었다. 그러나 행사 당일의 무대의 모든 구성들이 나의 상상을 뛰어넘어 멋지고 품격이 높았다. 정통 국악의 격조를 온몸으로 느끼고 그 무대 안에 내가 함께 했다는 것은 최고의 추억이었다.

　행사를 무사히 마치고 돌아오는 길, 예악당 로비에서 신재 안재운 선생의 휘호로 가훈인 '하고자 하는 의지만 있으면 일은 반드시 성취된다.'는 뜻의 '有志竟成 유지경성'을 받아 소중하게 품고 돌아왔다. 나의 차 생활이 이렇게 한 올 한 올 나의 무늬를 만들어가고 있다는 것을 알아차리는 감사한 시간이었다.

16. 세계 슬로푸드 한국대회 선차 공연

/ 윤중 이정옥

2010. 09. 10. (금)

남양주 체육문화센터에서 개최하는 세계 슬로푸드 한국 대회 선차공연에 참석하였다. 슬로푸드는 지역 특성에 맞는 전통적이고 다양한 식생활 문화를 추구하는 국제 운동이다.

이번 행사는 한국에서 열리는 첫 번째 슬로푸드 대회이다. 슬로푸드문화원이 주최하고 농축산인과 친환경 가공 생산자등 500여 명이 참가한 가운데 29개 부스가 설치됐고 1차 생산물과 음식재료, 음료와 액체식품, 천연가공 식품 등이 관람객을 기다렸다.

입구에서는 우리 콩 두부와 우리 밀 빵, 우리 떡을 직접 만들어 보고 시식할 수 있는 프로그램도 진행되고 있었다.

일본의 이끼 야끼와 몽골의 초이방 등 남양주 문화센터에서 준비한 각국의 슬로푸드 음식을 맛볼 수 있는 공간도 마련되었다. 기아로 고통 받는 아프리카 주민과 어린이를 위한 농장 1천 개 만들기 후원행사도 열렸다.

처음 참여하는 대회에 공수선차 시연 초청이라 설렘이 있었다. 행사장 한편에 눈길을 끄는 음식을 보게 되었는데 산이나 들에서 흔히 볼 수 있는 풀이라고 생각했던 재료들을 가지고 단순하고 소박한 음식을 만들고 있었다. 우리 땅, 산이나 들에서 자라는 거의 모든 식물들이 음식 재료로 사용될 수 있다는 것에 순간 머리를 스치는 깨달음과 감동이 있었다.

슬로푸드는 자연의 흐름에 순응하면서 좋고 깨끗하고 공정된 음식을 찾고자 하는 먹거리 운동으로 패스트푸드에 대립하는 개념이다. 천천히 먹자는 운동인 것이다. 사라져갈 우려가 있는 전통적인 식재료나 요리, 질 좋은 식품을 지키려는 운동으로 농약, 화학비료, 성장호르몬을 쓰지 않고 유전자 변이가 없고 여유와 정성이 깃든 제철 재료로 만든 음식을 먹자는 운동이다. 농약이나 살충제 등을 사용하지 않은 친환경 먹거리를 선택하고 여유로운 마음으로 천천히 식사하기를 실천하는 운동이다.

슬로푸드 카를로 페트리니 회장은 한국에 와서 아주 아름다운 이야기를 들었다고 한다. 그것은 농부가 콩을 심을 때 세 알을 심는다는 것이다. 한 알은 나를 위해, 한 알은 이웃과 나누기 위해, 또 한 알은 자연의 새와 짐승들에게 나누기 위한 것인데 이것이 바로 슬로푸드 정신이라고 하였다. 좋은 음식은 맛있고 즐겁게 먹을 수 있는 음식, 깨끗한 음식은 물, 공기, 땅, 하늘 등 우리의 자연을 더럽히지 않고 만들어진 음식, 공정한 음식은 음식을 만든 분들에게 고마운 마음을 갖고 먹는 음식이라고 한다.

슬로푸드는 차와 아주 잘 맞는다는 생각이 든다. 차는 차나무가 자라기 위해 적당한 토양과 물과 햇빛과 공기, 자양분이 필요하다. 농약과 과도한 비료들을 쓰지 않고, 겨우내 버텨낸 차나무에서 봄에 갓 피어난 찻잎을 적절한 시기에 딴다. 모자람도 지나치지도 않게 정성껏 만든 차를 우려내어 향기를 느끼며 천천히 음미하면서 차를 마신다.

차를 마시기까지 모든 노고에 감사하고 은혜에 보답하는 마음으로 차를 마시며 자신을 성찰해 나가는 과정들이 슬로푸드 정신과 같다. 화윤 선생님께서는 공수선차에 대해 차와 선, 그리고 차 음악이 우리의 일상과 혼연일체가 되는 명상 작업이라고 말씀하셨다. 차 생활 역시 슬로푸드를 실천하는 좋은 예라고 하겠다.

첫 공연은 화윤 선생님께서 말차 독수선차를 시연하였다. 선생님의 말차 시연은 긴 세월 수행하신 선생님의 내공을 그대로 느낄 수 있었다. 차악 茶樂 속에 물 따르는 소리, 정과 동의 행위가 조화롭게 어우러져 보는 관객들로 하여금 고요하고 평온한 마음 상태로 감동에 젖어 드는 시간이었다.

그 다음으로 잎차 공수선차는 화윤 선생님과 화륜 그리고 내가 함께 시연을 하였다.

차도무문 茶道無門 을 바탕으로 한 명상 수행 차도인 공수선차는 한 호흡, 하나의 기운으로 물 흐르듯 조화롭게 우리를 하나로 만들었다.

지금까지 걸어온 차 생활에 있어 보람되고 감동적인 시간이었다. 돌이켜보면 차 공부를 하게 된 계기는 치매를 앓으시던 시어머님이 갑자기 돌아가시자 다가온 허탈감 때문이다. 이 무렵 안산 여성회관에 차도반이 개설되어 차 공부를 하게 되면서 화윤 선생님과 차 인연을 맺었다. 나도 화윤차문화의 정신을 계승하며, 지금까지 이끌어주시는 선생님께 감사드린다. 슬로푸드 정신을 실천하며, 나의 차 생활도 한 단계 더 나아갈 것이다.

17. 삼은정 풍류차회

/ 윤수 노성미

2022. 04. 01. (금) | 이끌림

2022년은 화윤차 제차 작업실이 창원 북면의 산막을 접고 밀양시대를 새로 연 원년이다. 그동안 밀양 화악산 자락의 차밭에서 북면으로 오가는 동안 한 번도 상상해보지 않았던 새로운 공간이 선물처럼 우리 품에 들어왔다.

차밭을 오고갈 때마다 숲속에 있는 기와집이 항상 눈길을 끌었다. 누가 이 산속에 저리 좋은 집을 짓고 살까 라는 궁금증이 일어나는 집이었다. 화윤 선생님은 그 집 입구까지 가서 기웃거리다가 어떤 노인이 혼자 마루에 걸터앉아 있기에 합장하며 인사를 했던 적이 있다고 하셨다. 그 노인도 말없이 목례로 인사를 받더라는 이야기 등을 들을 때면 그 숲속 기와집에 대한 호기심이 점점 커져갔다.

올해 차밭을 살펴보러 오신 화윤 선생님께 대각정사 주지인 성구 스님께서 이 집을 소개해 주었다. 덕분에 우리도 그 비밀스런 집 마당으로 조심스럽게 발을 들여놓았다. 우리가 보던 숲속 기와집은 살림집이 아닌 정자였고 노인이 거주하던 집은 관리사였다. 몇 해 동안 관리인이 집을 비우게 되어 우리에게 기회가 왔다는 것을 알고, 이 집과 우리 차회는 모르는 사이에 점점 서로를 가까이 끌어당기고 있었다는 생각이 들었다.

삼은정 三隱亭 은 경상남도 문화재자료 제629호로 지정되어 밀양시에서 관리하고 있다. 이 정자의 주인은 조선 말기의 학자 용재 이명구 선생이다. 삼은 三隱 은 세 가지에 숨는다는 뜻이다. 술을 벗하며 세상에서 물러나 살고, 나무꾼이 산에 숨듯이 자기를 낮추어 드러나지 않게 하고, 낚싯대를 드리우고 세상에서 벗어나 한가한 삶을 살았던 은자들의 고사에 연원하여 이름붙인 것이다.

삼은정 마당에는 금송, 해송, 주목, 아즈카 향나무, 은행나무 등 세월의 무게가 느껴지는 큰 나무들의 멋스럽게 숲을 이루고 있다. 또 찻물로 사용하기 좋은 차가운 샘물까지 넉넉하다. 정자는 주인의 욕심 없는 맑은 마음을 닮아 소박하기에 더욱 우리 차인들의 마음을 이끄는 매력적인 공간이었다.

4월 1일 금요일, 화윤 선생님과 회원들은 두 팔을 걷어붙이고 삼은정 대청소를 시작했다. 정자 마루의 먼지를 쓸고 닦고, 샘은 바닥까지 완전히 씻어내고는 새 물을 받았다. 관리사의 묵은 때를 씻어내는 작업은 정리의 달인인 화윤 선생님의 추진력이 아니고는 도저히 감당할 수 없을 정도였다.

우리가 정자와 관리사를 청소하는 동안 장성에서 농업회사 모리거차를 운영하시는 윤두병 사부님과 창원의 정민, 최진석 선생이 찾아주셨다. 그분들은 차밭의 억새를 정리하고 차를 딸 수 있는 길을 다듬어 주었다. 그리고 작은 도랑을 안전하게 건너도록 통나무 다리를 만들고 대나무로 난간까지 멋들어지게 만들어 주었다.

불편함을 감수하던 우리에게 그분들의 손길은 찬양받아 마땅했다. 우리 차회 밴드에 다리 사진이 올라가자 회원들은 오심지교, 차인교, 차도가교, 화윤교 등의 이름을 지어 올리며 기뻐했다.

또 새 등을 달아 밤에도 집안을 환하게 밝히게 되었다. 관리사 마당에는 화기를 다룰 수 있도록 안전한 작업 공간을 마련하고 유념한 차를 널어 말리는 자리까지 마련해주었다. 이렇게 빈틈없이 작업공간이 마련되고 집안 구석구석에 윤기를 더해지니 사람의 온기가 없던 집에 생기가 넘쳤다. 마치 우리가 이 집의 주인이 된 것 같았다.

2022. 04. 02. (일) | 첫 번째 풍류차회

4월 창원차향회 월례회를 하루 앞당겨 삼은정에서 가졌다. 회원들은 남은 청소를 마무리하고 관리사에서 화전놀이를 했다. 윤담 부원장이 미리 화전 반죽을 준비해 왔다. 쌀과 찹쌀을 반반으로 하여 익반죽하여 숙성시켜 온 것을 윤송 선생님이 동글동글 새알을 빚고 손가락으로 둥글납작한 전 모양으로 다듬었다. 진달래를 따서 살짝 헹구고 수술을 뽑아낸 뒤 꽃모양을 다듬어 익은 전 위에 살짝 올렸다. 꽃을 숟가락으로 지그시 누르고 있는 사이 분홍 꽃잎이 하얀 전 위에 예쁘게 앉았다. 언젠가 월례회 때 윤채 회장님이 싸가지고 왔던 전문가의 완벽한 솜씨는 아니지만 여러 손들이 화전을 만드는 작업은 그 자체로 멋이고 풍류였다. 그렇게 만든 화전을 다식으로 삼아 모두 차를 즐겼다.

공수선차를 준비하기 위해 마당을 가로지르는데 어떤 분이 카메라를 들고 서성이고 있었다. 인사를 하며 어떻게 오신 분이냐고 물었다. 그는 공직에서 정년퇴직한 뒤 고택 사진을 찍으러 다니는 김영환이라는 사진 작가였다. 김 작가는 그날 차회 사진을 기꺼이 찍어주었고 용재 선생의 후손인 이호성 선생의 연락처까지 알려주었다. 주인에게 허락을 받고, 우리는 마음 놓고 마루를 오르내리며 사람의 온기를 더했다.

몸을 정갈하게 가다듬고 삼은정 마루에 앉아서 공수선차를 했다. 눈앞에 펼쳐진 초록 숲과 온화한 정자의 기운이 우리 모두를 평화로움으로 이끌어주었다. 화윤 선생님 죽비 소리를 따라 명상을 하고 잎차 공수선차를 했다.

가슴으로 마시는 향기 마음 속 풀리네
고운님 더불어 햇살 번진 뜨락

연초록 바람 머무는 자리
목마름 달가워라 그리운 자리
숨소리 은은한 차를 마시네...

잎차 공수선차를 할 때마다 듣던 '차항이제'의 노랫말이 지금 우리 앞에 실경으로 펼쳐진 것이 감동이었다. 누가 시키지도 않았는데 윤담이 시를 준비해서 낭송하고 윤재의 시낭송도 이어졌다. 나도 덩달아 손을 들고 일어나 정자에 걸린 삼은정 기문을 읽고 해설했다.

5월 7일 토요일부터 차를 따기 시작하여 화윤 선생님은 한 달 내내 삼은정을 지키며 화악산과 김해 금병산에 있는 윤송 차사님 차밭까지 종횡으로 다니시며 차를 만드셨다. 그러는 사이 영덕관광문화재단의 오준영 선생, 안양의 윤지, 윤공, 윤경, 윤빈, 윤의와 창원의 윤강, 윤송, 윤초, 윤보와 윤보의 부군도 화악산 차밭으로 훌쩍 날아 들어왔다. 또 윤요, 윤창, 꼬마차인 윤현진 양도 함께 삼은정에서 차살림 놀이를 즐겼다. 이렇게 삼은정에 사람의 온기가 스며드니 박쥐들은 영역 다툼을 포기했는지 까맣게 똥을 쏟아두고 어디론가 숨어버렸다.

2022. 05. 20. (금) | 두 번째 풍류차회

5월 20일 금요일 3시부터 2022년 제차 작업을 마무리하는 두 번째 풍류차회를 열었다. 화악산 대각정사 뒤편의 차밭을 실습지로 삼고 차를 만든 지 올해로 16년이 되었고, 2022년은 밀양시대를 연 특별한 해이다. 그동안 찻잎을 따고, 차를 만들고, 마시는 모든 과정에 화악산의 맑은 기운이 담겼고, 비밀의 숲 속에서 함께 한 모든 과정이 명상이 아닌 것이 없었다.

정자의 문을 활짝 열어 걸고 마루와 방을 닦아놓으니, 문마다 들이치는 정원의 초록과 방의 뽀얀 한지가 빛을 내며 절묘하게 조화를 이루었다. 윤담이 자리를 펼치고 차와 다식, 꽃까지 어울리게 꽂아 조화롭고 우아하고 정갈한 찻자리가 완성되었다. 마루와 방마다 손님맞이 방석도 반듯하게 놓였다. 화윤차문화의 밀양시대 키워드는 '풍류'였다. 초여름 청명한 날에 환희심을 가지고 차를 만들어 손님과 더불어 풍류를 즐기는 행복한 날이었다.

초대 손님으로는 『차부』의 저자인 한재 이목 선생의 16대손이며 부산대학교 산업대학원에 국제차산업문화전공을 개설한 이병인 교수와 석·박사 과정 학생들, 창원시 진해구 보배산 자락의 웅천요 주인인 천산 최웅택 사기장과 도예가 윤윤주 선생, 국악전문가 김성태 선생, 청년 차인 정민, 최진석 선생 등 많은 분들의 발길이 이어졌다. 김성태, 정민, 최진석 선생은 화윤차의 밀양시대를 열면서 처음부터 끝까지 많은 어려운 일들을 도와주신 분들이어서 특별히 감사한 마음을 전했다. 그리고 김성태 선생은 우리가 차를 덖을 때 대금을 연주해주어서 2022년 화윤차 이름을 '대금을 품은 차'라 부르기도 하였다.

풍류차회의 순서는 다음과 같이 진행되었다.

잎차 공수선차: 송영선, 이점순, 정도영
시조 낭송 1: 김혜원
시조 낭송 2: 서석조
대금, 피리 연주: 김성태
민요: 김명서
말차 독수선차: 화윤 박남식

있는 듯 없는 듯 그림자처럼 앉아서 바람의 결을 붙잡고 푸름의 기운을 모아 삼은정 구석구석으로 뻗어내는 젓대의 숨결, 오랫동안 사람의 온기를 잃은 삼은정에 밤마다 서리태를 뿌리듯 마루에 똥으로 영역을 표시하던 박쥐님도 어딘가에서 이 대금 소리를 듣고 있었을 것이다.

공수선차를 행하는 동안 예쁜 나비가 날아와 세 분 차인 앞에서 춤을 추고, 대금 소리가 울리니 참새가 포르르 마당으로 내려와 그들도 청중이 되었다. 먼 산에서도 새들이 연주에 화답하는 듯 노래했다. 독수선차를 시작하는 화윤 선생님 죽비소리는 뜰에 모인 모든 사람의 마음을 집중시키고, 김명서 선생의 민요창은 마루에서 방에서 어깨를 들썩이다가 기어이 자리에서 일어서서 팔을 벌려 춤추게 만들었다. 우연히 들러 차손님이 된 숲 해설가 박상준 선생까지, 모든 것이 절로 조화를 이루며 물 흐르듯 흘러가는 풍류차회였다. 연초록 정원과 열어놓은 창으로 들어오는 바람까지 감사하지 않은 것이 하나도 없었다.

다음날 화윤차례문화원 밴드에 화윤 선생님의 〈풍류는 모든 것을 놓아야 알을 품는다〉는 시가 올라왔다. 그날의 감회를 놓치지 않고 시심으로 감사의 마음을 표하셨다.

차가 좋아 모인 너, 나 그리고 우리
찻물이 한 잔 한 잔 스몄을 뿐인데
상대를 받아들이며 희끗 머리 되었다.
차 일손 필요하면 일손을 모아주고
자리가 적적하면 앉음새로 채워주고
스무 해 서른 해 가며 함박웃음 퍼부었다.
알곡 진기 다 나누고 빈껍데기 되었건만
풍류는 모든 것을 놓아야 알을 품는다.
소중한 인연들 함께 아름답게 품는다.

  풍류차회를 마감한 다음날 아침 화윤 선생님은 윤초와 함께 다시 삼은정 주인인 용재 이명구 선생을 위해 햇차 한잔을 올리고 감사한 마음으로 큰 인사를 올렸다.
  차신께 감사!

3장 교육과 나눔

1. 교사 차도·예절 직무연수

/ 윤담 정도영

　화윤차례문화원 창원차향회는 다년 간 차도·예절 교사 직무연수를 신설 운영했다. 그 역사를 정리하려고 하니 먼저 경남차도예절연구회를 언급하지 않을 수 없다. 경남차도예절연구회는 화윤선차회 역사의 일부이고 교사연수의 주춧돌이기 때문이다. 그래서 초기 연수 프로그램부터 최근까지의 연혁을 정리하면서 활동을 돌아보기로 한다.

1. 경남차도예절연구회 연혁

날짜		내용	참여회원, 장소
2003	12. 01.	창원시문화원 차도대학에 등록한 교사 중심 경남차도예절 연구회 결성	박정둘, 천말숙, 정도영
	12. 19.	창원전문대학 명상차문화 잔치 협찬 연구회 회원과 차도대학 수강생이 함께 공수선차 시연	창원전문대학 9호관 컨벤션홀
2004	03. 01.	창원대학교 평생교육원 전통차예절사 과정 등록	회원 10명
	05. 30.	차밭기행 다솔사~반야로차밭~사천곤명요 견학	
	11. 10.	창원대학교 전통차예절지도사 발표회 협찬 연구회 회원과 전통차예절지도사반 공수선차 시연	창원대학교 산학협동관 국제회의장
2005	02. 01.	전통차예절지도사 자격취득	회원 7명과 평생교육원생 박정둘, 정도영, 정귀선, 정봉화, 장경화, 오영옥, 천말숙
	03. 15.	의기투합하여 본격적인 연구회 활동 시작	박정둘 선생의 발의에 따라 30여 명의 교사 참여
	03. 25.	경남교원자생연구회 등록	회원 34명. 박정둘(회장), 정도영(총무), 천말숙(기획), 박청학(공연기획)
	05. 03.	경남과학교육원의 교원자생연구단체 확정	

2005	05. 28.	다솔사, 원화 선생님 반야로 차밭기행	
	06. 11.	창원대학교 전통차예절지도사 들차회 협찬	창원대학교 평생교육원 야외 학습장
	12. 01.	경남교원자생연구단체 활동 실적 및 발표회	창원 성산아트홀 잎차 공수선차, 15명
	12. 29.	창원대학교 전통차예절지도사 발표회 협찬	창원대학교 산학협동관 국제회의장
	12. 26. ~30.	차도 및 전통예절 특수분야 교사 직무연수 주 5일, 30시간	
2006	05.~	차도예절사 중급반, 매주 수요일 5시~9시	교육생 14명 담마요가원(창원 팔룡동 신창빌딩 5층)
	07. 20.	차도사범자격(茶師) 취득 수료식 및 서원 헌공차례 시연 -운암서원 -반야로차도문화원지부 화윤선차회 -후원: 창원시, 운암서원, 밀양 박씨인당공파 사화종회. 경남차도예절연구회	윤담(胤潭) 정도영, 윤송(胤松) 이점순, 윤수(胤琇) 노성미, 윤오(胤梧) 구원조, 윤용(胤用) 송다겸, 윤재(胤齋) 이영란, 윤정(胤靖) 박정둘, 윤초(胤草) 김혜원

2. 차도·예절 교사 직무연수

2005.
12, 26.~30.
(5일간, 30시간)

- 특수 분야 교사 직무연수
- 주제: 차도 및 전통예절
- 장소: 담마요가원
- 인원: 19명

　첫 교사 직무연수는 회장 박정둘. 총무 정도영이 기획하여 따뜻한 담마요가원 옥돌방에서 실시하였다. 교사들도 처음 접하는 차문화에 애기들처럼 마냥 신기해했다. 차도개론과 전반적인 수업은 화윤 선생님께서 하시고 중국차는 윤소 선생님이 했다. 다식 만들기는 윤정 선생님이 기본 다식과 곶감 다식 만들기를 했다.

> 2007.
> 01. 14.~18.
> (5일간, 30시간)
>
> - 특수분야 교사 직무연수
> - 주제: 차도 및 전통예절
> - 장소: 유목초등학교
> - 인원: 교원 30명

　박정둘 회장님이 교직을 퇴임하고, 정도영 회장과 반은실 총무가 주도하여 차도 개론과 생활차 우리기, 전통예절 교육을 했다. 전반적인 차 강의는 화윤 선생님께서 하시고 다식 수업은 김은숙, 중국차는 삼소방 윤은주 선생님이 맡았다.

　전통예절 수업에서는 각자 준비한 한복을 입고 남자, 여자 평절과 큰절 하는 법을 배웠다. 강의는 화윤 선생님이 하시고 회장이 시범을 보이는 형식으로 진행하였다. 생활차 우리기에 앞서 회장의 공수선차 시연을 보는 동안은 숨소리조차 들리지 않았다.

　날씨가 추워서 연수생들이 출석하면 바로 따뜻한 차를 즐길 수 있도록 차를 우려 두었다. 약수를 떠와서 요일 별로 다양한 차를 우려서 내었더니, 저절로 일어나는 감사한 마음을 표하고 교육기간 내내 무척 행복해했다. 병환 중임에도 박정둘, 정귀선 선생님께서 들리셔서 격려도 해주시고 차 내는 일을 도와주셨다.

> 2008.
> 01. 05.~09.
> (5일간, 30시간)
>
> - 특수 분야 교사 직무연수
> - 주제: 차도 및 전통예절
> - 장소: 유목초등학교
> - 인원: 교원 30명

　지난 해 연수를 마치고 나서 입소문이 좋았는지 신청자들이 밀려왔다. 정원이 초과되어 연수비 입금자 선착순으로 교육생을 확정했다. 연수 장소인 유목초등학교 교사 몇 명은 양해를 구해서 정원 외 청강생으로 연수에 참가하도록 조치할 수밖에 없을 정도였다.

연수 내용은 지난해와 동일했으나 중국차 강의는 김영희 선생님 포항 정다원 원장 께서 하시고, 다식 강의는 내가 맡아서 실습을 했다. 다식판에 전통 다식도 찍어보고, 조별로 버너를 준비해 양갱도 직접 만들었다.

종강에 맞추어 찻자리를 세팅한 뒤 가족이나 지인을 초대해서 차를 대접하는 나눔차회를 열었다. 유목초 교무주임과 교장 선생님도 초대를 했더니 크게 감동하며 정말 유익하고 꼭 필요한 연수라고 칭찬을 아끼지 않았다. 때마침 화윤 선생님 성균관대 대학원 동기이신 김인자 선생님께서 제주도에서 금잔옥대 수선화를 한 아름 보내주셔서 꽃향기, 차향기 속에서 행복한 차회와 연수를 했다. 행사를 마치고 돌아가시는 분들께 꽃을 한 송이씩 나누어 드렸더니 행복해 하셔서 뿌듯한 마음이었다.

2009. 08. 17.~21. (5일간, 30시간)	– 교사 직무연수 – 주제: 차도 및 전통예절 – 장소: 운암서원 – 인원: 교원 30명

2009학년도부터는 차도 연수의 인기가 높아져서 매년 여름과 겨울 방학 두 차례씩 추진했다. 신청자가 많아 대기자 명단을 작성하고 연수비를 반환해주는 일까지 생겼다.

주요 강의는 화윤 선생님께서 하시고 윤상, 윤단, 윤여, 윤수가 도왔다. 한 주 뒤에는 교사 요가 직무연수도 주최하여 화윤 선생님이 강의를 하시고 정금자, 조순옥,

이금숙 선생이 도왔다. 대청마루이긴 하지만 에어컨 미설치로 무더운 날엔 마당에 물을 뿌려가며 연수를 하였다. 선차회 도반들이 나와서 도와주기도 하고 간간히 시원한 수박과 간식도 사들고 와서 격려해주어 행복한 시간들이었다.

2011. 08. 16.~20.	- 10기 2011년 여름 연수 - 장소: 운암서원

10기들의 여름연수는 접빈차례를 배우는 시간을 마련했다. 먼저 주인이 손님께 "먼 길 오시느라 수고 하셨습니다. 누추한 차실을 찾아 주셔서 감사합니다."라고 인사를 하면 손님이 "이렇게 좋은 찻자리에 초대해주셔서 감사합니다." 라고 인사를 하며 시절 인사도 간략하게 나누었다. 주인은 정성껏 우린차를 손님께 공경하는 마음으로 대접한다. 윤상이 접빈차례를 설명하고 나는 시범을 보이면 교사들이 따라하는 형식으로 진행하였다.

김영희 선생의 중국차 특강은 매우 유익했다. 다양한 종류의 녹차를 유리잔에 우려 차색과 향미를 비교해보고 차를 다 우린 후 우리고 난 찻잎을 비교해서 살펴보기도 했다. 연수에 참가한 사람들 중에 집에서 평소 보이차를 즐겨 마시는 분들도 있어 더욱 관심을 보이기도 했다.

윤상의 말차 독수선차 시연을 본 후 각자 말차 우리기를 해보게 하였다. 도요지 탐방 시간에는 운석 도예연구소를 방문하여 각자 만들고 싶은 도자기를 한 점씩 만들기도 했다. 사발, 접시, 찻잔, 다완, 화분 등을 만들었다.

연수 종강에서는 아름다운 찻자리를 만들어 차를 나누며 각자의 재능 발표도 하였다. 오카리나 연주, 시조창 등 각자의 재능을 발휘했다. 특히 이번 연수에는 중등학교 남자 교사들이 많이 참가하여 분위기가 굉장히 재미있고 화기애애했다, 이분들을 중심으로 박경윤, 김종희 선생님 등 5명은 이번 연수를 계기로 화윤차례문화원에서 공부를 계속하여 차도예절사 자격을 취득하였다. 덕분에 덕유교육원, 산촌교육원 등 청소년 수련원에 근무할 때 수련생들에게 직접 차도예절을 가르칠 수 있게 되었으니 참으로 귀한 인연이 아닐 수 없다.

2012. 01. 09.~13.	- 11기 2012년 겨울 연수 - 운암서원

도예 작업장 탐방 시간에 창원 동읍의 청산도예를 방문하였다. 청산 박장원 선생께 도자기 만들기 강의를 듣고 물레를 직접 돌리며 도자기 만드는 법을 체험하고 이 세상에 하나밖에 없는 나의 그릇을 만들었다. 마감차회 시간에는 특별 초청으로 진효근 선생의 톱 연주와 색소폰 연주를 듣고 박변식 가수의 기타 반주에 맞춰서 연수생들의 노래자랑도 하였다. 연수를 마치는 시간에 흥을 풀며 즐거운 시간을 보내고 나니 마음으로 하나 되는 느낌이었다.

2012. 09.	- 14기 2012년 여름 연수 - 운암서원

삼소방 윤은주 선생과 제자들을 초청하여 중국 6대 차류의 시연을 하였다. 첫 번

째로 유리 찻잔에 봉황 작두법으로 물을 떨어뜨려 차가 잘 우러나게 찻물로 차를 때려 차 맛이 더 잘 우러나게 하는 시연을 감상하고, 여러 다양한 청화백자 다기를 감상했다.

2013. 01. 14.~18.	- 16기 2013학년도 겨울 연수 - 장소: 운암서원

윤상이 다식 강의를 맡았다. 강의를 위해 다식재료 외에도 다양한 다식들을 미리 만들어 와서 입요기, 눈요기를 할 수 있게 해주었다. 다식판에 모양을 찍어내는 남자 선생님들의 모습은 너무나 진지해서 저절로 입가에 미소가 돌았다. 다식 만들기가 끝난 다음에는 찻자리 세팅을 해서 조별로 비교해보고 서로 상대를 평가하도록 했다. 각자 점수를 매긴 후 최고 점수를 받은 팀에게는 화윤 선생님께서 귀한 찻잔을 상으로 주셨다.

마감 차회 시간에는 연수를 하면서 즐거웠던 일, 감동받은 일, 건의사항 등을 발표했다. 모두 5일 동안 너무 행복했다고 말했다. 우리 모두의 바람이라면, 모쪼록 집에 돌아가서도 가족들과 차를 마시는 차생활로 이어지고 차 공부를 계속해서 차인으로 남고, 일선 학교에서도 아이들에게 차를 통한 인성교육 지도로 이어지는 것이다.

2017. 07. 31. ~08. 04.	- 19기 2017학년도 여름연수 - 주제: 차도·예절 및 요가명상 직무연수

이번 연수부터는 차도와 요가명상을 병행하도록 프로그램을 기획했다. 차와 요

가는 불가분의 관계를 갖고 있고, 차도 연수 중 장시간 바닥에 앉아서 수업을 하니, 교사들이 힘들어하여, 틈틈이 쉬는 시간에는 화윤 선생님께서 요가로 몸을 풀어 주기도 했는데, 같이 연수를 함으로써 더 좋은 효과를 얻을 수 있을 것 같았다. 정과 동이 함께하니 선생님들도 좋아했다.

차생활도 변화되어 홍차를 즐기는 사람들이 많아진 것을 고려하여 종강에는 홍차수업을 넣었다. 홍차 찻자리를 세팅해서 풍성한 다식과 로얄밀크티 등 다양한 홍차를 우려 마실 수 있도록 했다. 선생님들은 한결같이 "연수 하러 와서 대접 받고 가는 기분이다." 라며 행복해했다.

실참실수, 좀 더 많은 체험과 실습을 통하여 차생활이 얼마나 멋지고 아름다운 것인가를 알려주고 싶었다. 학교에서 차 나눔을 통하여 동료 간의 관계가 가까워지고, 차를 통한 학생들의

인성지도가 이루어지도록 했으면 하는 바람이 있었다. 각자 가정에서도 가족들과는 차로 대화의 시간을 즐기고, 은퇴 후에는 차가 있어 멋진 노후를 보낼 수 있는 길로 안내하고자 나름대로 노력을 기울였다. 어떻게 받아들일지는 각자의 몫이겠지만, 한 번의 연수일지라도 분명히 좋은 경험이었으리라 믿는다.

우연한 자리에서 전혀 안면이 없는 것 같은 분이 아는 체를 하며 반가워질 때가 있다. 어색하게 인사를 받는 내게 "다도 연수 해주신 선생님 아니십니까."고 말하며 반가운 지인을 만나듯 인사를 할 때가 있다. 그 순간 보람이 느껴지고 교사 연수 프로그램을 정말 잘 했다는 생각이 든다. 안타까운 것은 집에서 컴퓨터로 하는 원격 연수가 많아지면서 교사들 스스로 집합연수를 점점 기피하게 된 것이다. 편안하게 집에서 연수를 받는 것을 우선적으로 선택하다보면 차도나 요가 같은 집합연수의 기회가 점점 멀어질 것이다. 하루 빨리 마스크를 벗고 비대면 시대를 탈출해서 모여앉아 차를 배우고 마시는 그런 세상이 오기를 기대해 본다.

2. 교사 차도·예절 직무연수의 아름다운 인연

/ 차도예절사 박경윤

"친구야, 니는 무슨 꽃 좋아하노?"

낼모레 예순을 바라보는 남자인 내가 친구와 함께 이런 수다를 떨어본다. 그럴 때면 자연스럽게 코스모스를 꼭 닮은 한 사람이 떠오른다. 화윤 박남식 선생님이 그 분이다. 선생님의 얼굴만 떠 올려도 그냥 내 맘이 환해지고 따뜻한 미소가 머금어지는 그 이름 하나, 화윤 박남식.

때는 2011년 여름, 창원시 팔룡중학교에서 인성부장으로 재직 중일 때이다. 학교 인근에 있는 운암서원에서 교사들을 대상으로 실시하는 '차도와 전통예절'에 대한 배움 연수가 있다는 정보를 듣고 그곳을 찾아갔다. 평소에 전통예절에 대한 관심이 많이 있던 터라 자연스럽게 찾아간 곳에서 선생님을 처음 만났다. 차도를 중심으로 전통예절을 가르치시는 선생님의 첫인상은, 단아하시고 여유로운 말씀과 온화한 미소를 잃지 않는 분이셨다. 평생 인도요가를 생활화 하셨던 분이셨기에 몸가짐도 반듯하고 유연함이 더욱 멋스러운 60대의 여성분이셨다. 생각의 폭이 넓으셔서 나 같이 젊고 망나니 같은 남자 연수생들과도 소통함에 전혀 어색함이 없으셨다. 오히려 더 적극적으로 즐기시는 모습에 선생님을 좋아하지 않을 수 없었다. 덕분에 나는 선생님의 가장 멋진 악동으로 사랑을 받았고, 선생님의 애제자인 여자 도반들과도 쉽게 어울릴 수 있는 행운을 누렸다.

그 해 여름, 기본 연수가 끝날 즈음에 평소 연수를 했던 멋스런 운암서원의 대청마루에서 우연히 놀이마당이 펼쳐졌다. 나는 그날 분위기에 취해 무반주로 박상철의 황진이라는 노래를 한 곡조 뽑았다. 당시 나이 47세에 키 178cm, 몸무게 80kg의 거구 남선생이 큰 오리궁둥이를 실룩거리며 갖은 교태를 떨었으니 얼마나 웃기는 장면인가. 게다가 선생님의 이름을 넣어 황진이를 개사하여 부르는 바람에 내 노래는 선생님에 대한 '헌화가'가 된 셈이다. 그날 오락시간 한판 놀았건 나는 더욱더 선생님의 사랑을 한 몸에 받으며 사랑스런 학생이 되었고 선생님께 더 가까이 다가갈 수 있었다.

2011년 가을, 기본연수 이후에 본격적인 자격증 취득을 위한 심화연수 중에 '2011, 경남국제 차문화 박람회'가 창원컨벤션센터에서 열렸다. 화윤차례문화원이 주관하여 직접 헌공차례 의식 및 선차 시연을 하고 여러 공식적인 행사를 했는데 우리 연수생들도 참여하게 되었다. 우리는 전통예절 교실에서 학생들을 지도하는데 도움을 주고 행사기간 동안 회원들과 함께했다. 큰 행사를 주관하는데 나의 조그만 힘이 보태진 것에 대한 뿌듯함과 함께 전통예절 연수를 한 사람으로서 한 걸음 더 우리 전통문화를 지도할 수 있는 역량이 생긴 것이 가장 자랑스러웠다.

2011년 11월, 임진왜란 때 희생당한 진해 웅천의 도예가를 기리는 추모 헌공차례가 화윤차례문화원 주관으로 열렸다. 영광스럽게도 내가 대축이라는 큰 소임을 맡게 되었다. 생소한 역할에 어색하기도 했지만 헌공차례의 엄숙함 속에서 나의 소임을 다했다. 시간이 흐르면서 처음의 어색한 마음은 사라지고 모두가 하나 되어 선인의 넋을 위로하고 있었다. 나의 체구에 멋들어지게 어울리는 한복을 갖추어 입고 여러 배움 동기생들과 함께 행사에 빠져들었다. 역사적 의미가 있는 선조들의 추모 행사에 참여한 것은 지금 생각해도 멋지고 보람 있는 일이었다.

드디어 수료하는 날이 되었다. 나는 선생님께 감사의 마음을 전하기 위해 특별한 선물을 준비하기로 하였다. 미술교사였던 나는 평소 선생님의 모습을 그림으로 남기고 싶었던 욕심이 있었다. 연세는 예순을 넘기셨지만 순수한 소녀같이 어여쁜 이미지

를 나의 붓끝으로 표현하고 싶었다. '어느 나라의 수줍은 공주의 미소가 이보다 이쁠까?'라는 마음을 담아 황금색 비단옷으로 당의를 지어 입혀 공주 이미지를 표현하였다. 다행히 선생님은 나의 선물을 굉장히 흡족해 하셨다. 수료식에서 나는 '인연'이라는 주제로 개인전을 열었다. 선생님과의 인연을 생각하며 300년 된 옛 기와에 들꽃, 꽃신 등을 표현한 작품을 전시했는데, 작품은 운암서원의 고풍스런 한옥과 잘 어울렸고 수료식의 분위기도 한껏 풍성하게 해주었다. 그날 전시회에 선생님의 초상화도 전시하였다.

차도·예절사 과정을 수료한 이후 연말이면 교과 수업 중에도 학생들에게 반드시 전통예절의 중요성에 대해 이야기하는 교사가 되었다. 무엇보다 '절하는 법'을 제대로 가르치는 교사가 되었다. 아울러 집안 대소사에 가족들 모임에서도 '예절'의 중요성을 말하게 되었고, 절하는 법을 직접 가르쳐서 가정에서의 전통예절 바로 세우기를 담당하는 가장이 되었다. 그러다 보니 그 배움의 기쁨이 배가 되었고 나의 지적 재산이 되었다.

또한 나는 가끔씩 운암서원에서 열리는

월례회에 참석하여 함께 공수선차를 하면서 차도예절을 몸에 익혔고, 선생님의 칠순잔치에도 초대받는 영광을 안았다. 선생님의 출판기념회를 겸한 칠순잔치에서는 내가 선물해 드린 현수막이 한쪽 벽면을 가득 채워 행사장에 참여한 분들의 눈도장을 확실하게 찍었다.

그 이후 나는 선생님께 가끔 전화로 안부를 묻고 문자로도 소통하면서 인연의 끈을 놓지 않았다. 김해도서관의 가야갤러리에서 옛 기와에 그림을 그려 개인전 '인연'을 열었을 때 선생님께서 축하객으로 와 주셨다. 2015년에 어머니 초상화로 개인전 '엄마의 세월' 전시회를 했을 때도 전시장에 불현듯 나타나시어 나의 마음을 따뜻하게 채워 주셨다.

나의 근무지가 창원에서 김해로, 다시 거제도로 옮겨지면서 선생님께 드리는 안부 인사가 뜸해지고, 바쁘다는 핑계로 뵐 기회를 자꾸 놓치게 되었다. 그러던 중 2021년 3월에 거제도 지세포중학교 교감으로 승진 발령이 났다. 선생님께서 소식을 들으시고 그 누구보다도 기쁜 마음으로 축하해 주셨고, 축하 선물로 중국 여행에서 구한 아주 귀한 보이차를 보내 주셨다. 선생님의 깊은 마음 덕분에 1년 내내 선생님들과 맛있고 건강한 보이차를 마시며 학교 분위기를 따뜻하게 만들 수 있었다.

얼마 전에 정도영 선생님으로부터 연락을 받았다. 화윤선차회 30주년을 맞아 의미 있는 자리를 만든다고 하였다. 참으로 아름답고 축하할 일이다. 매번 화윤선차회 행사를 할 때마다 그 중심에 정도영 선생님이 있다는 것을 안다. 화윤선차회를 이끌어가고 교육과 연수 프로그램을 운영하는 모습을 보면서 천상의 차인이라는 생각을 많이 하게 된다. 그러고 보니 내가 전통예절사 자격연수를 받을 때 나의 담임이 정도영

선생님이었으니 우리의 인연도 깊다. 화윤 선생님의 여러 제자 중에서 가장 으뜸이고 화윤 선생님의 길을 조용히 이어가는 모습이 참 아름답다. 묵묵하게 일하면서 짓는 소박한 미소에서 그의 진심과 욕심 없는 마음을 읽게 된다. 화윤 선생님과 정도영 선생님 그리고 나. 인연은 이렇게 만들어지고 또 앞으로 이어질 것이다. 살다보니 이런 인생의 참맛도 느끼게 된다.

화윤차문화와 함께한 지난 일들이 스쳐 지나간다. 2010년 선생님과의 좋은 인연으로 한 해를 잘 보내고, 2011년에 학교에서 관리자들과의 갈등으로 괴로워할 때 화윤 선생님께서 내게 해주신 말씀이 생각난다.

"그렇게 사람들이 욕을 하면, 그 욕은 내 것이 아니니까 받지 마세요. 그러면 그대로 그 사람에게 돌아갑니다. 그러니 너무 그 사람들의 말에 힘들어하지 마세요."

그 말 한 마디에 나는 마음의 무거운 짐을 내려놓았다. 괴로움에 집착했던 나의 무거운 가슴이 가벼워지는 느낌을 받았다. 그때의 말은 지금까지도 많은 힘이 되고 있다.

얼마 전, 유튜브 방송에서 〈빛나는 70대를 꿈꾸는 당신을 위한 요가 가이드-남식 언니만 따라와요〉를 보았다. 칠순이 넘은 몸이라 믿어지지 않는 아름다운 몸으로 요가를 하는데, 유연한 동작은 물론이고 명품 몸매를 지금까지 유지하며 건강하게 사시는 멋진 삶에 존경과 감탄을 감출 수가 없다. 그런 화윤 선생님을 언제나 한결같은 마음으로 응원한다.

3. 학생 차도·예절 교육

/ 윤담 정도영

화윤차례문화원 창립 30주년에 즈음하여 그간의 발자취를 더듬어 살펴보니 긴 세월만큼이나 많은 일들이 쌓여있다. 차회 카페에 기록들이 가득하여 모두 정리하자면 얼마나 많은 지면이 필요할지 모르겠다.

안양과 안산은 따로 두고 창원 차향회만 거슬러 올라가보면 제일 먼저 선두에 우뚝하신 분이 고인이 되신 윤정 박정둘, 윤상 차문정 선생이 떠오른다. 존경하는 두 분 선생님이 여기 계시지 않다는 사실을 생각하면 할수록 참으로 안타깝고 이별이 가슴 아프다. 두 분이 지금껏 살아계셨다면 분명코 화윤선차회의 역사가 달라졌을 것이란 생각이 든다.

창원 차향회에서 진행했던 학생 차도·예절교육을 정리해보면 다음과 같다.

날짜		교육내용	지도강사	장소
2004	10. 15.	창원명곡초등학교 3학년 3명 공수선차 시연	박정둘	담마요가원
2005	01. 11.~12	창원봉곡중학교 임원 학생들 20명 차 체험	화윤 박남식, 박정둘	
2006	06. 10.	매주 토요일 청소년 차도체험 교실 개강 제1회 창원명서중학교 학생 15명 참가	화윤 박남식	운암서원
	07. 15.	진해동진중학교 차동아리 18명 차 체험 참가 (지도교사 박재형)		
	07. 21.~22.	제1회 전통문화학교 개강 창원명서중학교 검도, 차동아리 수련회 학생 34명 참가(지도교사 박청학)	화윤 박남식, 박정둘, 안병선	
2007	09. 01.~ 매주 토	청년 차동아리 결성 안양 조리학교 학생 20명	화윤 박남식, 김은희, 이정옥	안양 삼법요가원
2008	01. 04.~06.	창원시 초,중,고 학생 대상 제2회 전통문화학교 방학특강	화윤 박남식, 노성미, 정도영, 박청학, 반은실, 노정인	운암서원
	04. 05.~ 매주 토	창원팔용중학교 학생 20명 1년간 차도, 기천무예 체험	화윤 박남식, 박청학, 이금숙	
	07. 10.~11.	제3회 전통 문화학교 창원팔용중학교 임원학생 60명	화윤 박남식, 송다겸, 안병선, 노성미, 박청학, 정금자, 박기수	
	07. 17.	제주도 택견 수련생 문화교실 체험 10명	화윤 박남식, 송다겸, 안병선, 박청학	
2010	01. 10.	다문화가정 유치부 어린이 엄마와 함께 차문화 체험 창원 다문화 가족 11명	정도영, 이금숙	
	05. 03.	다문화 가정 차례, 예절 문화 수업 희망나라 복지센터 회원 14명	화윤 박남식, 차문정, 이금숙, 이정숙	
	04.17.~ 12. 04.	창원팔용중학교 1,2학년 20개반 총 10회 타임제 다도교실 - 학생 총 800명	화윤 박남식, 차문정, 박청학, 반은실, 최문옥, 이금숙	
	09. 07.	창원반송중학교 차도예절 체험 다도 동아리 학생 14명	차문정	
	04월~2011	창원유목초등학교 4학년 2학년 1학급 주 2회 차 마시며 차담 나누기 지도	정도영	
2012	10월	장유 삼문초등학교 학예발표회 공수선차 시연 5학년 학생 12명		삼문초등학교

2013	~2015	장유 삼문초등학교 다사랑실 운영 전통예절, 절하는 법, 다식 만들기, 차 우리기, 한복 바르게 입기 - 교생 22학급 660여명	정도영	
2013	09. 10.	함안 외암초등학교 차도예절 체험 전교생 19명	차문정	운암서원
2014	4월~10월	창원경일여고 2학년 차 동아리학생 CR활동 학생 12명 매주 1회 1시간		
2015	05. 13.	함안 호암초등학교 병설 유치원 다식, 다도체험 유치원 아동 18명	정도영	
2017		창원남중학교 꿈키움 교실 다도 체험교실 학생 15명 1일 운영		
2021	09. 17.	통영유치원 추석명절맞이 예절교육 유치부 6개 반 90여명		
2022	06.13.~14.	창원금동초등학교 다식 만들기 및 다도체험 전교생 대상 28명		금동초등학교 도서실

2004년 10월 15일, 신창빌딩 6층에 삼법 창원담마요가원이 개원되었다. 오픈 행사에 처음으로 창원명곡초등학교 3학년 김소현, 조은지, 전예지 어린이 차인 3명이 공수선차 시연을 하였다. 고사리 손으로 의젓하게 차를 우리는 모습들이 얼마나 대견한지, 그동안 수고 해주신 박정둘 선생님의 노고가 보였다. 이제는 30대가 되었을 이 친구들의 기억에는 어릴 적 배웠던 차도가 아주 생소하고 남다른 공부였기에 그때 기억이 차 생활에 좀 더 밀착되어 있을 것이란 생각을 해본다.

2005년 1월 11일~12일, 박청학 선생님의 안내로 창원봉곡중학교 임원 학생들 20명이 담마요가원에서 차 체험 학습을 했다. "차란 말예요 쓰면 뱉고 달면 삼키는 거예요."라는 화윤 선생님 말씀으로 수업이 시작되었다. 2일간 아주 늠름한 자세로 꼿꼿이 앉아 잔을 예열하고, 차를 따르고 하는 모습에서 선비들의 기개를 엿볼 수 있었다. 해가 서쪽 반룡산 너머로 기울어지고 서녘 창에 아름다운 능선의 실루엣이 비칠 때까지 열심히 공부하는 의연한 모습에서 차의 밝은 미래를 점쳐보았다. 곧 중학교를 졸업하고 고등학교에 진학하면 입시공부로 여념이 없겠지만, 짧은 2일 간의 차

공부가 기억에 남아서 언젠가는 차인으로서, 일상으로 차를 즐기는 멋진 삶을 살아가리라 생각했다.

2005년 3월부터 창원명서중학교에서 박청학 선생님이 차도 동아리를 만들어 49명의 학생들을 지도했다. 이어서 2주에 한 번씩 화윤 선생님과 윤소 선생님이 학교를 방문해서 차도와 요가명상 지도를 했다. 진지했던 학생들의 표정이 지금도 기억에 생생하다. 차와 요가를 통한 인성교육 덕분에 지금쯤은 어엿한 사회구성원으로 제 몫을 다하고 있을 것이라 확신한다.

2006년 7월 15일, 박재형 선생님이 지도하는 진해동진중학교 차동아리 학생 18명이 운암서원에서 입학차례를 가졌다. 예로부터 선조들은 공부를 시작할 때는 스승맞이 차례를 하고 공부가 끝날 땐 책거리 차회를 한다는 화윤 선생님 말씀에 따라 정성껏 우린 차를 상에 올리고 화윤 선생님과 박재형 선생님께 절을 하며 "좋은 가르침을 베풀어 주십시오." 하며 청을 하면 선생님들은 "혼신의 정성을 다해 여러분을 가르치겠습니다."라고 하며 차 공부를 시작했다.

제1회 전통문화학교 수련회가 2006년 7월 21~22일 1박 2일 동안 운암서원에서 있었다. 창원명서중학교 검도, 차동아리 학생들이 참가했다. 검도와 학생 전체의 안전 지도는 민족무예예술단 기천문 박청학 단장님이, 차도교육은 화윤 선생님이 하시고 윤정, 윤보 선생님이 도왔다. 첫날은 스승 맞이 차회를 시작으로 각자 찻상을 앞에 두고 아주 진지하게, 소중한 자신을 대접하는 시간을 가졌다. 박청학 선생님이 검도 참법 1~5, 세법 16세를 교육하고 박정둘 선생님이 직접 만든 약식을 다식으로 하여 찻자리를 열어 모둠별 발표와 정리 정돈을 하고 꿈나라로 들었다. 둘째 날은 아침 6시 명상과 요가를 시작으로 본국검법 및 음악에 맞춰 공수선차 실기를 했다. 박청학 선생님은 하루 전날부터 대강당 마루를 반질반질하게 닦고 무거운 찻상을 나르고 하였다. 사실 어떠한 보상도 주어지지 않지만, 오직 제자 사랑하는 마음 하나로 열정을 쏟으시는 아름다운 모습에 감동하지 않을 수 없었다.

제2회 전통문화학교는 2008년 1월 4일~6일까지 창원 관내 초·중·고 학생을 대상으로 방학특강으로 실시했다. 하루 전에 화윤 선생님과 윤담, 춤추는 호랑이 노정인 원장과 셋이서 학생들을 맞을 준비를 했다. 하루 전날 밤 늦게까지 윤수, 윤담과 박청학, 노정인 선생님 등 주무로 참여해야 할 선생님들이 모여 입학 차례, 차도와 예절, 무예기천, 요가, 소학사자, 전통놀이, 연극 등 우리의 전통문화를 알려줌에 부족함이 없도록 교육 내용을 확인하고, 목적과 목표를 확인하는 자리를 가졌다.

제3회 전통 문화학교는 2008년 7월 10일~11일 창원팔용중학교 학생 임원 60명이 참가했다. 문화학교 총괄 진행은 박청학 선생님, 사자소학은 윤수, 요가 명상은 정금자, 전통무예는 박기수, 다식은 윤보가 각각 맡았다.

2008년 7월 17일은 제주 택견 수련생 10명의 문화교실 체험이 있었다. 평소 아이들에게 우리문화에 대한 올바른 가르침을 주고자 애쓰시는 임원성 관장님께서 우리의 전통 차례와 또 다른 무예인 산중무예기천을 통해 아이들의 더 넓은 시야를 가질 수 있도록 교육하기 위해 운암서원을 방문하였다.

2010년 1월 10일, 다문화가정 유치부어린이 11명이 엄마와 함께 차문화 체험을 했다. 운암서원에서 윤담이 전체적인 진행을 맡고 윤단이 도왔다. 얼굴 모습이 다르고 눈동자의 색깔이 다를 뿐 이미 마음은 한국인보다 더 한국적인 그들과 2세 꼬마들이 함께한 차 수업은 어느 차 수업보다 더 보람되고 행복했다.

학생 차도예절교육은 내가 교사로 재직할 당시 찻상 하나로 학생 5명을 앉혀놓고, 차를 따라주며 차를 마셔본 경험담을 나누는 것으로 시작했다. 학교 학예발표회 때는

무대에서 공수선차시연도 하였다. 경남국제 차문화박람회, 만날제 차행사, 진례 도자기축제에 학생들을 지도하여 대회에 참여시켜 수상도 하였다. 김해삼문초등학교에 근무할 때는 '다사랑실'을 꾸며서 전교생에게 차와 전통예절을 지도하고, 다문화가정 오감체험 행사, 차를 통한 인성교육 등을 했다. 학교 특색사업으로 꿈키움 교실도 운영하며 교사연수, 학부모 연수 등도 여러 차례 운영했다.

그때 지도했던 아이들은 중학교 진학을 하고 난 뒤에도 가끔 찾아왔다. "선생님 보고 싶어서"라고 말하지만 차 생각이 나서일 것이다. 한 아이가 "말차도 주세요."라고 한 말이 반가웠다. 평범한 교사보다 남다른 교육을 할 수 있었다는 것에 자부심을 느끼고, 제2의 인생을 차를 나누며 함께할 수 있어 행복하고 차와 함께하는 나의 멋진 노후가 기대된다. 이 모든 것을 가능하게 해준 화윤선차회와 화윤 선생님과의 인연에 감사드린다.

4. 설 특집 예절교육 방송 출연

/ 윤슬 이영옥

CJ헬로비전 경남방송에서 2011년 설날 특집 [공감 人 경남]에 우리 차회가 출연해달라는 요청이 들어왔다. 설을 맞아 시청자들에게 새해에 가족들과 나누는 예의범절에 대한 정보를 알려주자는 취지로 마련된 방송이었다. 이 방송을 보는 시청자들에게 창원에 화윤차례문화원이 있고, 한국의 차를 가까이 할 수 있는 열린 교육기관임을 알릴 수 있는 좋은 기회라 생각되었다. 촬영 장소는 화윤차례문화원의 교육장소인 운암서원으로 결정되었다.

운암서원은 조선시대 학자 박신윤 선생의 효행과 학덕을 기리기 위해 건립되었다. 1876년 서원 철폐령으로 없어졌다가 2004년 현재 모습으로 복원되었는데, 창원에서 유일하게 도심 속 서원으로 자리하고 있다. 화윤 선생님의 친정인 밀양 박씨 문중의 배려로 운암서원을 우리 차회의 교육장소로 이용하고 있었다.

운암서원의 동재에서 차 공부를 하면서 여름에는 시원하게 불어오는 바람을 느낄 수 있었고, 겨울에는 아랫목의 따뜻함을 느낄 수 있어서 좋았다. 첫 아이를 가졌을 때 나는 이곳에서 윤소 선생님께 생애 처음으로 요가를 배웠다. 요가 덕분에 순산하여 지금까지도 요가를 생활화하고 있다. 이렇듯 운암서원의 동재와 서재, 대청마루를 들락날락하며 좋은 기운들을 받으며 나의 30대를 보냈다. 이번 촬영을 계기로 화윤차례문화원 회원으로서 누릴 수 있었던 호사를 많은 이들과 함께 누릴 수 있어서 더 좋았다.

그동안 많은 차문화 행사를 진행하면서 축적된 노하우를 가진 회원들이어서 촬영 준비를 하는 동안에 화윤 선생님을 주축으로 회원 모두가 마음을 모아 세밀하게

자리 배치와 텔레비전에 비칠 장면을 고려하면서 기획했다.

나는 2016년 겨울 처음 우리나라 차에 대해 배우기 위해 운암서원에서 화윤 선생님을 만났다. 이곳에서 차도예절사 과정을 수료하고 차사 과정까지 배우면서 느꼈던 좋은 기운들을 방송을 통해 사람들에게 전할 수 있으리라 기대했다. 아마 다른 회원들도 나와 같은 마음이지 않았을까 생각된다.

화윤 선생님께서 전체적인 시나리오를 점검하고 회원들과 역할을 나누었고, 각자 맡은 역할을 준비하였다. 먼저 운암서원을 소개하고, 한복 입는 법, 새해에 가족들 간의 세배하는 법, 차례 이후에 차담을 나누는 장면, 마지막으로 새해에 빼놓을 수 없는 신나는 놀이인 한판 윷놀이 장면까지 보여주기로 했다.

할아버지, 할머니 역할은 칠암 서석조 시인과 윤용 선생님께서 맡으셨고, 큰아들과 큰며느리 역할은 고구려문예예술단 박청학 단장님과 윤재, 둘째 아들과 둘째 며느리 역할을 나와 남편이 맡았다. 아이 역할은 윤담 선생님의 초등학교 제자 양영목 군과 박소현 양, 윤오 선생님의 귀여운 아기 손녀가 섭외되었다.

결혼 이후에 옷장에서 나올 일이 없었던 새색시 한복을 남편과 다시 꺼내 입으면서 서로의 모습을 보며 잠시 동안 웃었다. 많은 사람들은 결혼식 때 새색시 한복 입은 이후로는 딱히 입을 일이 없을 텐데, 나는 화윤차례문화원에서 여러 차문화 행사를 진행하면서 새색시 한복을 여러 번 꺼내 입어서 어색하지 않았다.

촬영 당일에 새색시는 머리를 예쁘게 해야 한다며 윤담 선생님께서 딸처럼 내 머리를 예쁘게 땋아주셨다. 따스했던 손길이 아직도 마음에 남아있다.

세배하는 모습을 촬영하기 위해 한복을 갖춰 입고 옷고름을 매는 법, 절하는 법을 다시 한 번 새겼다. 화윤 선생님 밑에서 차공부하는 동안 한복에 많이 익숙해졌지만 방송을 앞두고 있으니 절하는 법, 한복 입는 법을 다시 한 번 더 되새기는 시간을 가질 수 있어서 좋았다. 지금도 한복 옷고름은 또래 친구들 중에 내가 제일 잘 맬 것이라 확신한다.

첫 촬영에서는 화윤 선생님께서 리포터와 함께 운암서원 뒤뜰에서 내려오시면서 운암서원에 대해 설명하셨다. 뒤뜰에서 내려오시는 걸음걸음에서 차인으로서의 당당함과 고운 자태가 동시에 느껴졌다. 내 눈에는 화장을 진하게 한 젊은 리포터보다 화윤 선생님이 더 아름답게 느껴졌다.

여자 한복 옷고름 매는 방법은 윤담 선생님이 모델이 되고, 남자 한복 옷고름 매는 방법은 서석조 시인이 모델이 되어주었다. 두 모델을 세워두고 화윤 선생님께서 이해하기 쉽게 설명해 주셨다. 대본이 없음에도 NG 하나 없이 물 흐르듯이 자연스럽고 편안하게 진행하시는 화윤 선생님의 모습에 감탄했다.

시청자들이 방송을 본다면 한복이 처음인 사람이라도 한복을 자연스럽게 대할 수 있지 않을까 생각되었다. 아무것도 몰랐던 내가 화윤 선생님께 차를 배우고 지금까지 차 생활을 이어오는 것처럼 말이다.

다음으로 가족 간의 세배 예절에 대해서 촬영했다. 운용 선생님과 서석조 시인이 부부 역할을 아주 어울리게 연출하셨다. 지금도 서석조 선생님은 윤용 선생님을 만날 때마다 "아이고 우리 여보 오랜만입니다."라며 장난을 치신다. 그럴 때면 모두 웃음이 터지고 그때 일을 회상할 수 있어서 즐겁다.

부부 세배 하실 때 서로를 향한 공경의 마음으로 평절을 한 후에 서로에게 덕담을 나누었는데 서석조 시인의 유머 섞인 말씀에 모두 웃음을 터뜨렸다.

손자, 손녀의 세배를 받고 아이를 안으시며, 자연스럽게 덕담을 해 주시며 세뱃돈을 건네는 서 시인은 단연 배우가 되셨어야 하는 게 아닌가 하는 생각이 들 정도였다.

동기간의 세배 장면은 지금 봐도 조금은 과한 진중함이 느껴진다. 조금은 편안하게 할 수 있었을 텐데 너무 무겁게 인사를 한 것 같다. 당시의 영상을 보면 공식적인 자리에 나설 때마다 떨림은 나의 숙명인가 라는 생각을 하게 된다. 사람들 앞에 서는 기회를 많이 가지다 보면 떨림이 사라진다고 했는데, 나에게는 해당이 되지 않은 것 같다. 항상 예외는 있는 법이니까 말이다.

차례를 지낸 뒤에 차담을 나누는 장면을 찍었다. 차담 자리를 위한 내용 구성은 윤수 선생님께서 맡으셨고, 다식과 차를 내는 팽주는 너무나 보고 싶은 고 윤상 선생님이 진행하셨다. 차를 우리는 몸짓 하나하나를 촬영하고 그 뒤에서 쉽고도 친절한 설명을 화윤선생님께서 덧붙여 주셨다.

화윤 선생님은 차를 마시는 사람들 모두 꼭 같은 색과 향, 맛을 느낄 수 있도록, 함께 나누며 함께 즐기는 차의 평등심을 강조하셨다.

차를 마시고 차에 어울리는 다식을 즐기시는 윤수, 윤재, 윤오, 윤부 차사님들에게 차인의 기품을 느낄 수 있었다. 오랜 시간동안 화윤 선생님과 차를 함께 하면서 쌓은 내공이 느껴지는 순간이었다. 다식을 만드는 일에도 얼마나 많은 정성이 들어가는지 방송을 보는 사람들은 모를 것이다. 화면에 잠깐 나와서 너무 아쉬웠지만 다식을 만드는 데는 생각 이상의 시간이 필요하고, 정성이 들어간다는 것을 차인이라면 다 알 것이다.

차 한 잔을 마시더라도 차가 내게 오기까지의 근원을 생각하며, 차를 스쳐간 정성들에 감사한 마음을 가져야 된다고 화윤 선생님은 언제나 강조하셨다. 그리고 차와 물이 만나 알맞게 우리는데 주의를 기울이고, 차를 함께 나누며 평등함을 느끼며 서로 공경하고 배려하는 마음을 가져야 한다고 하셨다.

좋은 사람과 함께 하는 여유로운 차담을 나누는 시간을 가지는 것은 바쁘게 돌아가는 현대를 살아감에 있어서 꼭 필요한 쉼표라 생각된다.

순간순간의 장면들을 사진으로 남겨주시느라 동분서주하신 윤강 선생님, 촬영에 꼭 필요한 도우미 역할을 기꺼이 도맡아 해주신 윤단 선생님 등등, 화윤차례문화원 모든 회원들이 하나가 되어 촬영을 잘 마칠 수 있었다.

늘 깨어있는 마음으로 나를 알아차리고, 다른 사람을 배려하는 따뜻한 차인의 길을 가라고 말씀하시는 화윤 선생님, 나만 알고 있는 것에 그치지 않고 차를 대중에게 알리기 위해 애쓰시는 화윤 선생님. 차를 매개로 명상으로 자연스레 이어지는 가르침. 바삐 살지 말고 지금 현재의 나를 느끼며 사는 것이 중요함을 알게 해 주시는 우리 선생님, 그런 분이 나의 스승이시다.

마지막 촬영은 운암서원 중앙 뜰에서 한바탕 윷판을 벌이는 것으로 마감했다. 야외에서의 촬영이고 해가 저물어 가는 시각이라 날씨가 제법 추워졌다. 그럼에도 불구하고 화윤 선생님과 많은 회원들은 마지막까지 정성을 다했다. 이로써 모두의 새해 소망을 기원하며 설 특집 방송 촬영은 따뜻하게 마무리되었다.

여러 행사를 치러오면서 느낀 점이지만 화윤차례문화원에서 치러야 할 행사가 주어지면 화윤 선생님을 중심으로 놀라울 정도로 따뜻한 에너지가 한데 모아진다. 그 에너지가 화윤차례문화원의 오늘을 굳건히 지켜온 것이라 생각한다.

우리 차회 회원들은 차문화 행사를 진행하면서 예상치 못한 어려움이 있더라도 순간순간의 기지를 발휘해서 이끌어 주시는 화윤 선생님에 대한 믿음이 굳건하다. 이번 경남방송 설날특집 방송 촬영도 추운 겨울 꼬박 하루가 걸린 긴 촬영임에도 흐트러짐 없이 진행할 수 있었던 힘의 원천은 화윤 선생님에게서 나온 것이다. 화윤의 제자가 된 것도 내 생애 행운이고 화윤차례문화원의 회원이 된 것도 새삼 자랑스러운 일이었다.

5. 경남국제차문화박람회 차도예절교육관 운영

/ 윤재 이영란

사람으로서 서로 어울려 조화롭게 살아가는 삶은 누구나 바라는 아름다운 모습일 것이다. 이러한 조화로운 삶은 선禪 차도를 통해서도 가능하다. 선이란 마음을 가다듬어 번뇌를 끊고 진리를 깊이 생각해서 무아의 경지에 드는 것이다. 차도란 예법에 따라 차를 우리고 마시는 차도 활동에 심신을 수양하는 의미를 포함하는 개념이다. 선차도란 차 자체의 효능에 더하여 고요히 차를 우리고 마시며 자신을 관찰하는 가운데 일상의 몸가짐을 바르게 하고, 그 행동에 있어 조용하고, 참착하고, 부드럽고, 슬기로움을 갖게 하는 것이다.

현대 차문화의 중흥조라 일컬어지는 효당 최범술 선생의 계보를 이어 선차문화를 주도해 온 우리 화윤차례문화원은 그간 다양한 차문화 행사를 통해 중정의 도를 이어가고자 노력해 왔다. 화윤선차회는 2011~2012년 경남국제차문화박람회를 통해 차문화를 대중적으로 전파하는 주역이 되었다.

2011년 제1회 경남국제차문화박람회에 이어 2012년 제2회 박람회를 화윤차례문화원이 주관하게 되었다. 화윤선차회 회원으로서 무한한 긍지와 자부심을 갖게 하는 행사였다. 우리 차회가 박람회를 주관하면서 고 윤상 차문정 부원장이 대회장을 맡고 화윤 선생님이 행사장을 실질적으로 총 지휘하셨다. 그리고 우리 회원들은 공수 선차 시연, 차도 체험, 차도 예절, 한복 체험, 다식 체험동 4개의 교육관을 운영했다.

2011. 09. 16. (금) ~ 09. 22. (목) | 몸과 마음의 휴식

경남국제차문화박람회는 9월 16일부터 9월 22일까지 4일간 개최되었다. 목적은 다양한 문화산업에 목말라 있는 경남 도민들에게 고품격의 차문화를 널리 알리고 문화산업으로서의 차문화를 보급하여, 경상남도에서 차문화 산업이 성공적으로 자리 잡고 앞으로 점점 확대될 수 있도록 하는 것이었다.

두 번째 박람회는 첫 회보다 운영 내용이 훨씬 알차고 다채로워졌다. '몸과 마음의 휴식'이라는 주제로 전시 행사, 체험 행사, 차문화 공연, 차문화 특강 등으로 구성되었다. 전시 행사는 국내외 130개 단체가 참여했고, 200개 부스로 구성되었다. 전시 품목으로는 차 재료, 제품, 차문화 용품, 차 생활용품과 공예품, 제차 도구, 차 판매, 차문화교육기관 등이 참여하였다. 부대 행사로는 차도 시연, 전통문화 공연, 차례茶禮 체험, 세계 차문화 체험, 전통차 시음, 경품 행사 등이 진행되었다.

제1회 박람회 때는 우리 회원들의 활약이 단연 돋보였다. 특히 대회 서막을 알리는 개회사를 화윤 선생님이 하셨다. 차인으로서의 위용과 담담함, 온유함을 담은 개회사는 관객들의 마음을 사로잡았다.

이어 진행된 헌공차례도 화윤 스승님의 독수선차로 진행되었다. 찻자리를 정돈한 후 잠시 눈을 감고 마음을 고요하게 한 후 한 치의 흐트러짐도 없는 경건한 자세로 말차를 우리셨다. 차선을 휘젓는 가운데 쌓여가는 연녹색 거품 속에 차문화박람회의 번성에 대한 간절한 염원이 담겨있는 듯했다. 그 모습은 마치 천상의 귀인과도 같았다. 보는 관객들도 숨을 죽이고 시선을 집중했다. 일순간 모든 이들의 마음과 몸이 하나로 경건해져 있는 것이 아닌가? 감동 그 자체였다. 이것이 바로 선과 차가 만나 이루는 힘일 것이다.

차도예절 교육관

교육관에서는 바른 자세로 방석에 앉아서 차를 예법에 따라 우려서 마시는 체험을 제공했다. 어른이나 아이 할 것 없이 많은 사람들이 모여들었다. 윤담, 윤여, 윤수가 참여자들이 차를 편안하게 우릴 수 있도록 지도했다. 어떤 학생들은 유치원이나 학교에서 몇 번 해본 경험이 있다며 자신 있게 차를 우리기도 하였지만, 차를 처음 접하는 이들도 자신이 우린 차를 마시면서 뿌듯해했다. 한재 이목의 『차부』에서 차도를 행하는 것을 오심지차 吾心之茶, 즉 '내 마음의 차'라고 한 말이 문득 떠오른다. 내 마음의 차요, 정성들여 고요히 차를 우려 마시는 것은 심신을 수양하는 것과 다르지 않음이다.

전통예절 교육관

윤용, 윤여, 윤재, 윤영, 윤부, 윤단 차사와 정덕수 차도예절사가 팀을 이루어 교대로 전통예절교육관을 운영하였다. 한복 입는 법, 큰절과 평절 예법, 들고 날 때의 바른 몸가짐 등을 지도하였다. 어쩌면 재미없을 법도 한데 많은 학생들이 즐겁게 참여했다. 머뭇거리며 다가선 초등학생들을 비롯해 옷을 갖춰 입은 꼬마 사물놀이패 아이들, 어머니의 손을 잡고 다가선 너덧 살 어린

아이 등 참여자들의 면면이 다양했다.

평소 잘 입지 않는 한복이지만 우리의 전통 한복임에 자긍심을 느끼고 있는 듯했고, 한복을 정성들여 입고 옷고름을 바르게 매는 모습은 사뭇 진지했다. 큰절과 평절을 할 때는 익숙하지 않아 엉거주춤하기도 했다. 절하는 방법이 경사 때와 흉사 때는 다르다는 말에 참여자들이 놀라 눈망울이 커지기도 하였다. 전통예절 체험을 하고자 줄을 서서 대기하는 모습을 보면서 아이들도 우리 전통문화를 소중히 생각하고, 계승하고자 하는 마음이 있다는 것을 알 수 있었다. 전통예절 체험 운영자로서 절로 미소가 지어지는 뿌듯하고 보람찬 순간이었다.

다식 체험관

다식 만들기 교육은 윤채, 윤효, 윤슬 차사가 주로 전담하였다. 윤강, 윤목 차사와 박희자, 이정숙, 황현숙 차도예절사도 손을 모았다. 밤새워 빚어낸 녹차다식, 딸기다식, 대추다식, 약과 등 다식들이 다화와 곁들여 맛깔스럽고 앙증맞게 차려지자 많은 사람들이 관심을 보이며 모여들었다.

다식 체험을 위해 줄을 서서 기다리는 분들을 위하여 회원들은 의연함을 잃지 않으면서도 보이지 않게 정말 분주하게 움직였다. 예상과 달리 너무 많은 사람들이 몰려들어 녹차다식, 초코다식, 흑임자다식 등 다식 재료들이 다 동이 나서 추가로 긴급히 공급하기도 했다. 급한 상황에 재빠르게 말없이 대응하는 것을 보며 이것이 우리 화윤선차회의 저력이구나 싶었다.

체험에 참여한 사람들은 전통문양의 다식과 물고기 모양의 다식 등 자신이 만든 다식과 갓 우린 녹차를 마셨다. 두 손으로 찻잔을 공손히 받쳐 들고, 손수 만든 다식이 사라지는 것에 대한 아쉬움이 남는 듯 바라보았다. 그러다 가만히 입에 넣고 그 맛을 음미하며 고개를 끄덕였다. 전통다식 만으로도 차문화에 한 걸음 가까이 다가갈 수 있다는 생각이 들었다.

공수선차 시연

행사 마지막 날은 우리 회원들의 잎차 공수선차 시연으로 대회를 폐막했다. 공수선차란 법도에 맞게 차를 달여 마시며 함께 심신을 수련하는 명상수행차도이다.

1차 박람회 공수선차 시연 참가자	- 차문정, 송다겸, 정도영, 노성미, 이영옥, 전혜숙, 이영란, 최윤정, 권부귀, 이금숙, 김미옥, 공차임 차사 (이상 11명) - 정덕수, 김종희, 박경윤 차도계절사 (이상 3명)
2차 박람회 공수선차 시연 참가자	- 차문정, 정도영, 구원조, 이영란, 이금숙, 김종희 차사 (6명)

잎차 공수선차 시연은 차를 우리고 마시는 과정을 보여주는 것으로 격조 높은 우리 차문화에 대한 이해를 새롭게 하여 많은 사람들이 전통차를 가까이하게 되기를 바라는 간절한 마음이 컸다. 참여한 차인들은 의연한 자세와 마음가짐으로 한 마음, 한 동작으로 차를 우렸다. 탕관의 차를 숙우에 부어 찻물을 적절하게 식히고, 차를 차관에 넣은 후 숙우의 물을 다시 차관에 부어 차를 우려낸 후 찻잔에 부어 세 번에 나누어 마셨다.

공수선차의 차악은 박경선 작사, 황병기 작곡, 윤인숙 노래, 권성택 가야금, 이지영 연주의 '차향 2제'에 맞추어 행해진다. 이 노래는 화윤차례문화원 회원이면 누구라도 가슴에 젖어있는 노래다. 보는 이들은 '우매? 차 마시는 것을 가지고 공연을 해?'라는 의아한 표정으로 지켜보는 이도 있었고, 공수선차 시연에 하나 된 듯 자세마저 고쳐 앉고 몸을 앞으로 기울인 채 시선을 떼지 못하는 이들도 있었다. 차인으로서 뿌듯함과 함께 잔잔한 훈풍이 주위를 감돌고 있음을 느꼈다.

우리 화윤선차회가 경남국제차문화박람회에서 차도예절교육관을 운영하며 사랑과 나눔을 실천했던 훈훈한 기억들이 벌써 10년을 훌쩍 지나버렸다. 시간이 가도 그때의 여러 장면들이 지금도 문득 떠오른다. 그 중에서도 차도 시연, 차도 체험관, 차도예절 체험관, 다식 체험관을 운영했던 것은 차문화의 대중적 보급에 크게 울림이 있었다고 믿는다. 이런 박람회가 보다 활성화되어 우리 선조들의 멋과 여유가 어우러진 차문화가 세계문화 속에 한국문화의 아름다움을 전하는 자리로 자리매김하길 기대해 본다.

6. 경남국제차문화박람회 주관 회고

/ 윤상 차문정

2013. 09. 22. (목)

받아 놓은 날짜는 어김이 없다.

시시각각 다가오던 박람회 개최일이 주는 조바심을 숨기며 회원들께 불안한 기색을 내지 않으려 애썼다. 잘 해낼 수 있으리라 스스로 최면을 걸며 견뎌왔던 것은 태산같이 믿음을 주는 화윤 선생님이 계셨기 때문이다. 모래 알갱이처럼 흩어져있던 회원들을 한 마음 한 에너지로 이끄시는 화윤 선생님의 가르침이 우리에게 없었다면 가능하지 않은 일이었다.

차 공부를 하면서 남들에게 보이기 위한 차문화에 익숙해진 세태에 지루함을 느끼던 때에 화윤선차회를 만났다. 화윤 선생님의 차 인문학 공부가 없었더라면, 차도 명상을 통한 차인의 올바른 품성을 일깨워 주시지 않았더라면, 크고 작은 행사 앞에서도 언제나 담대하게 물 흐르듯 조화로운 행동을 전해주시지 않았더라면, 군자불기의 가르침과 차구에 느리게 스며드는 차심 같은 심지를 배우지 않았더라면, '한 마음으로 뜻을 모아 그 어떤 행사도 잘 치러내지 못했을 것이다'라는 것을 마음 깊이 알아차리는 기회였다.

주최 측 사무실에서 몇 날 밤을 넘겨가며 행사를 준비하면서 전통문화체험관을 꾸미려고 사진 자료를 찾다가 봄에 내린 눈에 덮인 운암서원의 고졸하고 한기서린 이미지 사진을 보았다. 순간, 상촌 신흠 선생의 시 〈野言 야:언〉이 떠올랐다.

桐千年老恒藏曲 (동천년노항장곡)
梅一生寒不賣香 (매일생한불매향)
月到千虧餘本質 (월도천휴여본질)
柳經百別又新枝 (류경백별우신지)

오동나무는 천 년이 지나도 아름다운 곡조를 가지고 있고
매화는 아무리 추워도 향기를 팔지 않는다.
달은 천 번을 이지러져도 본질은 그대로 남아있고
버드나무는 백 번을 꺾여도 또 새 가지를 낸다.

이 시의 정취와 사상이 지금의 화윤차례문화원의 상황과 꼭 맞아 떨어지는 것 같은 강렬한 느낌을 받았다. 녹음방초 우거지는 사계절의 운암서원 사진도 더러 있었지만 이 사진만큼 마음에 와 닿지 못했었다.

화윤 선생님은 오늘을 예견하셨을까?. 눈 덮인 서원에서 홀로 눈밭에서 구르고 엎어지시면서 남겨놓은 사진자료가 오늘 이렇게 유용하게 쓰이게 될 줄을 나는 미처 알지 못했다.

사진이 주는 감흥에 젖어 하마터면 현수막에 이 시 구절을 같이 넣을 뻔했다. 넣어서 나쁠 건 없겠지만 홍수에 둑 터진 듯 감성적 수위가 흥분으로 오르내리는 그대로 밀고 나가는 것은 무리라 생각하며 흥분을 가라앉혔다.

행사 기간은 늦더위가 남아있는 가을 초입이라 등줄기를 타고 내리는 땀은 그칠 줄을 몰랐다. 나는 차도 예절교육관 벽면을 장식한 눈 내리는 운암서원을 바라보면서, 이 사진이야말로 우리나라 차문화가 처한 현실이고 차문화를 바라보는 이타적인 시각이기도 하고 홀로 고군분투하는 화윤차례문화원의 정신이기도 하다고 생각했다. '매화는 아무리 추워도 향기를 팔지 않는다.'는 구절이야말로 내가 서 있는 오늘의 차문화 정신이어야 함을 그 사진 앞에서 마음으로 다짐했다.

경남차문화박람회가 열리는 4일 동안 화윤 선생님은 본부석에서 뒷설거지를 담당하시며 땀에 절어 구겨지고 망가진 제자들의 한복을 쉴 새 없이 다림질하고 찻상보를 다려주셨다. 또 바쁜 걸음에 몸 축낼까 쉼 없이 차를 권하시며 기꺼이 설거지통에 손을 담그며 일이 앞으로 나아갈 수 있도록 손을 아끼지 않으셨다. 부스별 체험관에서 꽃 같은 모습으

로 주어진 활동을 치러내는 제자들을 흐뭇하게 바라보며 격려해주시던 모습은 잊을 수 없을 것이다. 사람의 너른 자리가 어찌 행해지고 이어지는지를 몸소 실천하시는 스승을 은사로 모시는 것을 귀하게 여겨야 할 것이다.

무모한 일정, 숨 가쁜 스케줄, 살인적인 업무량 속에서 '노력하는 자는 즐기는 자

를 이기지 못한다.'라는 글귀를 실감하였다.

　　찻물인지 땀인지 모를 정도로 영육이 흠씬 젖은 4일간의 잔치는 끝이 났다.

　　내년 또 후 내년, 그리고 세세연년, 오늘 우리가 함께 해낸 이 잔치를 기쁘게 기억하고 기꺼이 기다리리라. 마땅히 주역이 되어야 할 우리는 화윤차례문화원, 화윤선차회의 차인이니까.

　　한 달여 넘게 박람회 계획을 발표하고 스케줄을 잡고 콘티를 짜고 선후배가 일사불란하게 한뜻을 모아 일이 되게 해주신 화윤차례문화원 회원님들의 노고에 깊은 감사를 거듭 드린다. 작은 자리 큰 자리 마다치 않으시고 주어진 역할을 순수하게 받아주시고 봉사하신 모습이 감동이다. 힘들어도 다시 힘이 났던 까닭은 모두 여러분 덕분이다. 행사를 마치고 마지막까지 정리를 다 하고나서 화윤 선생님과 차를 한 잔 마셨다. 술기운도 감돌고 너무나 지친 나를 위해 화윤 선생님은 대리기사를 불러주셨다. 그날의 마음을 시에 담아보았다.

어떤 부탁[9]

아주 귀한 사람이니 정중히 모셔 달라
웃음기 하나 없는 진담 같은 농담에
처음 본 대리기사는 저울 위에 눈치를 잰다.

갖춤을 갖춘 이는 스스로를 낮추고
집으로 가는 길에 달빛까지 떼어주신
노스승 적막강산은 누구에게 부탁하나.

9　이 시는 고 윤상 차문정이 화윤선차회 카페에 남긴 시를 가려 뽑은 것이다. 윤상은 통영 출신으로 2007년 『시조세계』로 등단했다. 화윤차례문화원 부원장, 시조세계시인회 운영위원을 역임했다. 2014년 3월 16일 타계하였다.

7. 토요 나눔차회

/ 윤주 양미화

2008. 04. 05. (토) | 나눔차회 발대식

4월 5일 토요일 오후 2시, 화윤선차회 월례회는 나눔차회 발대식을 겸한 공수선차로 시작하였다. 또 운암서원 마당에서는 기氣와 차茶가 만나는 특별한 공연으로 회원들의 마음가짐을 새롭게 하는 시간도 가졌다. 이날은 창원중학교 학생을 대상으로 학생 차도와 무예 강좌가 시작되는 날이기도 했다.

이날은 청명절 다음 날이자 식목일이고 한식날이었다. 이렇게 좋은 계절에 우리가 나눔차회를 시작하니 봄맞이를 하는 기분이었다. 우리 회원들은 마르지 않는 샘을 가진 듯이 누구에게라도 향기롭고 맑은 차를 정성을 다해 나누기로 다짐하였다.

한 해 동안 매월 첫 주와 셋째 주 토요일에 운암서원 동재에 차실을 마련하여 그날 봉사자의 방식으로 손님들께 차를 대접하였다. 누군가를 위해 물을 길러오고 찻자리를 정갈하게 닦고 소박한 꽃도 한 송이 담아 나의 손님이 되어 줄 사람을 기다리는 마음을 가지며 그를 위해 아침부터 나의 시간을 온전히 낸다는 것은 신선한 경험이었다.

나눔차회 봉사는 일직표에 따라 진행하였다.

4월 05일: 나눔차 봉사회 발대식	6월 07일: 창원 용지공원, 정도영, 차문정, 양미화,
4월 12일: 최문옥, 전혜숙	안병선, 박숙미
4월 19일: 대원동 레포츠공원, 이상주, 이영옥	6월 14일: 최문옥, 손영숙
4월 26일: 김연희, 정도영	6월 21일: 손영숙
	6월 28일: 차문정, 안선옥
5월 03일: 정도영, 이영옥	
5월 10일: 김영옥, 박숙미	7월 05일: 안병선
5월 17일: 손영숙, 안병선	7월 19일: 김연희
5월 31일: 양미화, 김정희	

나눔차회 봉사를 신청한 회원은 각각 2명씩 조를 짜고 각자의 방식으로 손님을 맞이했다. 먼지를 싹싹 닦은 깨끗한 자리에 하얀 방석을 모양 맞춰 반듯하게 놓고 다식을 준비하고 찻자리 꽃도 단정하게 꽂고 주전자에서 나오는 솔바람 소리를 들으며 나의 차손님을 기다리는 그 시간은 그동안 경험하지 못한 새로운 차도수련이라 느껴졌다. 소박하게 준비하는 차회지만 그날은 아주 특별하고 가슴 설레는 날이었다.

2008. 04. 19. (토) | 대원동 레포츠공원의 나눔차회

4월 19일 나눔차회는 대원동 레포츠공원 내 어린이교통공원에서 열었다. 경남정보사회연구소, 창원YMCA, 경남풀뿌리환경교육정보센터, 한국시사랑문화인협의회 경남지회, 사회교육센터(대원, 명곡, 반지, 봉곡, 사파, 사림, 중앙, 의창), 원풍벽산아파트 마을문고가 주최하는 제11회 마을문고 백일장이 열리는 곳이었다. 우리 차회 봉사자들이 공원

으로 찾아가서 찻자리를 열어주기로 한 것이다. 봄날 공원에서 멋진 나눔차회를 통해 시민들과 함께 차를 즐기는 것으로 너무 아름다운 나들이였다.

이날 나눔차회에 참가한 사람은 정도영, 반은실, 전점란, 차문정, 김은숙, 양미화, 김춘덕, 남영숙, 안선옥, 최문옥, 전혜숙, 이상주, 이영옥, 안병선 회원이며 일직표에 따라 진행되었다.

9월 01일: 정도영, 차문정, 양미화	11월 03일: 정종옥, 최점자
9월 08일: 이점순, 안선옥	11월 10일: 정도영, 양미화
9월 15일: 박남식, 김은숙	11월 17일: 손경나, 차문정
9월 22일: 전점란, 김덕연	11월 24일: 이점순, 김춘덕
9월 29일: 송영선, 김춘덕	
	12월 01일: 김나영, 전미숙
10월 06일: 차문정, 안선옥	12월 08일: 오경아, 최문옥
10월 13일: 권지영, 노성미	12월 15일: 김덕연, 손경나
10월 20일: 차문정, 김정희	12월 22일: 송영선, 남영숙
10월 27일: 반은실, 남영숙	12월 29일: 김영미, 최경미

나눔찻자리 마련을 위하여 애쓴 솜씨들이 무척이나 아름다웠다. 모두 모여 정갈한 마음으로 공수선차를 행하며 마음을 가다듬는 모습도 한 폭의 아름다운 그림이었지만 일직을 맡은 회원들이 저마다의 개성으로 찻자리를 준비하고 손님을 맞아 차를 내는 모습 자체가 감사함으로 은혜에 보답하는 차도의 보은성 그 자체였다. 나 자신의 존재에 대한 확인과 행복을 소중하게 여기는 시간이었다.

2009. 03. 15. (일) | 운암서원 나눔차회

2009년 나눔차회는 매주 일요일로 정하고 3월 15일부터 오후 2시에서 5시까지 운영했다. 자원봉사는 우리 회원들과 화윤선차회 카페 회원, 그리고 자원봉사를 희망하는 모든 분들이 참여하도록 개방했다. 또 10인 이상의 단체 손님은 사전 예약을 받아 차도를 체험할 수 있는 프로그램도 마련하였다. 윤상 차문정 회장과 윤여 최문옥 총무는 많은 분들이 참여할 수 있도록 홍보를 하고 봉사자의 일정표를 짜 주었다.

3월 15일: 차문정	5월 03일: 밀양 대각정사 차밭
3월 22일: 이영옥, 송다겸, 김묘임, 차문정, 정도영	5월 10일: 송다겸
3월 29일: 화윤 선생님, 송다겸, 이점순, 김묘임, 이영옥	5월 17일: 이점순
	5월 26일: 다문화 가족을 위한 나눔차회
4월 05일: 최문옥	5월 31일: 반은실
4월 12일: 차문정, 정도영, 전혜숙, 김묘임	
4월 19일: 정도영	
4월 26일: 차문정, 정도영, 안병선, 김순중	

4월 26일 나눔차회는 창원 대산면 빗돌배기마을에서 열린 '긴급구조재난봉사단 발대식'에 참여했다. 정도영, 안병선, 차문정, 김순중 회원이 현장에서 전통차례 시연을 하고 다문화 가족을 위한 차문화 체험을 제공했다.

그 외는 운암서원에서 열렸는데, 여기저기 예쁘게 차려입은 도반들이 찻자리를 준비하며 환한 미소와 웃음소리로 꽃을 피웠다. 손길 하나에서도 단아함과 정갈함이 느껴졌다. 서로 이렇게 아름다운 모습을 마주하면서 각자 더 아름다워지고 있는 자신을 보고자 마음공부를 하고 있음을 느꼈다.

차공부로 맺어진 도반들의 차 인연은 맑고 감사했다. 한 잔의 차로 이웃과 나눔으로써 덕을 쌓을 뿐만 아니라 자기반성으로 내면이 충만해졌다. 마음이 치유되는 느낌이었다. 차가 주는 에너지는 생각을 건강하게 변화시켜주었고 차 생활을 통해 마음의 풍요로움을 선물해주었다.

물 끓는 소리는 손님 맞을 준비가 다 되었다는 신호다. 나눔차회가 시작되는 순간이다. 차를 넣고 우릴 때까지의 기다림, 차를 따르는 순간을 한 마디로 표현하면 설렘이다. 차는 시간과 정성을 드리는 작품 같다. 한 분 한 분 손님들 손에 찻잔이 들어 올려 질 때면 나의 몸과 마음이 위로를 받는다. 선생님의 가르침을 상기하며 차회를 준비하고 배움을 나누고 차 한 잔을 나누며 함께하는 시간들, 나와 더불어 도반들의 모습에도 뿌듯함이 묻어난다. 정말 소중하고 감사한 시간들이다.

나눔차회는 봄날의 여유를 누리는 일이었고 남을 위한 봉사가 아니라 스스로에게 주는 여유와 힐링의 시간이었다. 내가 스스로 잘할 수 있을까 하는 두려움을 이기고 두려움의 자리에 정성을 불어넣은 결과는 행복으로 내게 돌아왔다. 차회를 함께한 우리 도반들의 아름다운 마음들이 모아져서 더 빛이 나는 나눔차회였다. 정말 특별하게 행복한 주말을 보냈다. 단호박 밥을 만들어 와서 나누어주신 윤송, 아기를 안고 참여한 윤슬과 멀리 울산에서 먼 길을 마다 않고 달려와 주신 윤허 등 모두 사연이 많은 일상 속에서 그래도 우리는 아름다운 차 시간을 만들어나갔다.

나눔차회를 마치며

기쁜 마음을 일으킨 차 한 잔의 나눔이 나를, 너를 그리고 우리의 영혼을 맑고 향기롭게 거듭나게 해주었다. 나눔차회는 차가 만들어준 새로운 시간이었고, 차 한 잔으로 에너지를 나눈 시간이었다.

이탈리아의 '카페 소스페소'는 차를 마실 때 모르는 누군가를 위해 내가 찻값을 미리 지불하는 문화라고 한다. 나는 차를 가졌고 차를 우리는 시간을 받은 축복을 누리고 있다. 나의 축복을 누군가를 위해 나누어주는 것이 나눔차회의 의미이고 화윤선차회에서 배운 보은성을 실천하는 것이었다.

한 잔의 차로 나의 본원으로 돌아가 자신을 살펴보듯이 그러한 마음을 이웃에 나누는 차 생활은 보은하는 복을 쌓는 기회였다. 차 한 잔으로 따뜻한 마음을 전한다는 것은 너무나 멋지고 값진 경험이었다. 토요 나눔차회는 더 이상 이어지지 않지만 그 시간을 돌이켜 생각하는 것만으로도 마음이 따뜻해진다. 그 경험 덕분에 지금도 내 주위를 돌아보며 누구에게라도 차 한 잔을 기꺼이 내어주는 마음을 가지고 살아간다.

8. 고운 최치원 학술대회 나눔차회

/ 윤채 전혜숙

차는 육체적 건강뿐만 아니라 정신 건강에 도움을 주는 정신 음료이기도 하다. 마음의 여유를 가지고 주변을 깨끗이 정리하고 차구를 준비하고 좋은 물과 좋은 차를 선택한다. 그리고 고요히 앉아 솔바람 소리에 귀 기울이며, 간 맞은 한 잔의 차를 우려서 오감으로 즐기는 이 일련의 과정이 알아차림 속에서 행해질 때, 우리는 세상사 번잡함에서 잠시 벗어날 수 있고, 온전히 자기 자신과 마주할 수 있는 순수하고 맑은 시간, 가장 평화로운 시간을 만날 수 있어 행복감을 느낄 수 있다.

한 방울의 물에도 천지의 은혜가 있고, 한 톨의 곡식에도 만인의 노고가 들어 있듯이 한 잔의 차 속에도 수많은 사람의 정성어린 손길과 땀이 스며있으니 감사한 마음과 은혜를 잊지 말아야할 것이다.

2019. 05. 08. (수) | 학술대회 나눔차회

첫째 날, 합천군종합사회복지관에서 경남대학교 고운학연구소와 합천군이 공동으로 주최하는 '합천 가야산이 품은 고운 최치원의 인문학적 가치'를 주제로 한 국제 학술대회가 열렸다. 최치원은 통일신라 말의 최고 지성인이자 사상가로 차에 대한 기록들을 남겨서 우리나라 차문화사에 중요한 인물이기도 하다. 행사를 주관하는 윤수가 우리 차회에서 찻자리를 펼쳐서 학술행사에 문화적 향기를 더해주면 좋겠다는 제안을 했다. 창원차향회 회원들은 환영하며 기꺼이 동참하기로 하였다.

아침 9시 운암서원 앞에 모여 1박 2일의 일정을 시작했다. 화윤 선생님, 윤용,

윤송, 윤담, 윤단, 윤주와 나는 2대의 승용차에 나누어 타고 합천으로 향했다. 날씨는 더없이 화창하고 때맞추어 핀 갖가지 꽃들이 가는 길을 아름답게 장식하여 절로 미소 짓게 했다.

약 2시간을 달려 행사장에 도착했다. 우리는 짐을 풀었고 찻자리를 펼칠 공간과 테이블 등은 윤수가 미리 준비해 두었다. 테이블보를 깔고 차구를 배열하고, 꽃으로 찻차리에 멋을 더했다. 찻물도 미리 끓여 두고 다식도 예쁘게 담아 차를 베풀 준비를 마쳤다. 잠시 틈을 내어 준비된 탈의실에서 모두 쪽빛 치마에 흰 모시 저고리 여름 단복으로 갈아입고 각자의 역할에 맞도록 자리를 잡았다.

찻자리 뒤에는 큰 현수막에 고운 최치원 선생이 쓴 '사신차장 謝新茶狀 ; 새 차를 보내준 것에 감사하며'라는 시와 차 그림이 있는 현수막이 걸렸다. 이 시는 최치원 선생이 중국 당나라에서 관직 생활을 할 때 유공초라는 사람의 부탁을 처리해준 사례로 차 선물을 받았고, 그에 대해 감사하는 화답시라는 주가 달려 있었다.

오늘 중군사 유공초가 처분할 일을 전하기에 처리했더니 차를 보냈습니다.
생각건대 이 차는 촉(蜀)의 언덕에서 빼어난 기운으로 받아 자라고
수(隋)의 뜰에서 싹을 피운 것입니다.
비로소 잎을 따는 공력을 다해
순수하고 빼어난 맛을 갖추었습니다.
녹유(綠乳)를 쇠솥에 끓여 옥잔에 향고를 띄우니
그 고요함은 참선하는 중이 읍하며 한가하게 신선을 맞이하는 것 같습니다.
뜻밖에 훌륭한 선물을 외람되게도 보내주니
매림(梅林)을 빌리지 않아도 저절로 갈증이 해소되고
훤초(萱草)를 구하지 않아도 근심을 잊을 수 있겠습니다.

천 년 전의 고운 최치원 선생이 차를 받고 감사의 글을 보낸 그 시 앞에서 우리 화윤선차회 회원들이 손님들을 위해 차를 내고 있으니, 그 받은 것을 또 누군가에게 돌려주는 아름다운 역사의 흐름을 생각하지 않을 수 없었다. 그날 행사가 차를 사랑했던 학자요 문장가였던 최치원 관련 학술대회라 감회가 특별했다.

최치원 선생이 살았던 통일신라시대는 차가 부처님께 올리는 공양물 내지 왕실이나 귀족 등 특수 계층에서만 즐길 수 있었다고 한다. 그러나 오늘날에는 차 산업 발전과 차문화의 보급으로 큰 어려움 없이 누구나 차를 즐길 수 있어 이 시대와 앞서 간 여러 차인들께 감사드린다.

행사 시작 1시간 전부터 손님들의 발길은 이어졌고 우리들의 손도 바빠졌다. 찻자리에 준비된 차는 보이차, 황차, 화윤차, 연꽃차 등 다양했다. 다식으로 떡과 양갱을 준비했다. 시간이 갈수록 사람들이 밀려들기 시작했는데, 오시는 분들 중에는 차를 처음 대하는 분도 있어 호기심과 관심을 가지고 이것저것 물어보느라 자리가 혼잡해졌다. 넉넉하게 준비된 테이블인데도 정체되는 사람들을 다 감당하기 어려웠다. 차에 대해 묻기도 하며 차를 즐기며 마시는 차인들도 제법 있었다.

크고 작은 일반 행사장에 가면 티 테이블 앞에 음료수나 간편한 커피 또는 티백 녹차 정도로 목마름을 가시게 하는데, 그날 나눔차회는 문화적 격조를 갖춘 하나의 이벤트였고 그것을 우리 회원들이 자연스럽고 물 흐르듯 잘 진행해나갔다. 무엇보다 손님들을 즐겁게 해주고 우리 차문화의 멋진 모습을 알리는 계기가 되어 보람이었다.

이 날 행사장에 오신 분은 300명이 넘었다. 윤수 노성미 교수의 주제발표와 토론의 장은 대성황을 이루었으며, 우리의 나눔차회는 차인이었던 최치원 관련 학술행사에 차문화 행사를 곁들여 더 큰 보람을 느꼈다.

2019. 05. 09. (목) | 고운 최치원 유적 탐방

첫째 날 해인사관광호텔에서 1박을 하며 늦은 시간까지 차담을 나누었다. 호텔 조식을 간단히 한 뒤, 중국 양주시 당성박물관 이빈 李斌 관장 일행과 고운 국제교류사업회 관계자들과 함께 해인사 일대의 최치원 유적을 탐방했다. 해인사는 가족과 또는 친구, 직장 동료들과 여러 번 왔던 곳이지만 올 때마다 새롭고 느낌도 달랐다.

해인사 일주문 들어가는 입구에 오른쪽으로 경주 포석정과 비슷한 형태의 유상곡수를 이번에 처음 보았다. 최치원이 해인사 은둔시기에 만들었다는 고려시대 기록이 있다는 윤수의 해설을 듣고 그 유래를 처음 알았다. 알아야 보인다는 말이 있듯이 여태껏 해인사를 드나들었지만 유상곡수의 존재는 이번에 처음 알았다. 덤불 속에 매몰되었던 역사의 흔적이 일주문 건축을 계기로 그 형태가 세상에 드러난 사실도 놀라운 인연이라 생각되었다.

일주문을 들어서니 양쪽 기둥에 전서로 쓰인 주련이 눈에 들어왔다. '역천겁이불고 歷千劫而不古, 긍만세이장금 亘萬歲而長今'의 뜻을 풀어보다가 일단 사진으로 담아왔다. 집으로 돌아와서 검색해보니 '천겁을 지나왔어도 옛날이 아니요, 만세를 거쳐도 늘 지금'이란 뜻이었다. 우주의 시간으로 본 이 글이 내포하고 있는 심오한 뜻이 그저 알쏭달쏭 현재를 잘 살라는 뜻의 '지금 여기에'란 말과 겹쳐 보았다.

초파일을 앞두고 구광루 앞마당 가득히 오색 연등이 가지런히 줄지어 매달려 있었고, 그 아래 땅바닥에는 수많은 연등 그림자가 산들바람을 따라 일렁이고 있었다. 부처님의 자비와 광명이 온 세상에 가득하기를, 중생의 무명을 지혜의 등불로 밝혀주시기를, 살아있는 모든 생명들이 평화롭기를 두 손 모아 기도했다.

계단을 올라가 대적광전으로 들어갔다. 오래 머물지 못하고 부처님께 삼배만 올리고 일행과 합류하였다. 대적광전 전각 서까래 끝에 빙 둘러 반야심경 260자가 씌어 있는 것과, 아래에 꽃문양 안에는 산스크리트 글자가 씌어 있는 것을 보았다. 전각을 한 바퀴 도는 것과 티베트에 있는 마니차 한 번 돌리는 것과 같은 의미일 거라 짐작해 보았다. 이곳에 예불 시간 맞추어 오면 해인사 스님들 예불 드리는 모습을 볼 수 있는데, 어찌나 장엄한지 그 감동을 잊지 못한다.

대적광전 뒤쪽의 고려팔만대장경이 모셔져있는 장경판전 앞으로 갔다. 대장경에 대한 해설도 경청하면서 불심과 애국심 가득했던 조상들의 은혜에 감사드렸다. 유네스코 세계문화유산에 등재된 고려팔만대장경과 똑같은 형태로 동판에 새긴 대반야경 제8권 23장, 24장을 해인사에서 모셔 와서 집에 보관하고 있다. 오래전에 해인사 대장경 불사 때 모셔온 것이다. 이번 방문이 내 마음에 들어앉은 불심을 확인하는 시간이기도 했다.

학사대로 이동하여 학사대란 이름의 연유를 알아보았다. 최치원이 거문고를 타면 학이 날아와 그 소리를 들었다는 설과 최치원이 역임한 한림학사란 벼슬 이름을 따서 학사대라 이름 붙였다 한다. 어쨌든 해인사 경내의 학사대도 최치원 유적이다. 학사대를 지키고 있던 250여년 된 전나무는 2019년 9월 7일 태풍 링링으로 쓰러졌다고 보도된 바가 있다. 우리가 그때 본 것이 마지막 모습이라 생각하니 참으로 안타까웠다.

일행은 장소를 이동하여 물소리, 바람소리, 새소리 들리는 소리길 홍류동 계곡으로 갔다. 계곡 물소리가 가슴을 시원하게 하고 한창 자라 오르는 초록 잎들이 계곡을 뒤덮어 물빛이 녹색을 이루니 잠시 녹류동이라 불러도 될 것 같았다.

윤수가 홍류동 곳곳의 역사를 해설해주었다. 조선시대에 이곳을 유람했던 많은 선비들이 가야산유람록을 썼고, 바위마다 이름과 글씨를 새긴 것을 보고 어떤 사람은 이름을 새기는 대신 '죄 없는 바위에 묵형을 가했구나.', '조정 인물 반이 여기에 다 있다.'고 유람록에 기록했다는 해설이 흥미로웠다. 바위에는 이름뿐만 아니라 최치원의 은둔시를 차운한 많은 시들도 있었다. 옛사람들은 자기 이름을 새기는 것으로 방명의 흔적을 남기고 그것을 자랑스럽게 여긴 문화적 현상이 있었다는 것을 생각하며 지금의 자연문화유산 원형 보존에 대한 인식과 차이가 많다는 것도 생각했다.

농산정 정자에서 모두 멈추어서 아담한 정자와 주변 경관을 감상하며 기념촬영을 했다. 이곳은 최치원 선생의 해인사 은둔 시기에 독서당이 있던 곳이고 그의 독서당 시는 후대인들에게 많은 영향을 주었다는 것도 알게 되었다. 그리고 그의 말년에 갓과 짚신을 걸어두고 신선이 되었다는 전설도 알게 되었다.

농산정은 훗날 유림들이 그를 추모하여 지은 정자라 한다. 정자 근처에 '고운최선생둔세지'라고 씌어있는 비석이 있었다. 최치원이 이곳에 은둔했다는 표시다. 옛사람들이 명산대천을 주유하며 차를 마시고 시를 짓는 풍류를 즐겼다고 하는 말이 새삼 떠올라 농산정에서 우리 도반들도 찻자리를 펼쳐 풍류차를 즐겨봄이 어떨까하는 생각이 들었다. 이번 학술대회와 해인사 탐방으로 최치원이 한국 차문화에 끼친 영향을 인식하는 계기가 되었다. 우리 차향회가 함께 했던 1박 2일의 일정을 마무리하고 창원으로 돌아왔다

되돌아보는 나의 차살림

내가 차를 처음 만난 때는 2007년 봄으로 기억된다. 나의 친구와 함께 운암서원에 계신 화윤 선생님을 찾아뵙고 차에 대한 배움을 청했다. 직장생활 하면서 여기저기서 선물로 받은 차가 있기에 어떻게 마시는지 알고 마시는 것이 좋겠다 싶어서 차 공부를 시작했다. 공부의 시작은 차인으로서 갖추어야할 기본 소양과 마음가짐의 지침서인 계초심학인문, 초발심자경문을 공부하고, 차서로는 동차송, 차신전, 한국의 차도, 차부 등을 공부하며 전문 지식을 쌓아갔다. 그리고 스승과 제자, 또는 도반들끼리 한 호흡으로 차향이제 등 차악에 맞추어 차를 마시는 '공수 선차'도 배웠다. 함께 수행의 도를 닦는 뜻이다. 이를 혼자서 하면 '독수 선차'가 된다.

차를 배우면서 자연히 다식에 대하여 관심을 가지게 되었고, 이제는 몇 가지의 다식을 만들 수 있게 되었으며, 계절에 어울리는 차와 차구들, 차의 종류에 따른 차구와 다식을 조금은 구분할 수 있게 되었다. 지금은 가족들과 집에 오시는 손님께 따뜻한 차 한 잔을 대접할 수 있게 된 것이 더없이 기쁘고 행

복하다. 무엇보다 온종일 혼자 있어도 무료하지 않게 해 주는 차와 먹물을 벗으로 삼을 수 있으니 내 인생의 축복이고 다행이라 생각한다.

화윤 선생님의 큰 가르침과 알게 모르게 나에게 선한 영향을 준 도반들의 따뜻한 마음과 지혜를 배워 내가 성장했고 내 삶이 풍성해졌다. 화윤 선생님과 창원차향회 도반님들께 깊이 감사드린다. 내가 살아갈 남은 날들이 차로 인하여 맑아지기를, 향기로워지기를 기대한다.

9. 춤사위로 풀어낸 차향

/ 윤야 최복순

2010. 10. 09. (토)

운암서원 솟을지붕 너머로 유난히 청명한 하늘이 환하게 열려 빛나고 있었다. 화윤차례문화원에서 이론과 실기 시험을 모두 통과하고 화윤 선생님과 선배님들이 준비한 수료증을 받던 날, 가슴이 벅차고 뿌듯했다.

그날 나는 새로 준비한 세모시 한복을 입었다. 운암서원 댓돌 아래, 이슬을 머금은 풀밭에 화문석을 깔고 외씨보선으로 사뿐사뿐 휘돌았다. 진양조 가락을 타고 세월을 넘나들었다. 정지된 듯한 동작은 호흡마저 멎게 했다. 수료식을 축하하기 위해 오신 가족들과 내빈들은 대청마루에 앉아 계셨다. 풀 먹인 명주 수건은 그들의 시선을 담아 함께 하늘로 날아올랐다.

수료식 이후, 보현선원 부처님 오신 날 봉축법회에 앞선 문화행사에 우리 회원들과 참여하게 되었다. 회원들은 공수선차와 육법공양을 맡고 나는 차계무를 추었다. 특별한 경험이었다. 불자들과 부처님 오신 날을 경축하는 마음은 환희심으로 가득했다. 기회를 주신 창원차향회에 감사하는 마음이다.

함께 수료한 회원들이 일상의 어느 순간에 그리움으로 달려온다. 한 사람 한 사람 가슴으로 안아주며 격려해 주시던 화윤 선생님의 단아하고 자애롭던 미소가 차를 놓지 않고 살게 하는 힘이 될 줄 그때는 몰랐다. 선배님이 선물로 주신 찻잔은 찻물과 함께 멋이 들어 소중하게 곁에 두고 지낸다.

　　차도예절사 자격을 준비하던 일련의 시간과 수료증을 받던 설렘의 날, 살풀이 춤을 추었던 그 순간은 가장 빛나는 순간으로 각인되어 있다. 직장생활 때문에 차실에 자주 나가지 못하는 편이지만 앞으로는 시간을 내서 화윤 선생님을 찾아뵙고 선배 후배들과도 차를 마시기를 다짐한다. 코스모스가 달빛을 더 선명하게 투영하는 그 계절이 다시 왔다.

　　창원차향회가 늘 그 자리에 있어서 감사하다.

10. 사천 다솔사 차문화 기행[10]

/ 윤정 박정둘

2004. 06. 04. (금)

잠 못 이룬 긴 밤은 간 곳 없고, 비 내리는 차창 밖을 바라보며 드디어 차밭을 향해 출발하게 된 우리들!

사천의 곤명요에 들러 김영태 선생님의 도자기 강의를 듣고 나서 다솔사에 도착했다. 먼저 부처님을 뵙고 적멸보궁 뒷밭에 있는 차밭으로 올라가 차나무를 보면서 화윤 선생님의 설명을 들었다.

다른 것은 잘 모르겠고 수업시간에 배운 일창일기 一槍一旗, 일창이기 一槍二旗 라는 말은 귀에 쏙 들어왔다.

봉명산 다솔사 뒤편, 범죄 없는 마을 용산리에 있는 반야로 차 제차 製茶 현장에 들어섰다. 반야로차도문화원 원화 채정복 선생님이 하얀 모시옷을 정갈하게 갖추어 입고 우리를 맞이하셨다.

언제 뵈어도 기품 있으신 선생님은 그 작은 체구 어디에서 그렇게 당당함이 나오는지 알 수 없다. 먼저 우리 일행은 반야로 인사법으로 절을 올리고 점심을 먹었다. 오십여 년 전 어렸을 적에 먹었던 그 모양, 그 맛의 반찬이 시공을 초월하여 내 앞에 놓였다. 맛이 담백하여 좋았다.

---

10   https://cafe.daum.net/teasamadhi ; 이 글은 고 윤정 박정둘 선생님이 다음 카페 '화윤차례문화원/화윤차문화협동조합'에 다솔사 견학 후기를 남긴 것입니다.

식사 후 원화 선생님은 차에 대한 좋은 말씀과 함께 차의 색과 향을 즐기며 마시도록 지도해주셨고, 반야로는 증차 蒸茶 이므로 위에나 몸 어디에도 무리를 주지 않아 좋은 차라고 설명하셨다.

우리 선생님께 차에 대하여 좀 더 자세한 설명을 구했더니, 차에는 만드는 방법에 따라 발효차와 불 발효차가 있다고 하셨다.

불 발효차에는 끓는 물에 대치거나 증기에 쪄서 덖는 증차와 생잎을 바로 덖는 부초 釜炒 차가 있으며, 발효차는 우롱차, 철관음차, 홍차 등이 있다고 하셨다. 또 찻잎의 크기에 따라 세작 細雀, 중작 中雀, 왜작 倭雀 으로 나누며, 채차하는 시기에 따라 곡우 穀雨 전에 딴 차를 우전 雨前, 곡우차 穀雨茶, 그 이후에 딴 차는 입하차 立夏茶 라 부른다고 설명해주셨다.

초의선사의 『동차송 東茶頌』에 중국에서는 곡우 5일 전에 딴 차가 상품이고 以穀雨前五日爲上, 곡우 후 5일이 그 다음이고 後五日次之, 또 5일 후가 그 다음 後五日又次之 이라고 한다. 우리나라는 곡우절기의 채차는 너무 일러서 입하 후에 따는 것이 마땅하다고 當以立夏後爲及時也 고 배웠다.

선생님의 말씀에 따라 차의 구분을 어느 정도 짐작할 뿐, 어디까지 가야 차에 대한 체계가 잡혀질지 궁금했지만 차차 공부하면 어느 정도 알 수 있으리라 믿어본다.

우리 차회 회원은 연령 차이가 많이 난다. 그래서 젊은이들은 순수한 마음으로 아름다운 추억을 만들고 싶어 하고, 중후한 50대 아지매들은 산길을 가다가도 가족들 생각에 죽순을 보면 반찬 해 먹여야지, 늙은 고사리 중에 부드러운 것들을 따면서 국 끓여야지, 씀바귀를 보면 쌈 싸 먹어야지 하면서 살림꾼의 마음을 놓지 못한다.

차밭에 도착한 우리 동지들, 우산을 받쳐 들고 차 따는 실습을 했다. 손목에는 비

닐봉지를 걸고 일창일기의 차를 따는데, 양이 적으니 일창이기의 차까지 따서 차밭을 싹쓸이하기 시작했다.

비가 오면 차의 질이 떨어지므로 차를 따지 않는다 陰雨下不宜採 는 초의 선사님의 말씀은 간 곳 없고, 바짓가랑이가 젖어 축축한데다 무겁기까지 하고, 신발 속의 양말은 발과 함께 목욕을 하고 있지만, 그래도 즐거워서 하하 호호 웃음소리가 차밭을 맑게 가득 채웠다.

"5시 하산입니다." 라는 알림 소리가 들렸다.

평소에 착한 학생들이지만 이날만은 선생님의 말씀에 아랑곳 않고 찻잎에 눈독이 올라 찻잎에서 손을 떼지 못했다. 그러다보니 산 속이라 어둠살이 빨리 온다는 것도 잊어버렸다. 다행히 화윤 선생님의 조용한 카리스마에 어쩔 수 없이 손을 거두고 하산하여 모두 버스를 타게 되었다.

김밥과 수박을 한 보따리 선물한 조덕련 회원은 남편을 향한 특유의 전화 목소리로 우리에게 은근한 미소를 주었고, 구원조 회원의 남편인 최재인 선생은 배우고 가르치는 우리들에게 몽둥이 없는 철퇴를 내려치고는 휴게소에서 따끈한 우동으로 사랑의 온정이 뭔지를 행동으로 보여 주셨다.

창원으로 돌아오는 길, 어둠이 내린 남해고속도로를 달리면서 어떻게 차를 잘 만들 것인가를 꿈꾸는 아름다운 평온함이여!

오늘 이 순간을 있게 해주신 초의 선사님, 효당 스님, 감사합니다.

2005. 05. 28. (토)

작년에 이어 올해도 사천시 곤명면 다솔사와 용산리 반야로 차밭에 실습을 다녀왔습니다.

우리 화운 사부님은 다솔사에서 최범술 효당 스님의 일생을 그림 그리듯이 실감나게 설명해주셨습니다. 그 옛날 일을 어찌 저렇게 생생하게 기억하실까 싶고 신기하기도 해서 혹시 그 옛날 효당 스님 옆에서 먹을 갈아드리면서 연정을 품지나 않으셨는지 혼자 상상을 해보기도 했습니다.

다솔사에서 멀지 않은 반야로 제차실에서 기다리고 계실 원화 선생님을 향해 발걸음을 옮겼습니다. 먼 곳에서 바라보아도 머리카락 한 올 흐트러지지 않은 얼굴에 하얀 모시 바지저고리로 우리를 반기시던 그 당당하고도 단아한 모습이 느껴졌습니다.

향이 묻어나는 차 부침과 점심을 준비하신 정성에 감사드리며 여럿이 어울려 먹은 점심, 어쩌면 70년도에 먹었던 자연식 그대로인 것 같았습니다.

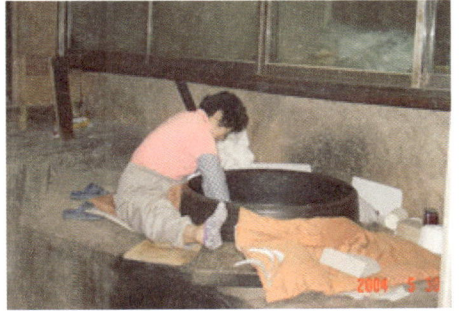

가뭄에 찻잎이 없는 줄 아시면서도 먼 길 온 이들을 실망시키지 않으시려고 반야로 차밭을 열어주시는 고마움을 가슴에 간직하고 찻잎을 따기 시작했습니다.

그 멀고도 험한 산길을 걸어왔는데도 지침 없이 일창일기를 한 순 한 순 따내는 우리 회원들의 진지한 그 모습들은 예술혼 그 자체였습니다.

어느 회원이 "차밭을 휘젓고 다녔더니 온몸에 차향이 베였다."는 소리를 해서 웃음을 터뜨렸고 솔밭 길에서 대밭 길로 맑은 물 졸졸거리는 골짜기를 건너면서 죽순 꺾고 고사리 꺾어 두 보따리, 세 보따리 손에 들고 내려왔습니다.

솔밭 속에서 사부님 몰래 마신 탁주 몇 잔에 은근한 흥이 올라서 죽순 마이크를 들고 사랑가에다 흘러간 옛 노래 한 곡조 뽑았습니다. 다솔사에서 또 차밭에서 맑은 공기 흠뻑 마시고 버스에 올랐습니다. 내 차, 네 차, 고운 잎을 서로 들여다보면서 자랑을 하였습니다.

나는 본의 아니게 찻잎 품평을 맡게 되어 일창일기, 일창이기 운운하면서 장원에서 차상까지 차의 등급을 매겼습니다. 재미있는 품평회 덕분에 모두 웃음꽃이 피었습니다.

사부님께서 차 만드는 과정을 설명해주셨습니다. 설명을 듣는 회원들의 눈매가 초롱초롱하니 예사롭지 않은 걸 보니 6월 들차회 때는 회원들이 손수 만든 여러 차 맛을 볼 수 있으리라 기대됩니다.

손수 한 잎 한 잎 행복한 마음으로 땄던 차 잎으로 각자의 차를 잘 만들었는지 궁금했습니다. 자주 만나는 몇 분은 만든 차를 차실에 가져와서 함께 맛보았습니다.
우리가 차를 따고 만들어서 함께 차를 우리고 그 색과 향과 맛을 음미한다는 사실이 가슴 뿌듯하였답니다.

우리 모두 순수의 경지를 위해 만든 차, 혼자 다 드시지 말고 모든 중생을 위하여 차향 茶香 을 드날리소서.

11. 하동 차문화 기행

/ 윤강 권부귀

2018. 06. 22. (금)

茶의 고장 하동을 찾았다. 화개면 운수리의 차나무 시배지를 찾아가는 여행이다. 이곳의 차나무는 삼국사기에 흥덕왕 3년 김대렴이 당나라에서 차 종자를 가져와 지리산 일대에 처음 심었다는 곳이다. 차 시배지는 1987년 8월 6일 경상남도 기념물로 지정되었다. 눈에 보이는 산비탈이 모두 차밭으로 푸르고 싱그럽다.

골짜기를 따라 올라가니 맑은 물소리와 하늘을 덮는 나무들로 마음은 벌써 무아지경에 이른다. 예전에 하동차문화축제에 우리 화윤선차회 회원들이 이곳에서 찻자리를 펼치고 한가함을 즐기던 풍경이 눈에 선하다.

큰 석문이 양쪽에 버티고 서 있는데, '雙溪쌍계', '石門석문'이라 새겨놓았다. 신라시대 문장가 고운 최치원 선생의 필체로 알려져 있다. 막대기로 그어놓은 듯이 뻣뻣한 글씨지만 고풍스럽고 대범하고 절도 있는 글씨가 눈길을 끈다. 아마 이 문을 들어서는 순간 세상의 시끄러움을 잘라내고 새로운 세계로 진입하는 마음가짐을 가지라는 뜻이리라. 나 스스로 정숙한 정신세계를 맞이하는 환희심이 일어났다. 마음 깊이 합장하는 마음이 들었다. 얼마 전 해인사 아침 예불에 참여했던 적이 있다. 친구는 가슴으로 전해 오는 육중한 무게감에 눈가에 물기를 보였다. 고찰 앞에 서니 당시의 감흥이 다시 올라왔다.

쌍계사가 차인들의 성지가 된 것은 하동 차밭의 역사성과 더불어 대웅전 앞의 진감선사대공탑비 때문이다. 진감선사는 신라시대 선승으로서 우리나라에 불교 범패 음악을 전한 선종의 고승이다. 이 탑비에 그가 차를 즐겨 마셨던 기록이 있어

한국 문화사의 귀중한 기록으로 평가받고 있다. 국보 제47호로 지정될 정도로 내용과 문장과 필체에 있어서 가치가 높다. 탑비의 머리에는 전서체로 '唐海東故眞鑑禪師碑 당해동고진감선사비' 아홉 글자가 양각되어 있다. 혜소 진감선사는 850년 열반에 들었는데, 그가 열반에 들 때 탑비를 세우지 말라는 유언을 남겼다고 한다. 그러나 36년 후에 헌강왕이 진감선사의 가르침을 잃을까 염려하여 탑을 세우도록 명령했고 887년 정강왕 2에 이 탑이 완공되었다고 한다. 이 비를 세우지 않았다면 우리나라 범패의 역사와 차문화에 대한 중요한 기점을 놓칠 뻔했다 생각하니 새삼 기록의 중요성을 생각하게 되었다.

선사는 성품이 소박함을 잃지 않았고 말에 꾸밈이 없었으며, 입는 것은 헌 솜이나 삼베도 따뜻하게 여겼고 먹는 것은 겨나 싸라기라도 달게 여겼다고 한다. 어떤 사람이 외국의 향을 선물하자 곧 질그릇에 잿불을 담아 환으로 만들지 않고 바로 사르면서 말하기를 "나는 이것이 어떤 냄새인지 모르겠다. 마음을 경건히 할 뿐이다."고 하였고, 또 어떤 사람이 중국의 차를 선물하자 곧 돌솥에 넣어 장작을 피우며 가루로 만들지 않고 그대로 끓이면서 말하기를 "나는 이것의 맛이 어떤 맛인지 모르겠다. 속을 적실 따름이다."라고 하였다. 본질을 놓치지 않고 참된 것을 지키며 세속과 어긋남

이 모두 이와 같았다고 한다.

차를 마시는 본질에 바로 다가가는 이 일화는 차인인 내게 마음의 울림이 깊었다. 차를 마시는 방법, 차에 대한 이론을 공부하고, 다식을 만들고, 찻자리를 펴고 하는 지금까지 나의 차 공부는 무엇인가 하는 생각도 들었다. 그러다가 다시 생각하니 진감선사의 선승으로서의 차를 마시는 품격은 형식과 내용을 초월한 사상적 깊이에 다다른 것이리라 생각했다. 우리는 형식을 통해 도달하려고 하는 그 목표를 잊어버리기 쉽다. 손가락으로 달을 보라고 가리키는데 달은 보지 않고 손가락만 본다는 '견지망월 見指忘月'의 의미를 생각하면 선사가 몸을 적실 따름이라 한 것이 본질을 잊지 말라는 의미일 것이리라 생각해본다.

천년 세월에 비석은 마모되고 전쟁의 상흔이 남고 색이 퇴색하고 글씨체도 지금은 오히려 소박해 보인다. 그러나 한 글자 한 글자를 눈으로 더듬으며 한참을 머물러 서있었다. 천 년 전, 한 선승이 돌솥에 차를 덥석 넣어 끓여서 담담하게 마시는 모습을 상상했다. 탑비 앞에 서서 시간여행의 묘미를 한동안 음미했다.

쌍계사 탐방을 마치고 차밭 골짜기를 등지고 산을 내려왔다. 금강산도 식후경이라 하동의 맛집을 물색했다. 하동의 맛으로는 재첩국이 최고지만 차기행의 멋을 살리기 위해 우리는 '찻잎마술'을 택했다. 이곳에서는 차 잎을 모든 음식 재료로 사용한다. 찻잎으로 만든 녹차식초, 엑기스, 찻잎 와인 등으로 차려지는 깔끔한 식단이 손님을 맞았다. 식사를 마치고 나오니 주인장께서 차를 내어 주었다.

"어떤 차를 드릴까요?"

"어떤 차가 좋을까요?"

우리는 주인이 추천하는 차를 마시기로 했다. 주인장은 차를 내어주면서 세상 살아가는 이야기에 차와 관련된 이야기도 들려주었다. 하동 작설, 세작, 백차를 차례로 내어주며 다양한 차를 맛보여주셨다. 차에 관련된 많은 이야기를 이렇게 친절하게 전해주니 차인으로서 감사할 뿐이다.

다음 일정은 칠불사였다. 지리산 토끼봉의 830m 지점에 있는 이 사찰은 김수로왕의 일곱 왕자가 수행한 곳으로 유명하다. 아자방으로 유명한 곳이기도 하며 초의선사와 많은 선인들의 인연이 스쳐간 곳이다. 아자방은 경남유형문화제 144호로 지정되어 있다. 내가 찾아간 시기에 아자방은 공사 중이었다. 천막에 가려져서 안을 직접 보기는 어려웠다. 원형 그대로 잘 복원되기를 빌었다.

여름 하늘이 가을 하늘처럼 높다. 구름이 그림을 그리며 서서히 어딘가 가고 있다. 내 맘인가. 나두야 그 방랑벽으로 이곳으로 탈출하여 왔다. 하늘은 파란 물감으로 그려놓은 그림이다. 논에 벼가 햇볕을 받아 싱싱하다. 사진에 자연의 그 맛을 담고 싶어 카메라를 부지런히 눌렀다.

차인이 되고부터 삶을 살아가면서 결과에 치중하면서 급급하게 살아가지 않게 되었다. 급하게 일을 서두른다고 해결되지는 않는다. 멀리서 바라보는 시선이 필요하다. 여유를 부리는 만큼 과정도 즐길 수 있다. 차를 마시는 동안 여유를 즐긴다.

하동은 녹차의 고장이니만큼 다원이 많다. 또 찻잎으로만 차를 만드는 것이 아니라 차 씨 기름, 녹차 엑기스, 녹차 와인 등 녹차로 만든 식품도 지속적으로 연구되고 있다. 제주도 같은 경우는 화장품, 녹차 성분 추출물로 만든 치료제, 식품 등을 개발하고 관광 상품도 개발되어 있다. 하동도 그 역사성과 자연조건을 잘 활용하여 과자나 아이스크림 등 어린이부터 어른까지 다양한 욕구를 만족시켜줄 연구 개발을 계속 했으면 좋겠다. 우리나라 녹차 브랜드를 세계 시장으로 나아가 글로벌 상품으로 발전시켜 미래를 열어갔으면 좋겠다는 생각이 든다.

아름다운 차의 고장 하동은 지금도 많이 변화되고 있다. 화개 10리 벚꽃길이 어떻게 변화되어 있을까. 다른 도시와 달리 하동만큼은 커피점 대신 녹차점이 더 활성화 되었으면 한다. 우리 차를 멋진 자연풍광과 더불어 즐기고 차를 우리고 마시는 여유 있는 환경을 제공하여, 바쁜 현대인들에게 힐링의 기회를 제공하여 여유의 도시 하동이라는 이름을 얻었으면 좋겠다. 녹차의 고장 하동을 더 아름답게 가꾸는데 힘을 쏟고 차인인 우리도 그것을 지지해주어야 하겠다.

봄이 오면 하동은 온 고을이 들썩거린다. 찻잎 채취에 제다까지 밤낮 없이 바쁘다. 도시와 하동을 맺어주고 도시는 하동에서 쉼을 얻고 하동은 도시에서 소득을 얻는다면 그것이 상생이고 나눔이 될 것이다. 도시는 건강한 식품을 직접 구매할 수 있는 기회를 얻고, 차 농업을 하는 사람들에게 도움까지 줄 수 있다. 자연히 도농 간의 소통과 상생이 이루어지고 함께 잘 살아가는 세상이 될 것이다.

하동은 우리에게 건강을 주는 선물 같은 고장이다. 제주도에서 한 달 살기 하듯이 하동에서 차농으로 한 달쯤 살고 싶다. 제차 솜씨도 좋아지고 건강까지 덤으로 얻어 행복지수도 높아질 것 같다. 창원차향회 도반 윤영과 나란히 걸으면서 하동의 차문화에 대한 이야기를 이어갔다. 이번 기행은 내 마음에 또 한자락 여유를 선물해주었다.

12. 차 살림의 길

/ 윤후 안정숙

먼저 30주년을 맞는 화윤차례문화원 박남식 원장님의 차문화 전승에 대한 한결같으신 열정에 존경과 감사의 마음을 전합니다. 차를 생각하면 언제나 안양 평촌의 화윤당 차실에 든든히 자리한 스승님이 떠오릅니다. 그곳은 나의 마음의 고향이고 어머니 품이며  사상의 본원이라고 누구에게든 자랑스럽게 말합니다.

화윤차문화가 30년 역사를 이어갈 수 있었던 것은 화윤 선생님의 차에 대한 끊임없는 학구열이 있었기 때문이라 생각됩니다. 남들이 늦었다고 생각하는 나이에 선생님은 우리나라 차문화 역사에서 빛나는 효당 최범술 선생의 차도사상 연구로 석사학위를 받으시고, 한재 이목의 차도사상을 연구하여 박사학위를 받으셨습니다. 그뿐만 아니라 차와 문화, 요가와 명상의 정수를 체득하시고 제자인 우리들에게 격조 높은 교육을 이어가셨습니다. 한번 화윤의 제자가 되어 그 향기와 멋을 알아차리게 되면 일상의 때를 벗을 수 있고 자신을 회복할 수 있으니, 이 얼마나 다행스런 인연인지 말로 표현하기가 어렵습니다.

30년 역사를 따라 걸어오면서 뒤돌아보니 화윤 선생님의 열정에 다시금 감탄하게 됩니다. 경남 산청의 고담난야에서 수련회를 했던 일은 추억만으로도 마음이 맑아집니다. 청계라는 이름 그대로 지리산 맑은 계곡물이 고인 청계저수지를 바라보며 도반들과 공수선차를 하고, 밤새 차와 벗하며 이야기꽃을 피우던 시간, 다음 날 계곡에서 동심으로 돌아가 물놀이를 하던 시간도 너무 아름다운 추억입니다. 성철 스님의 생가와 문익점 시배지를 견학했던 일도 떠오릅니다. 여러 번의 차문화 행사와 연수를 마치고 나면 언제나 또 하나의 배움이 있었다는 것을 분명하게 느낄 수 있었습니다. 그것이 화윤차문화의 역사를 자랑스럽게 하는 것이 아닌가 생각합니다. 용인의 화운사 연수를 끝으로 몇 년이 흐르고 코로나19 시대를 맞아 더 이상 연수를 할 수 없었던 것이 아쉽기만 합니다.

돌이켜 보면 제 인생에도 많은 변화와 우여곡절이 있었습니다. 혼자 아이를 키우다 보니 애비 없는 후레자식 소리를 듣지 않게 하려고 다짐에 다짐을 하면서 살아왔습니다. 그러다 보니 주변을 돌아볼 겨를이 없이 지냈습니다. 힘든 시절을 보내고 나니 어느새 제 나이가 80이 되었습니다. 제게 큰 힘을 준 것은 50대 초반부터 시작한 요가와 차도와 명상입니다. 저를 지켜낸 힘이었고 화윤 선생님의 한결같고 깊은 애정 어린 눈빛으로 지켜봐 주심은 제게 큰 버팀목이었습니다. 너무나 감사한 인연입니다.

이 지면을 빌어 차와 관련된 책에 얽힌 이야기와 감상을 말씀드리고 싶습니다. 우선 효당 최범술 선생님의 「사람은 어떻게 살아야 하는가」에 대한 것입니다. 책의 부제가 '사람답게 사는 길을 밝히는 지혜의 등불'이라 적혀 있습니다. 효당 스님은 초의 선사와 다산 선생, 한재 이목 선생 등과 함께 한국차도의 역사에서 한 획을 긋는 중요한 분입니다. 한국전쟁 당시 해인사 주지로서 팔만대장경을 보존하는 데 중요한 역할을 하신 것은 물론이고 교육자로서 사상가로서 우뚝하신 분입니다. 제가 이 책을 접하게 된 것은 우연한 기회였습니다. 큰 아들이 1980년대 후반에 재직했던 회사에서 이 책을 구해서 책장에 오랜 기간 꽂혀 있었습니다. 몇 년이 지나 우연히 그 책을 읽게 되었고, 이 책의 저자가 한국 차도 이론의 맥을 잇는 중요한 공헌을 하신 분임을 알게 되었습니다.

책을 읽으면서 '대체 인생이 무엇이라고 이렇게도 고달프게 생활에 쫓기고 괴로워하며 살아가야 하는가?' 라는 회의와 반성을 하게 되었습니다. 그즈음에 요가, 차, 그리고 명상이 제 인생에 선물로 배달되었습니다. 저는 그것을 받아들였고 제 인생은 조금씩 여유와 너그러움의 인간미를 되찾아가기 시작했습니다. 또한 세상 것이 아닌 명상적인 삶을 살고자 애쓰며 차도에 심취하게 되었습니다.

화윤 선생님을 통해 다시 효당 스님의 「한국의 차도」를 접하게 되었습니다. 이 책을 공부하면서 차와 인생에 대해 새로운 관점을 갖는 계기가 되었습니다. 원화 채정복 선생님의 「초의 선사의 차선 수행론」을 통해 초의 선사의 생애를 다시 살피는 뜻깊은 시간도 갖게 되었습니다. 그 분은 1800년대에 백수를 누리셨는데, 아무래도 이는 차와 도를 실행함으로써 가능했을 것으로 생각합니다.

『동차송』 27수를 공부했던 기억도 새록새록 그리워집니다. 이 책은 정조의 사위 해거주 홍현주가 진도 부사인 북산도인 변지화를 시켜 초의에게 차도를 물어보게 한데서 비롯된 글입니다. 한 사람의 질문과 그 질문에 답하는 결실이 이리 중요한 차문화에 빛나는 글로 우리에게 읽혀진다는 사실도 참 경이로웠습니다. 초의는 옛 사람이 전한 뜻을 따라 이 이 글을 짓게 되었다고 하니, 입으로 전하는 뜻을 글로 남겨서 유구한 역사에 길이 남을 민족문화의 재산이 된 것도 감동적이었습니다.

초의선사는 차 생활을 지극히 자연스럽고 검박하며 실질적인 것으로 전합니다. '

차선 수행을 통한 다산, 추사와의 교유'를 보면 초의 선사가 대흥사의 승려로서 그의 나이 24세 때에 다산 선생을 처음 만난 것으로 되어 있습니다. 초의선사는 처음 만난 다산 선생에게 시를 지어 봉정했는데, 이로써 두 사람의 교유가 시작되었다고 합니다. 다산 선생은 "차를 마실 줄 모르는 민족은 망한다."라고 갈파하였고, 천하 모든 민족이 차를 즐기는데, 우리 민족만이 차를 즐길 줄 모른다고 개탄했다고 합니다. 이토록 수많은 찬사와 노래로 엮어낸 차에 관한 문헌들을 모두 공부할 수는 없었던 것도 내 인생에서 아쉬움의 한 자락으로 남아 있습니다.

화윤 선생님을 만난 인연, 차 살림과 도를 배운 인연을 얻었던 것은 제 인생에 있어 참으로 행운이었습니다. 화윤차문화 30년과 나란히 저도 정서적으로 심리적으로 사상적으로 30년만큼 깊어진 것이 아닐까 생각해 봅니다. 차와 명상이 내 아이들에 이어 손자들의 양육에도 큰 도움이 되었다고 믿어 의심치 않습니다. 하나의 우연한 인연이 이렇게 큰 파문을 만들며 나와 내 가족들에게 좋은 길을 안내하게 되었습니다. 또 나와 인연한 사람들이 차도와 명상으로 인하여 아름다운 파문을 만들 것이라 기대해봅니다.

다시 새로운 30년을 맞이하는 화윤차문화원의 무궁한 발전을 기원하며, 화윤 선생님의 성균관대학교 동양철학과 박사학위 논문에 실린 글로 인사를 대신합니다.
감사합니다.

"까다로운 이유 없이 감사와 환희로 가득한 멋진 차생활의 열림을 통해, 눈이 열리고 어간이 터지고 귀문이 열리고 숨구멍이 터지는 생명의 노래를 시작한다."

4장 국제 차문화 교류

1. 프랑스 파리 선차 공연

/ 화윤 박남식

2003. 01. 06. (월) ~ 17. (금) | 파리 지인법단의 초대

언제나 그렇듯이 이러저러한 일상의 이유로 장기간 여행은 망설이게 마련이다. 하지만 마음을 정하고 길을 나서보면 감사함의 전율이 온몸을 휘감고 그것은 여행이 끝날 때까지 이어진다. 파리의 선차공연은 차 茶를 주제로 한 문화여행이라 더욱 의미가 깊어서 차의 스승, 원화 선생님께 감사드리고 차에 감사한다. 사람 일이란 한 치 앞을 내다 볼 수 없다지만, 행운이란 우리가 미리 준비되어 있다면 언제나 우리를 향하여 다가오고 있는 것이 아닐까 하는 생각이 들었다.

지인법단 지인temple 에서 파리의 차 행사를 유치하고자 우리를 초청했다. 반야로차도문화원의 선차 禪茶 공연을 파리에서 갖고 싶다는 것이었다. 나는 반야로차도문화원 문도회 회장으로서 원화 선생님을 모시고 파리로 향했다. 그렇게 하여 2003년 1월 6일에서 17일까지 세계문화의 중심부 파리에 머물게 되었다.

사실 나는 차를 명상수행 수단으로 만났기 때문에 오래도록 차를 갖추어 마시고 여러 사람에게 나누어 마시는 일은 열심히 했다. 그러나 공연 형태로 나서는 것에 대해서는 당시에는 어색하게 생각하고 있었다. 우리 문도들 대부분이 그런 편이어서 반야로차도문화원 원장님께는 항상 미안했다. 그러나 이번 프랑스에서의 차 행사로 인해 생각을 많이 바꾸게 되었다.

세계문화의 중심부인 파리의 차인들이 한국의 고운 차문화를 만나 그 깊이에 빨려 들어가는 모습을 보고 그 동안 얼마나 나 자신이 소견머리가 없고 자만에 쌓였던 가를 고백하지 않을 수 없었다. 차를 통해 각성되고 평정한 마음을 두루 펼쳐야 되는 공덕의 기회를 마다하고 나만 잘 갖추어 마시면 된다는 생각으로만 가득 차 있었던 것이다. 서양인들이 그들의 고유문물에서 얻지 못하여 갈증을 느끼는 부분을 우리 전통 문화로 채워준다는 것은 매우 큰 복을 짓는 일인지도 몰랐다.

2003. 01. 08. (수) | 파리 한국문화원 선차공연

파리에 도착한 이틀 후인 1월 8일에 파리 시내 중심부에 있는 한국문화원에서 첫 번째 차 행사를 가졌다. 행사 전날에는 행사장을 답사하고 문화원 원장을 겸하고 있는 손우현 공사를 만나서 인사를 나누었다. 우리의 공연을 담아내기에는 행사장의 무대가 조금 작은 편이어서 아쉬웠다. 그래서 행사장을 최대한 넓혀달라고 부탁했다.

이 행사의 사회를 맡으신 분은 프랑스에 거주한지 30년이 넘는다는 이사빈 선생이었다. 지인법단의 강남숙 선생이나 이사빈 선생은 한국의 전통문화를 프랑스에 펴 보이고자 매우 헌신적으로 노력하시는 분들이었다. 그분들의 말을 종합해보면 프랑스인들은 동양의 명상에 대해 무척 관심이 크고 말보다는 체험적인 요소를 숭상하기 때문에 이번 행사에서도 참여자에게 찻잔을 모두 가져오라고 했다는 것이다. 사실은 일본의 젠禪과 일본 차도가 많이 보급되어 있어서 이제 어느 정도 그런 것에는 관심의 한계에 있는 터에 정신면에서나 수행 차원에서 우리나라의 고유 차문화와 선禪 수행이 파리 차인들에게는 새로운 모색이 될 것이라

예견하고 있었다. 신정 연휴가 끝나자마자 급작스레 준비된 행사여서 참여하지 못하는 차 전문인들의 항의 메일을 많이 받았다고 했다. 그래서 행사 참여 숫자도 예상할 수가 없다고 했다.

행사 전날 저녁에 행사장 답사 내용을 정리하여 원화 선생님께 원래의 프로그램을 좀 수정하자고 제안했다. 우리 일행은 원화 선생님을 프함하여 모두 7명이었다. 여럿이 함께 잎차로 차를 달여 마시며 심신을 수련하는 공수선차 共修禪茶 시연을 위해 무거운 차구를 준비했다. 그러나 파리사람들에게 보다 높은 경지의 집중과 동서양이 만나는 호흡의 접합 점은 아무래도 적적 요요히 홀로 앉아 차를 달여 마시면서 심신을 수련하는 독수선차 獨修禪茶 시연이 더 효과적일 것이라 판단했다. 그래도 공수선차를 하는
것이 낫지 않을까 하는 선생님의 주장은 무거운 차구를 들고 프랑스까지 온 반야로 도반들이 혹시라도 섭섭하지 않을까 배려하는 깊은 뜻이 배어있었다.

행사 시간이 가까워지자 한 사람, 두 사람 모여들기 시작하더니 행사를 시작하기 전에 이미 준비한 의자에 손님들이 다 찼다. 준비된 자리가 부족하여 많은 참여자들이 서서 관람하였다. 파리 사람들의 한국 차문화에 대한 관심이 증명된 셈이다. 손우현 공사의 정중한 인사말로 시작한 행사는 세 종류의 차도 시연과 우리 차 마시기 체험을 1부 순서로 준비하였고, 2부에는 다과회를 가졌다.

잎차 독수선차 시연

첫 순서는 원화 선생님의 잎차 독수선차였다. 원화 선생의 독수선차는 차 음악을 넣지 않은 무적 無笛 이어서 공연 준비를 맡은 나는 이곳 파리 차인 茶人 들이 20여 분 동안의 긴 시간을 어떻게 소화해낼 것인가 하는 것이 초유의 관심이었다. 음악 없이 독수선차의 진수를 보여 주자고 주장한 것은 오로지 나의 생각이었기 때문이다.

과연 그들은 대단한 사람들이었다. 소위 선차의 흐름에 그대로 몰입되어 모두 한 호흡으로 숨을 쉬고 있었다. 그들은 옆에서 사진을 찍고 있는 사람에게 손을 저으며 '찰칵!' 소리도 내지 못하게 하였다. '각성과 평정으로 이어지는 명상의 몰입은 동서가 모두 같구나!' 하는 탄성이 나의 내면에서 일어났다. 그러한 광경을 보는 것이 매우 큰 감동이었다.

말차 공수선차 시연

다음 차례는 원화 선생님과 내가 말차 공수선차 시연을 했다. 하나의 호흡과 에너지가 어떻게 음악과 연결되는가를 확인해 주는 자리였다. 주와 객의 혼연일체를 맛보는 자리로 보였다면 좋았을 것이다.

헌공차례

세 번째는 세상에서 공익을 위하여 의롭게 살다간 분들을 위하여 올리는 헌공차례 獻供茶禮 순서였다. 박형점, 최순경, 김민주, 정혜숙 등 진주의 도반들과 원화 선생이 박일훈 작곡 '칠석-은하의 할멈·할배'라는 차 음악에 맞추어 진행하였다.

공연이 끝나고 나서 공연장 중앙에 깔려 있는 돗자리에 파리 손님들을 들어앉게 하여 공연자들이 손수 차를 내어 맛보게 하였다. 파란 눈의 프랑스 차인들은 아주 경건한 자세로 정좌하고 두 손으로 찻잔을 공손하게 받아 들고 경이로운 듯이 차의 색과 맛과 향을 음미했다. 그들의 찬사의 정도가 어느 수준인지 한국적인 감각으로 가늠하기는 어려웠지만 2부 차담회 순서가 다할 때까지 거의 자리를 뜨지 않고 계속 차를 마시면서 다식을 즐겼다. 차 행사를 준비한 우리 모두 큰 보람을 느꼈다.

대부분의 사람들이 "매우 쇼킹했다." 혹은 "매우 황홀했다." 아니면 "차법 시연의 순서가 아주 잘 배치되어 조화로웠다." 또는 "차 맛이 아주 좋다." 등등의 표현으로 찬사를 보냈다. 이사빈 선생도 '쇼킹'이라는 말은 흔히 쓰는 말이 아니어서 그 말은 대단한 찬사의 표현이라고 덧붙여 주었다. 프랑스 차 협회 회장도 연거푸 차를 마시며 차 맛을 극찬하며 공연내용과 진행이 조화로운 것에 대해 칭찬을 아끼지 않았다.

꼬루동불루(Cordon Bleu) 요리학교 초청 공연

한국문화원 공연에 온 손님 중에 꼬루동불루 Cordon Bleu 요리학교 교장 Andre J. Cointreau 이 있었다. 1895년에 개교한 역사와 전통이 있는 세계적으로 유수한 이 학교 교장이 공연 다음날 자기 학교로 초청하고 싶다는 의사를 전해왔다. 모든 것을 계획적이고 예약에 의해서 처리하는 프랑스 사람들에게는 흔히 있을 수 없는 초청이라는 것이다. 세계 각 분야의 요리 전문가를 초청하는 특강이 있는데 꼭 초청하고 싶다는 말까지 곁들였다.

우리 일행은 다음날 대단한 환대를 받으며 그 요리학교를 방문하는 영광을 누렸다. 교장은 우리 공연의 시연 동작 하나하나를 일일이 기록하였다.

마침 설 특집으로 세계의 맛을 찾아 나선 KBS 방송국의 취재도 함께 진행되었다. 지인법단에서 떡, 매작과와 양갱 등 우리 전통음식을 푸짐하게 준비하였고 반야로차

도문화원에서도 다식을 준비하여 가지고 갔다. 이번 행사를 위해 곱게 다식을 마련해준 반야로차도 화용회 회원들의 특별한 공헌도 잊을 수 없다. 몇 백 개의 다식을 만들자면 많은 시간동안 손가락이 엄청 아팠을 텐데 하나씩 입에 냉큼냉큼 넣기가 미안할 정도였다. 고운 색깔의 예쁜 다식이 고여진 것을 보고 누군가가 황홀하다고 했기 때문이었다. 파리에서 우리 전통음식을 스스럼없이 요리해내는 지인법단의 강남숙 선생의 요리솜씨도 대단한 경지였다.

이렇게 해서 1차 행사는 성황리에 치러졌다. 행사 참가자들은 파리 사람들이 황홀해하는 모습과 진정으로 동양의 정신을 이해하려고 하는 진지한 태도, 그리고 내면의 뿌리를 찾고자 하는 그들의 명상의 열망을 온 몸으로 체감했다. 나 혼자 즐거이 질박하게 차만 마시면 되는 것이지 뭔 요란을 떨어야 하나라고 은근히 공연성 행사를 비판적으로 바라보았던 나 자신이 얼마나 오만하고 옹졸했던가를 돌아보게 되었다. 내가 조금 번거로우면 여러 사람이 행복할 수도 있다는 말을 떠올리게 되었다.

2003. 01. 12. (일) | 파리 시민들과 소박한 차회

12일에 한 차례 더 찻자리 아회를 가졌다. 그것은 사뭇 다른 분위기로 진행되었다. 평소에 한국에 대해 관심을 많이 갖고 상당히 우호적인 관계를 가진 분들이 친구들과 함께 참석한 자리로서 지인법단에 공덕을 많이 쌓은 분들이었다.

우리는 지인법단에서 10일을 묵었다. 10일 간의 체류에서 법단 소속 수행자들이 청결한 정진과 계율을 엄격하게 지키는 것을 보았다. 선차명상 생활에 익숙한 반야로

차도문화원 회원들도 자연스레 법단의 기상 시간과 명상수행으로 하루를 시작했다. 특히 매끼마다 정성을 들여서 내어놓는 채식 식단에 모두 만족하며 감탄하였다.

이곳에서는 먼저 원화 선생님이 '차도란 무엇이며 선차 수행은 어떻게 하는가?'에 대한 주제 강연을 하고 이어서 공수선차 시연을 했다. 그리고 행위 하나 하나를 설명하며 차를 내고 차를 마시고 차담을 나누는 정다운 시간을 가졌다. 그야말로 한국의 고유 전통차도를 통한 한국, 프랑스 두 나라의 우호증진의 시간이었다. 보다 깊게 접어들면서 질문도 하고 답하는 시간 모두가 명상 그 자체였다. 그만큼 그들은 문화와 그 정신에 대한 숭상을 아주 진지하고도 경건하게 받아들였다.

파리의 반야로선차공연 여행에서 나는 몇 가지 마음의 정리를 하였다.

> 첫째, 진정한 문화의 교류가 각 나라의 국가관과 정서의 차이를 얼마나 빠른 속도로 좁혀주고 서로를 신뢰하게 되는가를 알았다. 그런 것에 일찍 눈을 뜬 지인법단의 강남숙 선생이 왜 그토록 서둘러 반야로차도문화원을 초청하려고 했는지 이해하게 되었다. 그들의 그런 열정이 한국의 문화적 위상을 세계문화의 심장부에 드날리게 만들게 되고 아울러 프랑스에 거주하는 교민 전체의 위상이 자연히 올라간다는 것이 강남숙 선생의 지론이다.
> 일본은 일찍이 자국의 차도문화를 보급하기 위해 일본 차도문화 공간을 확보하여 지속적인 문화 활동을 해왔다. 사회를 맡았던 이사빈 선생도 차도가 일본밖에 없는 것으로 아는 것이 안타깝다고 했다. 하루 빨리 한국의 전통문화를 선양할 수 있는 문화보급 활동이 시급히 국가적인 차원에서 준비되고 시행되어야 하겠다.

둘째, 우리 차인들이 가지고 있는 에너지가 얼마나 소중하고 큰 것인가를 재삼 확인하였다. 흔히 지나친 겸손은 오히려 교만이라는 말을 예사로 들어서는 안 된다는 것이다. 지나친 겸손이 많은 사람들에게 알아야 할 권리를 위축시키고 서로 나누며 함께 살아야 하는 차도정신에 위해를 주는 것일지도 모른다.

평소에 원화 선생님을 스승으로 모시고 존경하는 마음을 끊임없이 내고 있지만 정말 대단한 에너지를 가진 분인 것을 파리 차 행사 기행을 통해 다시 한 번 확인하였다. 자랑스럽기 그지없었다. 그래서 더더욱 차와의 만남에 감사함을 느끼는 것이다.

파리에서의 반화로차도문화원 선차공연이 남긴 향기가 워낙 쇼킹하여서인지 다음해 2004년 11월에 다시 한 번 파리 한국문화원의 초청을 받았다. 이때는 'Au Centre Multimedia, Paris'에서 반야로차도문화원의 선차공연을 하고, Kimex-co 제5차 국제차전시회 'TEA EXPO 2004'에도 초청받아 선차공연을 하였다.

차를 통한 국위 선양을 한 보람은 매우 컸다. 매번 초청 때마다 공식적인 행사에 프랑스 문화기행이라는 선물이 따라왔다. 뜻깊은 선차공연의 모든 면면과 수많은 기행 후담을 이번 지면에 모두 담아낼 수 없는 아쉬움이 크다. 그러나 파리의 선차공연을 회고하면서 차를 만난 것에 대한 감사심과 환희심이 저절로 일어났다. 그때의 즐거운 일들이 내 마음에 깊이 젖어 있고 그것이 에너지가 되어 화윤차문화도 함께 성장하였음을 알게 된다.

2. 한·중 차문화 교류의 역사

/ 화윤 박남식

첫 번째 아회, 만남의 소중함

2014년 8월 18일 오후, 우리의 첫 만남이 이루어졌다.

중국 하이난성 海南省 의 '음범 音梵 예술관' 후뤼윤 胡瑞芸, 이하 후 교수로 호칭 주임이 화윤차문화를 찾아왔다. 화윤차문화가 중국 '정연문화 鼎研文化'와 한·중 차문화 교류를 시작한 지 올해로 벌써 9년째이다. 정연문화와 화윤차문화를 이어준 사람은 등원도예 성연옥 도예가와 통역가 이길동 선생이다. 이 두 분과 후 교수, 일행인 마계해 馬桂海 선생, 가향산방의 화향 고향순 선생까지 모두 6명이 함께 만났다. 화향 선생과 나는 간단한 손님맞이 찻자리를 마련하여 아름다운 한·중 교류 차회가 자연스레 이루어졌다.

먼저 녹차인 반야로차, 한국제다의 말차를 차례로 내서 즐겼다. 후 교수는 녹차인 태평후괴, 의흥 홍차인 철홍 鐵紅, 철관음의 순서로 차를 냈다. 차를 우리는 후 교수의 자태가 무척이나 아름다웠다. 그는 청화대학교에서 미학을 전공하였고 하이난대학 객원교수로 미학을 가르치기도 하였다. 통역을 맡은 이길동 선생은 후 교수의 제자이다.

우리는 첫 만남에서 아름다운 아회를 펼쳤고 네 시간이 훌쩍 지나감도 눈치 채지 못할 만큼 모두 그날 아회를 즐겼다. 차가 시간도 함께 찻물에 담아서 마셔버린 듯했다. 후 교수는 한·중·일 삼국의 차문화를 엮어보려는 큐레이터 작업을 진행 중이었다. 이미 한국에서 여러 차회를 탐방하였고 마지막으로 화윤차문화를 소개받고 찾아온 것이다. 우리를 이어준 성연옥 선생은 화윤의 제자인 윤우 선생의 지인이고, 또 도예활동으로 일본에 머물 때 통역가 이길동 선생과 서로 알게 된 인연이 있어서 자리를 만들게 되었다. 차는 이렇게 사람과 사람의 연결고리를 맺어주고 있었다. 후 교수는 일본 일정을 마치고 돌아와서 다시 화윤차문화를 방문하겠다는 약속을 하고 이날 아회를 마쳤다.

두 번째 아회, 신의의 만남

2014년 9월 2일, 후 교수가 다시 화윤차문화를 찾아왔다.

두 번째의 방문은 한국의 여러 차회 가운데 화윤차문화를 한·중 교류단체로 선택하는 의미가 있어서 한국의 차문화를 보여줄 필요가 있다고 판단하였다. 이를 위해 반야로차도문화원 화용회와 화향회를 초대하여 화윤선차회가 함께 자리를 만들었다. 후 교수, 이길동 선생, 화용 정은자 선생, 화향 고향순 선생과 화윤선차회 윤명, 윤도 선생이 함께 하는 아회가 되었다. 장소는 수원의 가향산방이었다.

시연으로 보인 차법은 화용 선생의 창작 차법인 '화중유화 畵中有花'와 반야로 차법인 독수선차 獨修禪茶였다. 이 아회를 위해 다식은 안산차향회 윤명 회장과 윤도 총무가 준비하였다. 화중유화 차법을 선보인 화용 선생의 자태는 참으로 단아하고 절제미가 있었다. 차를 우림에 유명 동양화가가 그린 연꽃을 담은 차포를 사용하면서 동양화의 여백미와 차법의 절제미를 결합하였다. 화윤의 독수선차는 글자 그대로 고요하고 맑으면서도 여유로움이 감도는 수양의 덕이 넘치는 수수한 자태였다고 할 수 있다.

후 교수는 냉수에 쉽게 우려마실 수 있는 하이난도에서만 나는 인스턴트 녹차와 홍차의 액기스를 추출한 인스턴트 그래뉼 차를 우려 선보였다. 중국에서도 어떻게 하면 차의 전통을 보존하면서 현대 젊은이에게 쉽게 다가갈 것인가에 대해 고민하고 있기 때문에 여러 형태의 접근법을 연구하고 있다고 하였다. 한 예로 대학생들을 위한 티파티에 와인 잔을 사용하여 차를 마시게 해서 크게 호응을 얻었다는 말도 덧붙였다.

마지막으로 참석자들이 함께 보이차를 우려마시면서 시간 가는 줄 모르고 아회를 즐겼다. 차도문화와 향도문화를 어떻게 결합하여 발전시킬 것인지에 대한 과제를 남기고 두 번째 아회를 마감하였다.

세 번째 아회, 한·중차향문화교류회

2016년 4월 23일, 세 번째 아회가 열렸다.

중국전통문화교류단 환영 차회는 화윤차례문화원 제10기 수료식이 있는 날에 있었다. 수료자는 윤빈 정용희, 윤아 이종애, 윤휘 천혜진 세 명이었다. 후 교수가 이끄는 중국전통문화교류단이 마침 한국의 차문화탐방을 위해 왔고, 안동서원풍류의 체험탐방을 마치고 화윤차문화를 탐방하겠다는 연락이 왔다. 두 번째 아회가 있고 나서 두 해 가까이 세월이 흘렀다. 화윤차례문화원의 제10기 차사 수료식에 참석하면서 중국차문화를 소개하는 한·중차향문화교류회를 함께 하기로 결정했다. 중국의 정연문화 후 교수 일행은 이길동 선생을 포함하여 왕광장 王光長, 곽서의 郭瑞儀, 임귀화 林貴華, 심원영 沈媛英, 두혜방 杜慧芳, 류단단 劉丹丹, 남수지 藍秀芝, 왕재군 王才君 까지 모두 10명이었다.

1부 순서로 먼저 후 교수가 화윤차례문화원 10기 차사수료식에 축사를 했다. 화윤차문화의 수료식을 지켜보는 중국전통문화교류단은 매우 경이로운 눈으로 바라보고 있었다. 학사 보고를 듣고 후 교수는 어떻게 하여 5년간의 과정을 이끌어가고 있는지 몹시 신기해하면서 그 내용을 조용히 물었다. 그리고 제자가 스승에 대한 예를 갖추는 모습에 감복하였다. 임귀화 사장은 중국은 예절이 사라져 버렸다며 그 예절을 한국에서 배우고 싶다고 하였다. 1부 수료식에서 수료자들이 공수선차 共修禪茶 차법을 선보였을 때, 그들은 온통 매료된 눈길을 보였다.

이어 2부는 중국차도와 향도 시연으로 시작하였다.

광동성 광저우시의 차인 란슈지 藍秀芝 선생이 조산공부차 潮汕功夫茶 시연을 보이고, 하이난도의 차인 류단단 劉丹丹 선생이 시자를 담당하였다. 란슈지 선생은 차를 수수하게 우려서 첫 번째 잔을 후 교수와 나에게 먼저 대접하였다. 아주 작은 잔으로 따끈따끈한 차가 나의 앞에 당도하여 나는 습관적으로 두 손을 합장하여 인사를 하고 마셨다.

차의 탕색이 환한 선홍색으로 매우 맑고 향기로워 깜짝 놀랐다. 무슨 차인지 설명을 요청하자 광동성의 봉황단총이라 하였다. 란슈지의 할아버지께서 직접 생산한 봉황단총은 그 생산량이 많지 않기 때문에 이처럼 좋은 차는 자신들도 쉽게 마실 수가 없고 귀한 손님을 접대할 때만 한잔씩 마시게 된다면서 웃었다. 실제로 할아버지의 대를 이어 란슈지 선생은 한국 차문화 탐방 이후 광저우시에 청련거 青蓮居 라는 봉황단총 매장을 운영한다고 했다.

봉황단총 차대접이 계속 이어지는 동안 후 교수는 향도를 수행하였다. 고도의 안정감이 요구되는 향도를 진행하여 불을 지펴 향이 오를 때는 매우 황홀감을 맛보게 하였다. 침향의 은은함이 봉황단총의 맑은 향과 어우러져 차실을 가득 채웠다. 이에 걸맞은 차 음악이 흘러 중국차는 차도, 향도, 음악, 서예의 사위일체를 이루었다.

다른 큰 홀에서는 곽서의 선생의 휘호가 진행되고 있었다. 후 교수는 이번 그룹에는 전통음악을 연주하는 음악가가 함께 하지 못했음을 못내 아쉬워하였다. 대신에 방문단 일원으로 중국서화가협회의 곽서의 부회장이 참석한다기에 전날 늦은 밤에 안양의 구석구석을 헤매고 다니면서 좋은 질의 화선지를 한 묶음 마련해 놓았다. 벼루, 먹, 붓은 이미 내게 준비되어 있었으나 화선지는 바람이 든 지가 오래되어 새것으로 준비하고자 했던 것이다.

윤휘와 화훤 한재숙 선생을 휘호 쓰기 도우미로 미리 배치해 두었다. 곽서의 선생은 자그마한 키에 당당한 체구로 매우 활달하고 담백한 성격으로 보였다. 늦은 시간 끝까지 남은 우리 차인들을 위하여 거의 30여 점의 휘호를 날렸다. 지쳐서 붓을 놓을 때까지 진력하였다. 사실 내 붓들은 너무 오래 사용하지 않아 붓털에 바람이 들고 갈라져 글씨를 쓰기가 무척 힘들었을 것이다. 그런데도 불구하고 힘찬 운필을 날린 걸 보면서 과연 대단한 분이라 여겼다. 한 번에 이렇게 많은 휘호를 써보기는 처음이라며 그도 웃었다.

중국전통문화교류단의 방문 일정이 갑작스럽게 정해지면서 급하게 마련되었지만 프로그램은 알차게 진행되었다. 공식적인 수료식과 아회를 마치고 일정이 있는 분은 먼저 자리를 뜨게 하고 남은 사람들은 아회를 계속하였다.

마지막으로 선물을 교환하였다. 우리 쪽에서는 후 교수에게 반야로차와 화윤차 그리고 영남요 찻사발을 선물하였다. 그리고 곽서의 선생께는 따로 나의 애장품인 서예가 다천 김종원 선생이 붓칠한 송충효 선생의 청서백자 찻사발을 선물하였다. 중국에서는 우리에게 몇 종의 보이차를 선물로 주었다.

마지막까지 남은 우리 차인과 중국차인 이십 여 명은 전통보리밥집에서 소박한 저녁 식사를 했다. 나는 한중차인의 행복한 만남에 감사하고 보답하는 의미로 나의 애창곡을 선물로 선창하였다. 후 교수가 중국노래로 바로 답가를 하자 좌중은 흥취로 가득 넘쳤다. 가무란 늘 사람관계를 쉽게 터주는 역할을 한다. 중국의 아회란 차, 향, 화, 가, 무, 바둑, 서화, 시 등 아홉 가지 아름다움을 함께 나누는 아름답고 즐거운 흥취의 자리다. 한중 차인들은 흡족하게 즐거운 담소를 나누었다. 다섯 시에 시작한 아회는 밤 11시에 이르러서야 마쳤는데 끝나지 않을 것 같은 이날 만남을 억지로 파하여 아쉬운 마음을 품고 헤어졌다.

세 번째 아회인 한·중차향문화교류회가 차로 인해 한국과 중국이 하나 됨을 확인하는 자리여서 기쁜 마음에 다음 만남이 절로 기약되었다. 지금도 화윤당에는 곽서의 선생이 써준 '吾心之茶' 서액이 자리 잡고 있다. 나의 박사논문, 「한재 이목의 차도사상 연구」의 핵심을 파악하고 마음먹고 써준 것이다. 표구를 하여 제대로 옷을 입혀 차실의 서창 밑 문갑 위에 올려놓으니 오랜 동안 친구로 함께 가리란 생각이 든다.

네 번째 아회, 한·중차향문화교류회의 향도 특강

2016년 9월 18일, 후 교수의 향도 특강과 아회가 열렸다.

화윤차례문화원에서 후 교수의 향도특강과 한·중차문화 아회가 있었다. 마침 후 교수가 그래서 명원문화재단의 세계차박람회에 향도공연 출연자로 초청을 받아 부스도 운용하게 되었다. 명원 세계차박람회의 행사 기간이 끝나고 이어서 화윤차문화의 프로그램으로 전환하게 된 것이다.

후 교수 일행은 왕광창 王光長, 임귀화 林貴華, 류단단 劉丹丹, 디자인 미학연구자인 왕까이쥰 王才君 박사, 왕기렌 王起仁 연주자까지 모두 다섯 분이었다. 이중 왕광창 선생과 왕기렌 선생 외의 다섯 분은 지난 세 번째 아회 때도 함께 하신 분들이라 더욱 진정한 차벗이 되어 다정한 교류가 되었다. 점점 거듭되는 교감이 양국의 전통을 이해하는데 도움이 되었다.

향도 특강 및 중국차문화 아회 시연에는 후 교수의 향도 香道, 류단단 선생의 조산공부차 潮汕功夫茶, 왕기렌 선생의 중국 전통음악 연주가 융합되는 중국전통문화의 진수를 만나는 기회였다.

예부터 우리 선비들도 시, 서, 화, 악, 차, 무, 바둑 등의 문화를 신분을 떠나서 즐기던 선비문화가 있었다. 조선시대 이인문의 「누각아집도 樓閣雅集圖」 같은 그림에서 선비문화를 볼 수 있다. 중국에도 금琴, 기棋, 시詩, 서書, 화畵, 주酒, 차茶, 향香, 화花 의 요소를 한 자리에서 즐기는 것을 아회 雅會 라 하고 있다.

후 교수가 이끄는 문화발전유한공사인 '정연문화'가 중국 아회의 전통을 살려 차, 향, 꽃, 음악이 기본으로 융합된 찻자리를 펼치고, 한국시조시인협회 부이사장인 백이운 시조시인이 아름다운 차 시조를 낭송하여 아회는 더욱 향기로운 자리가 되었다.

향도 특강 및 중국차문화 아회에 뜻있는 분들이 많이 참석하여 자리가 그득하고 빛났다. 세 번째 아회 때 중국 차벗들과 함께 하는 아회는 시간이 많이 소요됨을 미리 경험했기 때문에 이번은 향도 특강을 중심으로 시간을 배치하였다. 참석자들이 대부분 오랜 차인이라서 충분한 이해를 가지고 정말 가슴 뿌듯하고 행복한 시간을 보내어서 주관한 보람이 있었다.

특강이라는 교육 형식을 취해서 종일 행사를 진행해야 했으므로 도시락으로 점심을 대신하며 시간을 벌었다. 그리고 이날 향도를 연수한 사람들에게는 '문화발전유한공사정연문화'가 발급하는 향도 단기과정 이수증을 취득하게 하였다.

후 교수는 교육용 향도구 등 차구가 공항의 세관을 통과하지 못해서 제대로 향도의 진수를 보여주지 못한 경험이 있었다. 그래서 이번에는 향도를 제대로 보여주고자 귀국 일정을 미루고 다시 향도 실습을 보강하는 열정을 보여주었다.

한국에서의 네 번째 아회를 마치고 정연문화와 화윤차문화는 '한·중전통차향문화교류회'의 이름으로 지속적인 교류를 가지기로 합의하였다. 2017년에 중국 하이난성의 하이커우시에서 한·중차문화 행사를 개최하기로 합의하고 후 교수는 미리 구두 초청을 하였다.

다섯 번째 아회, 중국 하이난성 하이커우시(海南省 海口市) 교류회

2017년 2월 19일, 하이난성 하이커우시 선전부 지도단위의 '한·중전통차향문화교류회'가 크게 열렸다.

후 교수의 '정연문화'와 임귀화 사장의 '도역문화' 주최로 화윤차문화 초청 한·중전통차향문화교류대회가 개최되었다. 하이커우시 정부 차원의 행사라 매우 힘 있게 진행되었다. 우리 차인을 포함하여 정식 초청 인원을 100명으로 한정하였다.

대회에는 하이커우시 정부 관계자들, 광동성과 복건성 등지의 본토 차인들과 차농과 차 연구가들이 대거 참석하였다. 심지어 북경과 안휘성에서 온 차인들도 있어서 대륙적인 규모를 느낄 수 있었다. 자세한 진행사항은 행사 후기를 작성한 글이 있기에 여기서는 생략한다.

화윤차문화는 2017년 2월 18일부터 22일까지의 교류 행사를 위해 4박 5일 일정으로 하이난성 오지산 탐방단을 꾸렸다. '화윤차례문화원 한·중차문화교류단' 참석자는 어린이 차인 2명을 포함하여 모두 18명이었다. 중국 차문화공연 탐방단의 책임

있는 운용을 위하여 각각의 역할을 분담했다.

단장: 박남식	말차공수선차: 박남식, 창원차향회 회원들
부단장: 정도영, 정용희	잎차공수선차: 박남식, 안양차향회 회원들
기록: 최문옥	음악연주: 진효근
사진: 권부귀	차시낭송: 이영란
통역: 이길동	통역낭송: 이길동

그런데 중국으로 출발하기에 앞서 갑자기 내가 발을 다쳐 깁스를 하는 돌발 상황이 발생했다. 해외여행에 당장의 어려움이 생긴 것이다. 이 행사를 위해 그동안 준비를 성실하게 해왔고 워낙 행사 주관을 잘 해온 화윤차문화이기에 내가 불참한다 해도 끄떡없다는 자신감이 있었다. 윤담 정도영 선생이라면 충분히 나를 대신한 단장 역할을 책임 있게 해낼 수 있으리라 믿고 내심 단장으로 윤담 선생을 생각하고 있었다.

발을 다쳐 깁스한 상황을 통역으로부터 전해 들은 후 교수는 천하없어도 내가 불참하면 안 된다고 못을 박았다. 점검 차로 연락을 하면서 나를 위해 미리 휠체어까지 준비했다고 했다. 결국은 깁스를 한 채 휠체어를 타고 비행기에 올랐다.

비행이 길어 조금 힘들기는 했지만 결과는 언제나 좋았다. 반가운 중국 차인들이 꽃목걸이를 준비해서 하이커우 공항으로 마중 나왔다. 후 교수와의 반가운 해후가 극적인 장면처럼 여겨졌다. 행사장이자 우리가 머물 호텔까지 이동해 가는 거리의 여기저기 전광판에 '한·중전통차향문화교류회' 행사 광고가 반짝이고 있었다. 우리 차인들은 짜릿한 흥분을 감추기 힘들었다. 우리가 생각했던 것보다 훨씬 중요하고 규모 있는 행사였다.

행사장은 우리가 머무는 호텔 대강당이었다. 하이커우시 정부 주요 인사와 차와 관련된 문화계 관계자 100여 명이 초청된 자리였다. 초대받은 손님들이 행사장에 들어서자 제일 먼저 손을 씻을 수 있는 관세위를 통과하여 정해진 자리에 착석하였다. 주최자인 후 교수의 인사와 나의 답사, 주요 인사의 축사가 간단히 진행되었다. 그리고 순서대로 한국과 중국이 번갈아가며 무대 공연을 진행했다. 나의 깁스 투혼은 한복의 치마에 가려져 행사 관계자 일부를 제외하고는 대부분의 참석자들은 눈치를 채지 못하는 듯하였다.

공연 내내 초청자 모두가 숨죽이며 집중하였다. 정말 아름답고 멋지다는 찬사를 받으며 뜨거운 호응 속에 행사는 잘 마무리 되었다. 공연에 참여한 화윤차문화 회원들은 스스로 대견한 생각이 들 정도의 완벽한 공연이었다고 기염을 토하였다. 모두 함께 보람과 행복함을 느꼈다. 그 마음으로 차신에 감사하였다.

공연이 끝나는 날, 저녁 식사 후에 바로 오지산 해발 1,867m 으로 향하였다. 오지산五指山 홍차 탐방을 위한 일정이었다. 오지산 홍차 탐방에는 '정연문화' 회원과 '도역문화' 회원이 함께 하여 명실상부한 한·중 차문화 교류가 되었다. 공연행사의 내용이나 풍경, 그리고 오지산 차밭 탐방은 별도의 기록이 있어서 생략한다.

한·중 차인들을 가깝게 묶어주고, 비행기를 광저우에서 갈아타고 몇 천만리를 붕새처럼 날아오게 만드는 차의 힘, 두 나라의 차문화 전통을 아름다운 공연으로 빛내는 힘은 참으로 놀라웠다. 그리고 두 나라의 많은 차인이 움직여도 불협화음이 하나도 일어나지 않은 배려와 조화의 힘이 무엇보다 아름답고 놀라웠다.

'도역문화'는 화윤차문화와 합류하기 위해 광동성에서 직원 전체가 대거 참여하였다. 임귀화 사장은 화윤차문화 차인들에게 흑차의 비조라 하는 사천성의 아안장차雅安藏茶를, 그것도 40년이나 묵은 골동차를 50g씩 포장하여 특별히 선물했다. 마시고 나면 없어져버리기에 참으로 귀한 살점 같은 골동차를 선물 받고 황송하기 그지없었다. 차란 모든 것을 다 내주고도 더 주고 싶은 물건이다.

여섯 번째 아회, 창원차향회 주최 한·중차향문화교류회

2017년 5월 17일, 여섯 번째 한·중차향문화아회가 창원의 운암서원에서 열렸다.

후 교수는 일본 차문화 탐방을 끝내고 다시 화윤차문화를 방문하였다. 이번에는 화윤차문화의 제차실습기간과 맞물려 창원차향회에서 머물기로 하였다.

이번 아회는 후 교수의 화윤차문화 차밭 탐방, 향도 특강과 창원차향회 아회를 계획하였다. 후 교수와 통역의 단출한 움직임이라 호텔을 이용하지 않고 홈스테이를 제공하였다. 안양에서 머물 때는 윤창 차사 집에서 머물고, 창원에서는 화윤차문화의 제차공장 구룡산막에 머물면서 보다 친숙한 관계를 다져 나갔다.

첫날 낮에는 후 교수와 함께 밀양의 화윤차문화 차밭을 탐방하고 차를 직접 따서 황차 만들기를 함께 하였다. 한중차향문화아회는 오후 6시 넘어서 창원교육관이 있는 운암서원에서 펼쳐졌다. 오월은 차회를 즐기기에 참 좋은 계절이었다.

첫 순서는 창원차향회의 잎차 공수선차였다. 나는 후 교수와 이길동 선생에게도 차상을 준비하여 공수선차 시연을 함께 하도록 배려하였다. 마음을 편안히 하고 물 흘러가듯이 그냥 따라 행하기만 하면 된다고 안내하였다. 후 교수는 워낙 향도로 평정심이 갖춰져 있어서 무리 없이 공수선차 수행을 하였다. 그야말로 차로 하나가 되는 진풍경이 벌어졌다.

두 번째 순서는 박변식 선생의 기타 연주에 일점 김환수 선생의 대금연주가 있었다. 진주에서 오신 어느 처사의 교방춤이 즉흥적으로 어우러졌다. 김환수 선생의 대금연주는 천하에 멋들어진 소리여서 깊은 여운을 주어 모두를 숨죽이게 만들었다.

세 번째 순서는 후 교수의 전향도 篆香道 시연이었다. 후 교수는 어느새 향도와 대금의 절묘한 콜라보를 이룰 수 있도록 대금연주를 부탁해 놓았다. 향도 시연이 진행되는 동안 김환수 선생은 13분이나 긴 연주를 즉흥적으로 이어갔다. 어느 해 김환수 선생과 화윤차문화가 어울린 차와 대금의 연주회가 구룡산막에서 열렸을 때, 차 공연을 위한 긴 연주를 제공한 경험이 있어서 이날도 향도와 대금 연주를 무리 없이 잘 어우러지게 해주었다.

네 번째 순서는 일념 진효근 선생의 색소폰 연주였다. 흥취를 돋우기에는 더할 나위 없는 연주를 경이롭게 이어갔다. 허물없이 인연 따라 참석하신 신기팔 선생은 자청하여 창을 한 대목 뽑았다. 차와 향과 음악이 오월의 초여름 밤을 아름답게 수놓는 한·중차향문화 아회는 밤이 깊어가는 것을 잊었다. 아회를 마치고도 소회를 나누는 마무리 차회는 밤늦게까지 계속 이어졌다.

다음날은 경주 남산자락에 아늑하게 자리 잡은 김영희 차인의 아름다운 한옥 차실에서 향도와 차도를 교류하는 작은 아회를 가졌다. 김영희 선생이 우려 주는 향기로운 차를 마시면서 두 나라 차인들이 나눈 소담한 자리는 잊을 수가 없다. 차는 공간을 초월하고 세월을 잡아두는 아주 힘이 센 물건이다. 그 연약한 이파리가 가지는 힘이 우리를 놀라게 한다. 후 교수를 축으로 하는 정연문화와 화윤차문화의 한·중차향문화 교류는 계속 이어졌다.

일곱 번째 아회, 광동성 도역문화 초청 한·중차문화교류대회

2017년 12월 26일, 6박 7일의 여정으로 광동성 도역문화 초청 한·중차문화교류대회 겸 차문화 여행을 했다. 상세한 기록은 따로 있어 기술은 생략한다.

여덟 번째 아회, 오지산조춘차개채절(五指山早春茶開採節) 행사 참석

2018년 3월 17일, 오지산조춘차개채절 행사에 화윤차문화가 초청받았다. 나와 윤의, 윤빈 차사가 4박 5일 여정으로 다녀왔다. 자세한 행사 일정은 따로 기록이 있어서 생략한다.

아홉 번째 아회, 대익그룹 2019 한·중선차(禪茶)교류회 및 신제품 발표회

2019년 5월 29일 신라호텔 영빈관에서 대익그룹 초청 한·중 선차교류회 및 신제품발표회에 화윤차문화가 초청받아 내가 독수선차를 공연하였다.

대익그룹은 옛 국영 명해차창을 2004년에 우웬즈 吳遠之 회장이 인수하여 민영화한 회사다. 현재 활발하게 운영되고 있는 차창이다. 2019년의 야심작인 '전심 傳心' 신제품 출시 발표회를 겸해서 행하는 한·중 선차교류회가 열렸다. 대회는 매우 거창하고 장엄하게 진행되었다.

한국의 차인 40명과 중국차인 40명으로 구성되었는데, 초청 인사들은 모두 내로라하는 한·중 차인들이었다. 초청 손님은 불교TV 회장, 중앙승가대학 전 총장, 주한 중국대사, 한국의 차 협회 인사, 대익그룹 중국 대리상 및 관계자들이었다.

선차교류 시연은 중국의 '대익팔식 大益八式'의 푸룽군 付榮群 선생과 한국을 대표해서 '화윤선차회 和胤禪茶會'의 내가 초청되었다. 행사는 2시 반에 시작하여 1부, 2부까지 마치는데 밤 10시 반에야 끝이 났다.

첫 번째 순서는 대익그룹 우웰즈 회장의 차분하고도 긴 인사로 시작되었다. 대익은 한국의 스님들이 많이 사랑한 기업임을 강조하며 감사인사를 하였다. 이번 신제품 이름도 한국조계종 스님이 '이심전심以心傳心'에서 '전심'을 따서 명명하고 직접 휘호하였다고 했다. 이로 보아 대익과 한국불교의 관계가 깊은 것을 알 수 있었다.

두 번째 순서는 중국선차 시연으로 대익그룹의 '대익팔식' 시연이 있었다. 대익팔식은 대익그룹에서 장려하는 보이차 다예법이다. 대익팔식은 '느림慢'에 포인트를 맞추고 움직임이 부드럽고 우아함을 견지하면서 명상을 즐기는 과정이라고 했다. 보이차를 우리는 과정을 여덟 과정에 의미를 부여하여 스토리텔링을 하였다. 시연자인 푸롱군 선생은 중국의 전통악기의 연주음악에 맞추어 천천히 집중하는 평정함을 보였다. 이는 보는 이로 하여금 마음의 평정을 유지하게 하였다. 선차의 의미는 한국과 중국이 다를 바 없이 그 뿌리가 같음을 느끼게 했다.

세 번째 순서로 조계종 스님께서 선차에 관한 긴 설법을 하였다.

네 번째 순서는 화윤선차회의 반야로 독수선차였다. 대동한 윤휘 차사가 시연자리를 준비하는 동안 나는 반야로의 선차수행에 관한 해설을 하였다. 알아차림과 평정심을 유지하며, 반야로 선차법의 차도용심 여섯 가지 수행덕목인 자연성, 검박성, 중도성, 안정성, 응변성, 보은성을 하나하나 새겨서 자연스럽고도 즐거운 마음으로 임했다.

이번 독수선차는 말차로 행하였다. 앞자리에 앉은 주요 인사뿐만 아니라 행사장에 가득한 사람들의 기운이 무대를 향해 집중되어 한 호흡의 숨결이 그대로 느껴졌다. 차와 음악과 사람이 혼연일체가 됨을 느끼는 순간이었다.

음악은 이건용 선생의 차악인 '별과 시'였다. 음악을 가슴에 품고, 시작과 끝이 있는 듯 없는 듯 절제의 미를 스스로 느끼면서 진행했다. 그야말로 반야로 선차의 근본 종지인 차도무문茶道無門의 경지를 스스로 체감하는 자리였다. 환희심이 넘쳐났다. 특별히 웅천요 최웅택 사기장의 투박한 찻사발을 사용하였다.

대익그룹이 한국에서 개최한 한·중선차교류회 및 신제품 발표회의 특별한 행사는 매우 장엄하고 깊은 인상을 남겼다. 두 나라의 선차문화를 이해하는데 유익한 결실을 맺게 하였다.

〈대익그룹 '2019 한중선차교류회' 인사〉

차도란 차 마시는 일상의 일을 도에 붙여서 이른 말이다. 차도의 본질은 참으로 사소한 일상생활의 평범한 삶으로부터 우주의 신비와 삶의 철학을 이해하는 것이다. 선차란 차 마시는 일상적인 일을 통해 직관적인 선의 경계에 가 닿는 일이다. 선은 말이나 글보다 앞서는 실천이며 집중이다. 차 또한 말이나 설명에 앞서서 차를 달여 직접 혀끝에 올려 오미, 육미를 음미하여 그 맛을 직접 느끼는 것이 같은 이치이다. 차와 선은 그 성품이 너그럽고 정이 따스하여 서로 상통하는 감동으로 자아를 터득하게 만든다. 이러한 차를 마시고 선을 닦음이 마음을 순수경계에 도달케 하여 사람의 행복함 그 자체를 만들어 낸다.

차와 선은 한결같이 온 몸과 마음을 기울여 참구하여야만 그 경계가 터득되는 것으로 흔히 이러한 경계를 차선일미라고 한다. 차선일미(茶禪一味)란 '차나 한잔 마시고 가게[喫茶去]'라는 중국 당대의 하북조주(河北趙州)의 종념선사(從諗禪師, 778-814)의 유명한 공안을 송대의 원오극근(圓悟克勤, 1063-1135) 선사에 의해 구체적으로 제출된 화두이다.

이러한 차선일미의 경계는 비단 불교에서만 한정되는 것은 아니다. 한국의 조선 초기의 한재 이목(寒齋 李穆, 1471-1498)선생은 차를 두고 '내 마음의 차[吾心之茶]'라고 노래했다.

차를 마시는 일은 인간의 가장 근원적인 존재양식이다. 차 한 잔은 바로 우리의 생명수이며 일상이다.

'독수선차(獨修禪茶)'란 고요한 자리에서 찻물 흐르는 소리를 들으며, 홀로 법도에 맞게 차를 우려 마시며 심신을 수련하는 명상수행차도이다. 독수선차의 작법은 반야로차도문화원 채원화(蔡元和)선생께서 오랜 차 수행을 통해 정리한 것이다. 본인은 효당가(曉堂家) 반야로차도문화원 첫 문도로 스승과 제자의 도리를 나누며 선차수행을 해왔다.

뜻깊은 '2019년 중한선차 교류회'에서 시연할 독수선차는 말차이다. 음악가 이건용 선생의 '별과 시'라는 차 음악에 맞추어 시연하며 차와 음악, 사람(茶·樂·人)이 하나가 되려고 한다. 이 자리의 모든 분들도 마음으로 함께 차를 마시며 조용히 내면을 성찰하는 시간이 되길 희망한다.

10번째 아회, 서풍동경호(瑞豊同慶號) 초청 운남성 한·중차문화교류회

2019년 5월 31일, 7박 8일간 운남성 차문화 탐방이 시작되었다.

참석자는 나를 비롯하여 윤담, 윤빈, 윤아, 윤의 차사와 김선희, 윤화은, 이길동 선생까지 모두 8명이었다.

운남성은 사실 남한 크기의 4배 가까운 면적이나 인구는 거의 비슷한 수준이다. 운남성 남부지역의 시솽반나에서는 '서풍동경호' 곽서의 郭瑞儀 사장이 현지 주선을 하고, 쿤밍 昆明 지역에서는 후 교수가 주선하였다. 서풍동경호 초청으로 운남성차문화 탐방을 계획한다는 소식을 전하자 후 교수는 하이난성에서 비행기로 날아와서 화윤차문화 탐방단을 책임져주었다.

운남성 시상반나에 차창을 두고 있는 '서풍동경호' 곽서의 사장이 우리를 맞이하기 위해 말끔히 집 단장을 하고 차창 대문에는 '중·한화윤차문화협동조합기지' 간판도 달아놓았다. 우리 일행이 편안하게 머물 수 있도록 준비해주었다. 10명 이하면 그곳에서 머물기로 했으나 '정연문화' 회원들이 합류하여 숫자가 좀 많아져서 숙소를 호텔로 옮겼다.

7박 8일간의 운남성 차문화 탐방 기록은 따로 있어 생략하고, 쿤밍에서 가진 단오 전야의 아회만 기술하고자 한다.

운남성의 성도 쿤밍에 아버지 대로부터 전습해온 '인문차도전습관'이 있다. 실질적인 대표 왕영신 선생의 초대로 단오절 전야인 6월 6일 저녁 7시에 '한·중인문차도교류회'를 가졌다.

후 교수는 '전향도 篆香道', 나는 '오심지차 吾心之茶', 왕영신 선생은 '난야구식 蘭若九式' 보이차도를 시연하였다. 각각의 시연에 대한 설명도 곁들였다. 모두 내면을 성찰하는 시간이었고, 마음을 다스리는 차도명상에 빨려 들어갔다.

〈화윤의 오심지차〉

〈왕영신의 난야구식〉

말미에는 특별히 운남성 소수민족이 현장에서 소박하게 차를 구워 마시는 고차 烤茶를 선보였다. 죽로 화로에 불을 피워 토기차관을 뜨겁게 달구어서 우린 차를 마셨다. 그 맛이 매우 구수하였다.

왕영신 선생은 그의 저서, 『人文茶席 인문차석』, 『山水柏舟一席茶 산수백주일석차』 두 권과 우야 吳涯 선생이 편집한 운남과기출판사의 『운남보이차 춘하추동』 한글판 한 권, 그리고 보이전차 한 개씩을 우리에게 선물했다. 중국에서는 단오절을 매우 중요하게 여기는데, 우리 일행들에게 단오향낭을 목에 걸어주며 행운을 빌었다. 우리는 준비해간 영남요 김정옥 선생의 분청찻잔과 '茶道無門 차도무문' 무늬의 차상보와 화윤

선차 녹차를 선물했다. 후 교수는 나의 졸저인 『기뻐서 차를 노래하노라』를 선물 했으면 좋았을 것이라 말했지만 가져간 책이 이미 소진되어 귀국 후에 따로 우송하였다.

이번 행사는 운남성 차산지 탐방뿐 아니라 차의 역사와 문화의 인문학적 교류가 되도록 선발대인 후 교수가 프로그램을 엮었다. 특별히 화윤차문화의 인문학적 가치와 철학을 높여서 그에 걸맞은 교류가 되도록 노력하는 모습이 무척 고마웠다.

인문차도전습관 아회에 앞서서 시상반나호텔 차실에서도 '후옥厚沃' 차창의 왕루이王銳 사장과 호텔 사장이 참석한 자리에서 한 차례 아회가 있었다. 그로 인해 호텔 사장의 만찬초대로 특별히 '차연茶宴'이라 불리는 차를 소재로 한 음식으로 극진한 대접을 받았다.

곤명 둘째 날에는 운남농대 차문화연구소를 방문하여 주홍걸 교수와 차담 시간을 가졌다. 후 교수는 이번 탐방이 단순한 자연과학적 접근만이 아니라 차의 인문, 미학적인 관점의 접근이 되도록 많은 노력을 기울였다. 진심으로 그 정성에 감사함을 느끼지 않을 수 없었다.

2014년에 후 교수가 화윤차문화를 조용히 찾아든 이후 오늘에 이르기까지 한·중 차교류의 여정이 우리 차인에게 많은 감동과 울림을 준다. 이런 소중한 차 인연의 중심에 서있는 후 교수께 지면을 통해 다시 한 번 고마운 마음을 전한다. 아울러 '정연문화'와 '도역문화'의 차벗들께도 감사의 마음을 전한다. 서풍동경호와의 신의와 인연으로 화윤차문화협동조합은 서풍동경호 한국대리점을 두게 되었다. 이 모든 유익한 관계는 작은 찻잎에서 뻗어나는 큰 힘에 의해 이루어졌다. 차신에 지극히 감사한다.

3. 중국 하이난성 차향문화 교류회

/ 윤여 최문옥

[2017년 2월 18일 ~ 2017년 2월 22일]

2017. 02. 18. (토)

드디어 중국으로 출발하는 날이다. 아침 8시 30분에 인천공항 출발 층 B구역에서 화윤선차회 회원들이 모두 만났다. 기브스를 한 화윤 선생님도 든든하게 앉아계셨다. 설렘과 기대감을 숨기지 못하는 회원들 얼굴은 환하였다. 즐거움에 겨운 두현이는 어쩔 줄 몰라 이리 뛰고 저리 뛰고 있었다.

새벽 1시 30분에 출발, 리무진을 타고 온 창원 회원들은 윤담의 인솔로 아침식사를 마친 후였다. 이길동 선생의 일사불란한 안내를 따라 우리는 광저우행 비행기에 무사히 올랐다. 광저우에서 하이난으로 가는 중국 국내 비행기가 2시간여 연착하여 밤 9시가 다 되어 하이난에 도착하였다.

공항에 마중 나온 중국 선생님들의 환대는 정성이 가득했다. 꽃으로 목걸이를 만들어 한국회원 모두에게 걸어 주었다. 생화 30송이를 꿰어 만든 목걸이였다. 우리 18명 일행은 감동을 받았다. 너무 예쁜 목걸이에 서로 눈을 떼지 못하고 사진 찍기에 바빴다. 저녁식사는 큰 규모의 뷔페식당으로 안내받았다. 한국 어디서도 보지 못한 대규모 식당이었다. 시끄럽게 대화하는 손님들 사이에서 우리는 굴하지 않고 음식들을 골고루 가져와 배부르게 먹었다. 호텔에 들자마자 방 배정을 받고 흩어졌다. 시각은 12시를 넘고 있었다.

02. 19. (일)

아침은 호텔 뷔페조식으로 준비되어 있었다. 차려진 아침 밥상을 맞이하는 주부들의 표정은 즐겁다. 알뜰하게 차려먹었다. 숙소에서 멀지 않은 침향거리로 나섰다. 그리 덥지 않은 날씨에 바람이 산들거렸고 구름이 해를 가리기도 했다. 한중차향교류회를 홍보하는 붉은 색 플랜카드가 높다랗게 걸려있었다. 후 교수님이 먼저 나와 있다가 우리를 두 팔 벌려 반겨주셨다. 화윤 단장님과 후 교수님이 끌어안으며 인사를 나누었다.

침향거리는 나라에서 정책적으로 조성하였는데 침향은 중국에서 오랜 전통을 갖고 있었다. 베트남과 인근지역이 생산지로 더 알려져 있으나 하이난 지역에도 침향나무가 자라고 있어 이 지역에서는 오래 전부터 침향을 만들고 향유하는 문화가 있었다고 한다. 3대째, 4대째 침향을 만들고 있다는 상점을 둘러보았다. 침향나무라고 해서 향이 나는 것이 아니었다. 고목이면서 비틀리고 뚫리고 골병을 견뎌내야 그런 부위에서 향이 발생한다니 느끼는 바가 참으로 많았다. 어떤 인생을 향기 나는 인생이라 말할 수 있을까. 사람들은 대부분 어려운 인생 고비를 피하고 싶어 한다. 나 역시 그러하다. 향기 나는 인생은 어려움을 피하지 않고 온전히 살아낼 때 가능한 것이려니 생각하니 마음이 저려왔다. 새삼 나를 돌아보게 하는 순간이었다.

모양에 따라 침향선향과 침향탑향이 있는데 후 교수님이 손수 침향선향을 반죽하는 법을 시범으로 보여주었다, 우리도 침향나무를 부드럽게 간 가루와 접착가루, 생수를 섞어 반죽한 후 틀에 넣어 찍어내었다. 다음 일정 때문에 반죽한 것들을 다 찍어내지 못하고 행사 도우미에게 뒷일을 맡기고 일어섰다. 침향은 몸을 치료하고 마음을 치유하는 효력이 있다고 해서 오래 전부터 귀하게 여겨왔다고 한다. 고급침향은 보석과 맞먹는 값을 매긴다고 들었다. 내가 어렸을 때 일이다. 아버지께서는 향이 나는 몽당나무를 칼로 얇게 저며 불에 태워 그 향을

제사상에 올리는 것을 보았다. 어느덧 점심 식사시간이 되어가고 있었다. 일행의 막내둥이 5살 두현이는 이집 저집 드나들며 신기한 물건들을 만지작거리고 골목을 뛰어다녔다. 창원에서 온 9살 하은이는 어른들 틈에서 있는 듯 없는 듯 체험활동을 하였다.

오후에는 바로 공연 준비에 들어갔다. 공연장은 호텔에 딸린 행사장으로 넓은 편이었다. 초대 손님이 많은 지 준비하는 손길들이 바빠 보였다. 드디어 200여 명의 손님이 자리를 채우고 3시부터 행사를 시작했다. 수십 명의 차 관련 전문가와 내빈들이 각지에서 왔다고 했다. 시 방송국에서 나온 사람들이 카메라로 시종 행사 진행을 찍어댔다. 해구는 서울과 맞먹는 큰 도시이다. 중국 측 공연과 우리 측 공연을 교대로 이어갔다. 말차시연은 창원에서 맡았고 잎차시연은 서울에서 맡았다. 특별출연으로 진효근 선생님이 톱 연주를 하셨다.

중국 측은 1인 무대였지만 한국 측은 여러 명이 무대에 오르니 분위기를 압도하였다. 화윤 선생님이 가운데 앉으시고 옆에 앉은 꼬마차인 윤하은이 의젓하고 씩씩하게 시연하였다. 마치고 난 후 화윤 선생님께서 한국 차문화의 과거와 현재에 관해 설명을 하

시고 이길동 선생님이 통역을 하였다. 화윤 선생님의 목소리에 영롱한 차의 기운이 감도는 듯 했다. 윤슬과 그녀의 딸 하은이는 즉석에서 인터뷰에 응하기도 했다. 어떻게 길렀는지, 어떤 방법으로 차생활을 하였는지 물어왔다. 어린아이의 차시연이 너무 인상적이어서 중국 인사들이 놀라워했다. 아무튼 하은이가 우리 공연에 기여한 바가 무척 컸다. 고무신에 발이 아팠지만 모든 공연이 끝내고서야 버선을 벗었다. 날이 어두워졌다. 저녁식사를 하였다. 길동 선생은 피곤한 우리를 위해 호텔 내 뷔페식당에 예약을 해 두어 편한 식사를 했다.

이제 오지산으로 출발이다. 잠든 머리가 오른쪽으로 떨어지다가 왼쪽으로 넘어지면 놀라 깨곤 했다. 쏟아지는 잠을 주체하기 어려웠다. 중요하고도 힘든 날이 지나가고 있었다.

02. 20. (월)

눈을 떠보니 우리는 산속에 들어와 있었다. 해구에서 오지산 중턱 1200m 까지 5시간이 소요되었다. 어둔 밤, 산길 운전에 운전기사의 노고가 늦게야 생각이 났다. 아침 공기가 맑아 상쾌하다. 하늘이 유난히 파랗고 투명하다. 해구와는 공기가 판이하다. 활엽수 이파리가 반들거리고 한들거린다. 돌 틈 꽃들이 얼굴을 내밀고 웃고 있다. 일행들이 차밭으로 가려고 버스를 기다리는데 화윤 선생님이 행방불명이라며 윤의가 잔뜩 긴장해 있었다. 깁스한 다리로 가실 데가 없는데 눈앞에서 사라졌단다. 드디어 40여분이 지나 배시시 웃으며 나타나셨다. 그럼 그렇지.

산자락 차밭은 넓었다. 개인 소유인데 규모가 큰 편이었다. 면적은 딱히 모르겠으나 하동이나 보성차밭을 비교하면 훨씬 넓은 차밭이었다. 농원 주인은 우리를 크게 환대해 주었다. 홍차와 삶은 마, 떡을 준비해 대접하였다. 우리는 밀짚모자를 쓰고 바구니를 들고 차밭으로 향했다. 그늘과 바람이 없는 땡볕이었다. 이틀 전에 첫차를 땄다고 하더니 연한 잎들이 많지 않았다.

소수족인 리족 여인이 와서 노래를 불러주었다. 차를 딸 때 부르는 노래라는데 음색이 높고 낭랑하였다. 우리 농촌에서도 모내기 할 때 부르는 민요가 지역에 따라 전해지듯이, 이 또한 노동의 곤함을 극복하려는 사람들의 지혜이리라. 지역방송국에서 나온 카메라맨들이 따라다니며 촬영을 했다. 화윤 선생님은 그들과 30분 넘게 인터뷰를 했다. 점심은 인근 식당으로 가서 현지식으로 먹었다. 닭고기 요리, 오리고기 요리, 소고기 요리, 돼지고기 요리 등 지역 특산요리가 다 나왔다. 진달래 빛깔의 막걸리도 특별히 준비되어 있었다. 농원 여사장은 정씨였다. 윤담과 윤빈이 정씨여서 세 사람이 자매결연을 했다. 있을 법한 몸속의 피를 느껴가며 껴안기도 하고 술잔을 주고받으며 웃음꽃을 피웠다.

점심을 걸게 먹고 나서 계곡으로 들어갔다. 해구는 아열대기후이고 오지산 지역은 열대우림기후다. 산속에는 이끼와 바나나나무, 다양한 수목이 아주 싱싱하게 자라고 있었다. 식물들의 천국이었다. 맑은 계곡물이 힘찬 소리로 흐르고 있었다. 평평한 곳에 찻자리를 폈다. 광저우에서 임귀화 사장이 직원들과 같이 와서 우리를 위해 아회를 베풀었다. 2곳에 찻자리를 폈는데 중국 아가씨가 한 곳을 맡고 한 곳은 화윤 선생님과 윤후가 맡았다. 지나가던 여행객들이 신기한지 사진을 찍으며 관심을 보였다. 저녁식사 후 농원으로 다시 갔다. 가로등 하나 없는 어두운 마을에는 하늘을 수놓은 별들이 쏟아져 나와 우리를 반기고 길을 안내해주었다.

이렇게 영롱한 별들을 언제 보았던가, 감탄사를 연발하였다. 오전에 딴 찻잎을 오후 내내 시들게 해서 남은 작업을 이제 할 참이었다. 손을 씻고 마스크를 하고 덧신을 신고 작업장으로 들어갔다. 두세 명씩 짝을 지어 유념을 했다. 작업장 반장의 승인이 떨어질 때까지 비비고 훔쳤다. 힘이 들고 다리가 아프고 팔이 아팠다. 마침내 작업이 끝나고 바구니에 이름을 적어 표시를 했다.

상온에서 8시간 발효한 후 100도에서 30분 동안 건조를 하면 홍차 완성이란다. 내일 아침이면 우리의 홍차를 만나게 될 것이다. 맛이 어떨지 기대가 된다. 오지산에서의 하루가 저물고 있다. 칠흑 같은 어둠을 더듬어 걸었다. 하늘 가득 뿌려진 별들을 감상하며 숙소로 걸어갔다. 오늘은 홍차를 만들어 뿌듯했고 들차회로 행복한 하루였다.

02. 21. (화)

아침을 먹고 오지산 정씨 농원으로 한 번 더 달렸다. 지난 밤 우리가 작업했던 홍차가 이름표를 달고 기다리고 있었다. 오그린 자태는 건조되어 양이 적어졌지만 까맣게 변해버린 찻잎이 사랑스럽다. 만든 차의 맛이 어떨지 기대감으로 봉지에 차를 담았다. 햇 녹차와 유기농 홍차와 리왕홍차 리족이 산속에 자생하는 차나무에서 채취한 잎으로 만든 홍차로 왕가에서 마신 고급 차 종류를 음미하였고 입맛에 따라 차를 구입하기도 했다.

정씨 사장님은 무척 에너지가 넘치는 분이어서 인상적이었다. 작별을 아쉬워하며 우리는 해구로 향했다.

도착하니 오후 3시를 넘기고 있었다. 늦은 점심식사는 저녁식사이기도 했다. 구겨진 한복을 꺼내 다려서 입고 구시가지로 향했다. 후 교수님과 임귀화 사장님이 앞서 우리를 안내해 주었다. 지중해식 건물들이 즐비한 거리, 120년이 넘는 건물들이 회족에 의해 세워져 또 다른 이국의 정취를 느끼게 해주었다. 지금은 관광거리로 유명해져 관광상품을 파는 상점이 대부분이라고 했다. 나와 몇몇 회원들은 틈새 길거리 쇼핑을 즐겼다.

저녁 7시 30분, 해구의 차인들이 준비한 갤러리로 초대받아 갔다. 그곳은 무대가 갖추어진 갤러리로 디자이너의 옷과 가방, 장신구와 차도구들을 전시하고 있었다. 우리가 먼저 잎차와 말차를 내어 대접하였고 해구 차인들이 답례로 차를 내주었다. 자견녹차가 먼저 나왔다. 처음 보는 자색 녹차였다. 맛도 차이가 있었다. 더 좋다기보다는 새로운 맛으로 신비로웠다. 동차송에 일품으로 소개되는 바로 그 자견녹차였다. 15년 된 무이산 정암차를 두 번째로 대접받았다. 1년 된 것이 차라

면 3년 된 것은 보약이 되고 5년이 되면 약이 되고 10년 된 것을 마시면 신선이 된다는 말씀을 선생님께서 덧붙이셨다. 우리도 신선이 된 기분으로 정암차를 마셨다. 바위산 중턱에 신령하게 자라는 차나무와 그것을 먹게 만든 차인들에게 마음으로 감사의 절을 올렸다.

마지막으로 완전발효차 푸추차가 나왔다. 찻잎에 사는 금와라는 균이 발효를 시킨다고 했다. 독특한 곰팡이 냄새를 품은 차였다. 여독으로 피곤했지만 차인으로서 귀한 차를 대접받는 자리는 행복 그 자체였다. 늦은 밤거리를 걸어서 숙소로 왔다. 중국의 마지막 밤을 아쉬워했다. 추억의 시간을 더 만들고 싶지만 몸이 쉬라고 눈을 감겼다.

02. 22. (수)

오늘은 한국 집으로 돌아가는 날이다. 두현이, 윤요, 윤창, 진효근 님이 새벽 5시에 호텔을 먼저 떠났다. 나머지 일행은 아침식사를 하고 공항으로 향했다. 이길동 선생은 중국에서 일을 더 보고 온다며 우리들만 떠나보냈다. 무던하고 잘생긴 길동 선생님은 그동안 우리를 느긋하게 기다려주고 성실하게 안내하는 모습에 중국 남자의 매력을 잠시 느껴보았다. 여행에 충분한 경험과 경륜을 가진 윤의가 길동 선생님 빈자리를 채워 가이드로 나섰다. 영어회화를 잘하니 비행기 안에서나 공항에서나 안심이 되고 든든했다.

경유지 광저우공항에서 한중차향문화교류 평가회를 하였다. 5일 내내 날씨가 화창하였던 점, 숙소와 식사가 최상이었던 점, 우리를 극진히 환대해 준 중국 차인들, 문화교류 행사의 내용, 우리 사이에 흐른 배려와 양보에 대해 모두 감사한 마음을 가지고 있었다. 덕분에 회원들의 결속까지 다지는 보너스를 얻은 여행이었다는 피드백이 있었다. 화헌이 발목을 삔 것이 아쉬웠다. 얼른 낫기를 바랄 뿐이다. 온통 긍정적인 피드백이었다. 광저우 공항을 배회하며 점심을 사먹고 비행기에 탑승, 잠이 들었는데 어느새 인천공항에 도착해 있었다. 아쉬움으로 작별의 포옹을 겹겹이 나누었다. 창원 회원들은 리무진에 몸을 싣고 바로 내려가고 서울 회원들은 공항에서 헤어졌다. 4박 5일의 한중차향문화교류회는 추억이 되어 두고두고 가슴에 머물 것이다.

4. 중국 하이난성 차문화 교류 회고

/ 윤아 이종애

　찻상, 찻상보 안에 살포시 숨어있는 차관, 숙우, 찻잔, 잔받침, 차통, 차숟가락, 차수건, 상보, 뚜껑받침, 그 옆에 없어서는 안 되는 탕관과 퇴수기가 놓여진다.

　차례는 우리의 전통 의상인 한복을 입고 수줍은 듯 찻상을 들고 입장하는 모습이 보는 사람으로 하여금 설레게 하고 행하는 사람을 더 행복하게 만드는 아름다운 시간이다. 탕관에 물을 부어 숙우, 차관, 찻잔으로 이어질 때까지 물소리, 숨소리, 따르는 손동작 하나까지 모두 절도와 품위가 넘친다. 찻잔에 모두 똑같이 따르는 찻물의 소리조차 아름답다.

　우리의 차구에는 오래 두고 봐도 좋은 김해차완, 고려차완, 청자, 백자, 분청 등이 있다. 모두 투박하고 이름 모를 도공의 수고스러운 연륜에서 빚어낸 정이 듬뿍 담겨있는 정이 가는 그릇들이다. 지나가는 나그네가 목이 말라 우물가에서 목말라 물 한 잔 부탁하면 나뭇잎 하나 띄워 천천히 불어 마시라고 준 대접도 훌륭한 찻사발이었을 것이다. 찻자리를 펼칠 장소 또한 계곡물이 흐르는 곳이든 지인의 집이든 어느 곳에서든지 찻자리를 펼칠 수 있다. 우리 그릇을 막사발에 먹을 때와 잘 만든 잔에 먹을 때의 기분은 다르지만 좋은 차는 장소, 그릇을 가리지 않는다. 또한 좋은 사람들이거나 처음 만난 사람이거나 사람도 가리지 않는다. 은은하고 그윽한 맛과 향으로 잘 우려진 차의 색처럼 자극 없는 부드러운 맛, 두 눈을 감고 음미하면 나도 차에 동화된다.

　차와 함께 한 시간들 속에서 체험한 중국 하이난도의 오지산 아회는 특별한 추억으로 남아 있다.

2017. 02. 20. ~ 21. | 중국 하이난도 오지산 아회

깜깜한 칠흑 같은 밤하늘에 별이 반짝거리는 가운데 구불구불한 길을 버스로 5시간 무섭게 달렸다. 광활한 중국 땅을 실감하며 깎아지른 듯한 낭떠러지 길을 한참을 곡예를 하듯 달렸다. 우리가 도착한 오지산의 산자락에 그림 같은 호텔이 나타났다. 그 아름다움에 정신이 황홀했지만 만끽하지 못한 채 피곤함에 기절한 듯 잠에 빠져들었다.

아침 일찍부터 기대했던 오지산의 일정이 시작되었다. 잘 가꿔진 오지산의 넓은 차밭에서 화려한 수가 놓인 전통의상을 입은 소수민족과 함께 어우러져 차를 땄다. 소수민족의 전통 노랫소리와 드넓은 차밭의 풍경이 어우러져 한 폭의 수채화를 보는 듯했다. 소박하지만 푸짐한 점심식사는 꿀맛 같았다.

점심 식사 후 중국 차인들이 아회를 준비했다. 중국의 아회는 집이나 야외에서 사람들과 차를 마시며 이야기 나누는 것이 일상의 문화로 되어 즐긴다고 했다. 두 명만 모여도 즐거운 찻자리가 펼쳐진다고 했다. 넓은 대지만큼 넉넉한 인심과 풍부한 수백 가지의 차나무와 차꽃, 그리고 차도구 또한 차 종류만큼이나 많고 차의 맛도 수백 가지일거라고 생각되었다. '차'라는 글씨를 백 가지의 글씨체로 쓴 놀라운 필력을 보고도 감탄했고 중국의 차문화의 규모나 다양함을 실감할 수 있었다.

아회장소로 차로 이동하여 더위에 한참을 걸어서 지쳐갈 즈음에 작은 오솔길이 나왔다. 안으로 들어가니 드넓은 계곡이 나타났고 폭포소리가 음악처럼 들려왔다. 마치 사진에서 본 듯한 한 폭의 그림같이 시원하고 아름다운 계곡이었다. 시원한 바람이 부는 펼쳐진 계곡의 골짜기에는 사람들이 여기저기 자리 잡고 평화롭고 유유자적한 모습으로 놀고 있었다.

중국의 차인들은 우리 일행보다 미리 와서 찻자리를 준비하고 기다리고 있었다. 오지산 산자락의 야외에서 펼쳐진 아회는 바위와 산중턱의 쉼터를 이용하여 찻자리가 펼쳐져 있었다. 바나나잎은 찻상이 되고 나뭇잎은 찻잔받침이 되어 자연과 차와 사람이 어우러져 하나의 완벽한 아회 풍경이 되었다. 계곡의 바위를 무대삼아 펼쳐진 쿵푸연기와 악기 연주소리와 계곡의 물 흐르는 소리와 차향기와 청정한 공기가 모두 어우러진 열대우림 속의 차의 종합 예술을 한·중차인들이 함께 펼쳐내었다.

중국의 야외아회는 자연을 잘 활용하고, 예를 갖추어 차를 우려내고, 차를 마시는 마음도 즐거움이 함께 어우러져 마음의 경계를 찾아 볼 수 없을 정도로 자연스러웠다. 또한 찻자리를 돋보이게 하는 음악과 차를 우려내는 자연스러운 손놀림은 가히 예술이었다. 도구를 이용하는 향도의 모습 또한 아회를 즐기는 다른 느낌이었다. 향도의 절제된 모습, 넘치지도 모자람도 없는 양과 인내의 시간으로 불을 다루어 향이

타올라 재로 변하여 문양으로 태어나는 것은 하나의 예술이었다. 아회에서 이루어지는 향도에서는 명상의 깊이를 느낄 수 있었다.

이번 중국 차문화 탐방의 아회를 통해서 한잔의 찻잔 속에는 차농의 노랫소리에 담긴 땀과 삶의 애환의 역사가 고스란히 녹아있음을 다시금 볼 수 있었다. 또한 알고 있던 것보다 더 많은 차의 종류가 있었고 그리고 어느 차를 누구와 어디서 마시든, 또 어느 누가 만든 차관으로 마시든, 차를 마시는 이들 모두가 한마음으로 차를 사랑하고 누릴 줄 안다면 모두 차인이라는 생각을 했다. 그러나 '차공과 도공, 그리고 차인이 없었다면 차나무는 하나의 나무에 불과하지 않았을까?' 하는 생각이 들기도 했다.

중국 차인과의 교류와 아회를 경험하며 세월이 흘러가면 갈수록 차가 익어 깊은 맛을 내듯이 나의 인생도 그 맛과 향이 더욱 진해짐을 느끼게 되었다. 그 안에는 나의 소소한 일상의 향기도 큰 부분을 차지하고 있다. 오늘도 어여쁜 손주와 멋진 차 아회를 하며 인생의 맛과 향을 더욱 깊이 음미하고 있다.

5. 중국 광동성 차향문화 교류회

/ 윤여 최문옥

2017. 12. 26. (월) ~ 2018. 01. 01. (월)

2017년 2월, 중국 하이난성 '정연문화'와의 차문화교류를 위해 탐방한 이후 교류하는 내내 나누었던 훈훈한 정과 차문화의 깊은 연결성을 확인하였다. 다시 10개월 만에 '광동도역문화전파유한공사' 초대로 화윤차문화협동조합의 차인 12명이 중국을 방문하게 되었다. 단순한 탐방이 아닌 광동성 광저우 '도역문화'와 우리가 공연과 아회를 곁들인 교류를 하여 큰 성과를 이루어내었다. 하이난성 '정연문화' 팀들도 10여명 합류해 6박 7일 일정을 함께 했다.

12. 26. (화)

드디어 광저우로 출발하는 날이다. 창원에서 윤용, 윤송, 윤담, 윤여, 진주의 황선회 도예가가 전날 밤차로 올라와 아침 7시 공항에서 서울 일행과 만났다. 서울에서는 화윤 선생님, 윤후, 윤의, 윤빈, 윤아, 윤창, 윤지가 합류했다. 모두 여행의 기대로 들뜬 얼굴들이다. 공항직원이 윤후의 흰머리를 보더니 편하게 출국하도록 일행을 퍼스트 게이트로 안내해주었다. 지난 번 광저우에서 한국인의 입국심사를 까다롭게 하던 일이 생각났다. 관문마다 지루한 시간을 보냈던 것이다. 한미 사드문제가 한중 외교관계에 영향을 미치고 있음을 두 번의 중국여행에서 온몸으로 느꼈다.

광저우 공항에는 후 교수와 중국 차인들이 기다리고 있었다. 준비한 분홍색 수건을 일행들의 목에 둘러주었다. 그들도 같은 수건을 목에 걸고 환영의 인사를 대신하는 듯했다. 동질감과 연대감으로 기쁨이 배가 되는 것 같았다. 환영의 마음이 담긴 화관을 우리 한국 측 차인 모두의 머리에 올려주어 우리는 감격 섞인 탄성을 연발하였다.

호텔에 여장을 풀고 우리를 초대한 임규화 사장의 '도역문화'를 방문했다. 직원들과 사모님, 하이난도에서 만났던 차 관련 몇몇 인사도 비행기로 날아와 우리를 맞아주었다. 오룡차와 노반장과 고수차를 차례로 내왔다. 맛이 부드럽고 깔끔하고 몸을 뜨겁게 해주었다. 광동성은 음식으로 유명하다더니 저녁으로 보약수준의 야생 버섯탕을 먹었다. 처음 보는 다양한 자연산 버섯들, 닭고기와 소고기, 돼지고기를 채소보다 뒤에 넣는 것이 우리네 요리순서와 달랐다. 식탁 가운데 무쇠솥을 올려 뜨거운 요리를 배부르게 먹었다. 내일 공연을 위해 잠을 잘 자기로 다짐하며 라마다호텔 객실로 각자 흩어져 들어갔다.

12. 27. (수)

오늘은 스케줄이 단순하다. 공연은 오후로 잡혔다. 오전에는 방에서 공수선차 연습을 하고 한복을 다리고 차구를 챙겼다. 넉넉해 보이던 시간이 갑자기 사라지고 분주해졌다. 점심은 간단하게 요기만 했다. 막상 현장에서 리허설을 하자니 변동사항이 자꾸 생겼다. 응변성을 발휘하여 주의사항을 새기며 그동안

다져온 차심을 믿기로 한다. 윤의가 PPT를 만들어 와서 무대의 격조를 더하여 주었다.

한중문화교류 공연은 2시간 30분 동안 진행되었다. 광저우시 공무원과 시민들이 호텔 강당을 가득 메웠다. 지역 방송국과 언론 매체들이 이 행사를 크게 보도하였다. 도시 곳곳 전광판에도 이날 문화 행사가 광고되는 것을 보았다.

[행사 순서]

임규화 사장의 환영사와 화윤 박남식 선생님의 답사

시 정부 대표의 축사

화윤선차회의 헌공차례 시연: 윤담, 윤용, 윤여
    육우 차성과 초의 차성, 효당 스님께 헌차

잎차 공수선차 시연: 화윤, 윤아, 윤빈, 윤의, 윤창, 후뤼윤
    예정에 없던 정연문화재단 이사장 후 교수와 화윤 박남식 이사장이 함께 출연

차시 낭송: 윤지 김경복(시낭송가)
    유안진 시인의 〈자화상〉, 문정희 시인의 〈차를 마시는 시간〉을 낭송
    스크린에 중국어로 번역한 시를 띄움

말차 독수선차 '내 마음의 차': 화윤 박남식

중국 차인들의 화악동형표연

독무: 주광

중식 향도 표연

전통 조산공부차 표연

태급

무대 마감인사 및 기념촬영

성황리에 공연을 마치고 나니 날이 어두워졌다. 저녁식사 후 화윤 선생님 방에 모여 공연에 관한 소회와 성찰의 시간을 가졌다. 행사를 하다보면 실수가 나오고 조급한 마음에 허둥거리게 된다. 놓친 부분들을 소환하여 되새김함으로써 한 걸음 더 발전하고 다음을 준비하는 시간이다. 평소에도 우리는 행사 후에 늘 소감을 나눈다. 이런 반성의 시간들이 우리를 성장시키고 단체가 발전하는 계기가 되는 것 같다.

12. 28. (목)

광저우에서 차를 타고 영덕으로 2시간을 달렸다. 영덕에서 배를 타고 번성했던 송·청대 천년고찰 풍성고사로 갔다. 비가 오고 있었다. 역사를 담은 문화재와 별관의 오백나한 조각들을 돌아보았다. 그 감동을 가슴에 품고 이길동 선생이 준비해 온 비옷을 입고 사원의 뜰을 아이들처럼 명랑한 마음으로 돌아보았다.

융성했던 불교사원의 옛 모습은 어디가고 노스님 홀로 거처하는 사원, 기와지붕에 파초가 자라고 500살 용수가 스님 곁을 지키는 쓸쓸하면서도 고즈넉한 사원은 많은 이야기를 담고 있었다. 화윤 선생님이 손수 말차를 우려 스님께 드렸다. 소년처럼 해맑게 웃으시며 지금 이 기쁨을 생각해 보면 전생의 인연이 닿은 것 같다며 감격하셨다. 뱃전에 서서 떠나가는 우리를 향해 오래도록 손을 흔들어 주셨다. 보이지 않을 때까지 스님은 서 계셨다. 우리도 스님을 향해 손을 흔들었다. 뱃속에서 표현하기 어려운 슬픔이 올라와 가슴이 아렸다.

숙소 인근에 있는 북강 뱃전에서 임 사장님이 가져온 마오타이주를 돌려 마시며 저녁식사를 하였다. 식사 후 영덕지역 차 관련 단체 대표들과 교류하였다. 안양 차인들이 잎차공수선차를 선보였고 화윤차를 우려 대접하였다. 지역민들은 영덕의 홍차를 시연하였고 우리에게 홍차를 내놓았다. 서로 궁금한 것들을 질의하고 응답하였는데 화윤 선생님께서 우리 쪽 답변을 하였다. 오늘도 밤늦게까지 일정을 소화하느라 몸이 노곤하였다. 눈꺼풀이 스르르 떨어졌다.

12. 29. (금)

청대 흔적을 보여주는 목조건물이 골목을 끼고 정겹게 어깨를 나란히 한 옛 거리 구대구를 돌아보았다. 고색창연한 목조건물에는 단풍든 담쟁이넝쿨이 살랑살랑 춤을 추고 있었다. 오후에는 '광동성농업청 차연구소'를 견학했다. 일만 평 규모에 1800여종의 차나무가 자라고 있었다. 품종을 보호하고 새 품종을 개발하는 곳으로써 중국의 차가 다양하고 생산량이 많은 이유를 짐작할 수 있었다.

차나무 열매 무게가 1kg 나가는 종자를 비롯하여 손바닥 크기의 대엽종과 가시만한 소엽종도 있었다. 꽃 향이 찻잎에 스며들도록 은목서꽃이 피어 향기가 날고 있었다. 나무 아래에 중국 측에서 준비한 찻자리를 폈다. 출시하는 홍안12호 홍차를 소개받았다. 차성 육우의 호가 홍점이고 기러기가 가져온 씨가 자라 차나무가 되었다고 하는 문헌에서 '홍안'이 명명되었을 것이라고 화윤 선생님이 일러주셨다.

함께 흥에 겨워 노래하고 차꽃 향에 가슴 설레며 낙원 같은 자연에 푹 젖어들었다. 내일 떠나는 일행들이 있어 오늘 밤을 모두의 마지막 밤으로 만들자며 광저우로 돌아왔다. 큰머리 고기탕을 안주삼아 마음껏 마시며 특별한 밤을 보냈다.

12. 30. (토)

4박 5일 일정을 마치고 먼저 돌아가는 팀이 떠나는 날이다. 아침식사는 숙소 밖에서 간단하게 한다더니 도착한 곳은 대형식당 맛집이었다. 숙취 탓에 입이 껄끄러워 손대지 않은 음식이 많았다. 남은 우리 일행은 불산 도자기거리로 나왔다. 용모양의 거대한 가마 남풍고조가 중심가에 자리 잡은 그곳은 과거와 현대가 공존했다.

오후에는 광저우 시내 청련거를 방문했다. 2016년 화윤당을 방문한 젊은 여사장 가게다. 백차와 오룡차와 봉황단총을 우려 내주었다. 차를 만드는 할아버지 밑에서 차를 알게 되었다며 차 인연을 소개했다. 백차와 봉황단총을  선물로 주었다. 후 교수 일행도 하이난으로 돌아갔다. 포옹하는 손끝 온기가 오랫동안 남았다. 밤에는 배를 타고 주강을 돌며 광저우 야경을 즐겼다. 같은 공기 맛이 났다. 이국의 밤은 가볍고 유쾌하다. 오늘도 늦었다.

12. 31. (일)

고성 조묘의 공연을 보기 위해 아침부터 서둘렀다. 조묘는 무술의 대부를 모시는 곳으로 휴일을 맞아 나온 시민들이 많았다. 오후에는 '도역문화'에서 100년 이상 묵은 보이차를 선보였다. 무게감 없는 흙덩어리 같이 보이는 신령스러운 차라 하였다. 최고로 귀한 손님에게만 대접하는 것이라 했다. 주전자에 팔팔 끓여 내놓았는데, 깊고 부드럽고 풍부한 맛이 세포 구석구석으로 감도는 느낌이었다.

우리를 초대해준 임규화 사장님과 '도역문화'가 발전하기를 기도하는 마음으로 마시고 또 마셨다. 휴일이었지만 임 사장님 내외와 어린 아들, 직원 3명도 동석하여 마지막 저녁을 함께 먹었다. 식후에는 윤담이 말차와 화윤차를 내어 그동안 수고해준 '도역문화' 가족들을 대접하였다. 차를 마시며 한중문화교류 일정을 마무리했다.

2018. 01. 01. (월)

호텔에서 아침을 먹고 바로 광저우 공항으로 달렸다. 서울에서부터 우리를 안내했던 이길동 선생은 광저우에 남았다. 인천공항에서 짐을 찾고 우리는 안양으로, 창원으로, 진주로, 나는 아이들이 있는 서울로 각자 떠났다. 진했던 6박 7일의 정을 뒤로하고 또 언제 만나지? 만날 날을 헤아려보며 아쉬움의 손을 흔들었다. 앞으로도 자주 이날의 한중문화교류 여행을 떠올리게 될 것이다. 그때마다 행복해하고 웃음 지을 것 같았다. 앞서서 길을 인도하시는 화윤 선생님과 동행하는 화윤차례문화원 회원들이 귀하고 고마운 마음이 들었다.

길을 가다보면 생각하지 못한 길로 이어져 새로운 길로 나아간다. 우리들도 차인의 길을 가다 보니 오늘 함께 길을 걷게 된 것이다. 앞으로 또 어떤 길을 가게 될까. 미지의 길이 궁금해진다. 차인이 된 것이 감사하다. 화윤선차회의 일원이 된 것도 감사하다. 우리 공동체가 성숙하고 더욱 발전하길 바라며 한중문화교류기를 마치려한다.

6. 중국 운남성 차향문화 교류회

/ 윤빈 정용희

2019. 05. 31. (금) ~ 06. 07. (금)

중국 운남성 차문화 탐방을 다녀왔다. 화윤 선생님을 단장으로 모시고 윤아, 윤의, 윤담, 윤빈, 화은, 이길동, 김선희 님이 함께 했다.

시상반나에서는 서풍동경호 곽서의 사장이 현지에서 주선을 하고 곤명에서는 후뤼윤 교수님이 우리를 안내했다. 운남성 시상반나에 도착하니 새벽 2시였다. 곽서의 사장과 후 교수님 등 중국 회원들이 우리를 기다리고 있었다. 반갑게 서로 인사하고 헤어져 숙소로 들어와 짐을 풀었다.

도착하는 날은 밤이라 잘 보이지도 않고 너무 산속으로 들어와 '이런 곳에 무엇이 있을까?' 하고 걱정했는데 아침에 일어나보니 너무 아름다운 곳이었다.

06. 01. (토)

보이차를 만드는 진미호 차창을 방문했다. 공장 안을 돌아보며 보이차가 만들어지는 과정도 보고 각자의

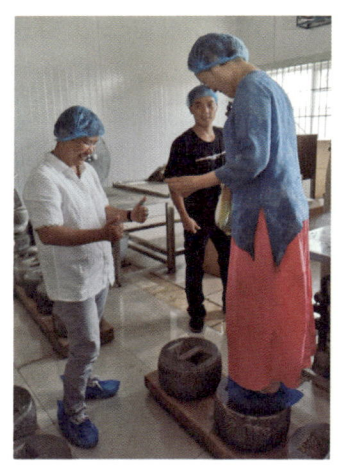

이름을 새긴 차도 만들었다. 차 만드는 과정을 보면 그 수고로움을 알게 되어 함부로 차를 대할 수 없을 것이다. 차를 만드는 인부의 노고에도 감사했다. 포장에 로고와 도장이 찍힌 차가 더 좋은 차라는 것도 알았다. 차의 이물질 제거는 모두 수작업으로 이루어지고 있었다. 올해는 가뭄 때문에 차가 많이 안 나고 병이 들었단다.

곽서의 사장의 차 공장에 도착해 우리도 차를 유념하고 화윤 선생님은 직접 차를 덖으셨다. 호텔로 돌아오니 마침 그날이 중국 어린이날이었다. 호텔에서 아이들을 위한 파티를 열고 있어서 우리도 함께 춤추며 즐겼다. 어디든 아이들이 왕이란 생각이 들었다.

06. 02. (일)

곽서의 사장의 안내를 받아 대익포랑산 고차수 차단지를 방문했다. 노만아 노반장 제1촌 간판 앞에서는 들어가지는 못하고 밖에서 구경만 했다. 그전엔 들어갈 수 있었는데 외부 차를 가지고 들어가 섞는 일이 발생하여 이제는 외부인을 철저히 차단한다고 한다. 아쉬운 마음으로 발길을 돌려서 허까이 고차수 군락지를 탐방했다. 몇천 년씩 자란 귀하고 성스럽기까지 한 차왕나무를 보는 것은 감동적이었다. 그곳에서 500년 된 차나무가 어린 나무에 속한다고 하니 중국 차의 역사가 얼마나 오래인지 짐작되었다.

06. 03. (월)

서풍동경호 70호에서 이틀 동안 참관한 곳의 차를 마시며 품평 및 교류를 하고 향후 계획을 논의하였다. 호텔로 돌아와 다음날 곤명으로 떠나기 전 늦은 밤 비가 억수같이 내렸다. 곽서의 사장께 고맙다는 인사를 전하기 위해 다시 방문하니 그곳의 엽사장과 곽서의 사장이 너무 반갑게 우리를 맞아주었다. 참 진실하고 좋은 분들이란 생각이 들었다.

시상반나 호텔에서는 후옥차창의 왕루이 사장과 호텔 사장이 참석한 자리에서 또 한차례 야회가 있었다. 호텔 사장이 만찬에 초대하여 특별히 '차연'이라 불리는 차를 소재로한 음식으로 극진한 대접을 받았다.

06. 04. (화)

시상반나에서 곤명으로 출발하여 그날은 별 일정 없이 숙소로 바로 들어와 짐을 풀고 쉬었다.

06. 05. (수)

운남 민속촌을 방문해 덕양족 차실에서 차도 마시고 돌차도 구입했다. 각 부족마다 특징대로 꾸며 놓아 구경하는 재미가 좋았다. 굉장히 넓어서 다 돌아보려면 하루로는 부족하다고 한다. 오후에 운남 농대 주홍걸 교수님을 방문해 교류를 가졌다. 운남농대  에는 매년 한 학기에 100명 정도 차를 공부하는 학생들이 있다고 한다. 현재는 400명

정도가 된다고 한다. 지금은 대학원도 생기고 박사 과정도 있고, 작년부터는 유학생도 받아서 한국 유학생도 많고 세계인에 개방하고 있다고 한다.

먼저 재배와 공예 그리고 차와 차문화, 마케팅, 차 산지 특징, 재배 특징 등에 대해 설명을 들었다. 또 운남농대에만 있는 학과가 있는데, 꽃차학과와 민족차문화학과는 다른 지역엔 없는 학과라고 한다. 주홍걸 교수가 이곳 소수민족의 특성차를 개발하고 7년 걸려 책을 썼는데, 그 무게만 해도 원본이 2킬로그램이나 된다고 했다. 56개 민족에 대해 썼으며 위챗에 큐알 코드를 찍으면 그 민족의 생활 동영상이 나온다고 했다. 스승님의 책도 선물하고 주홍걸 교수가 몇 년 전부터 연구한 백차도 대접받았다. 체질에 상관없이 모든 이에게 좋은 차를 개발했다고 하였다. 설명을 들으니 나도 그 차를 구입하고 싶은 마음이 들었다. 운남성의 모든 차 산지, 토양, 공기, 습도 등은 한꺼번에 시스템으로 인공위성으로 찍어서 관리한다고 했다. 하늘과 제일 가까운 지역으로 불리는 대리는 해발 2600m인데, 그곳에서 자란 차도 마셨다. 높은 해발에서는 원래 차나무 살 수 없다고 나와 있지만, 그곳에서는 차나무가 생존할 수 있다고 한다.

저녁에는 후옥 사장이 중국의 국빈들만 갈 수 있다는 곳에 우리를 초대해서 만찬을 준비해 주어서 우리를 감동시켰다. 주인이 조각가라는데 그 규모가 정말 대단했다. 그 안에 있는 수영장, 갤러리. 영화관, 호수 등 한폭의 산수화 같은 풍경까지 너무 아름다운 곳이었다.

06. 06. (목)

곤명의 특색 있는 차 공간에서 차도 마시고 주변 볼거리 관광을 마치고 저녁에는 인문차도전습관에서 단오절 아회가 있었다.

차에 관심 있는 사람들과 차교육 관계자들을 초대하여 하는 행사였다. 아회에 초대받은 화윤 선생님은 한국선차 사상과 무심차의 이념을 설명하고 말차 독수선차 시연을 했다. 그곳에 모인 사람들의 주목을 받았다.

전습관 주인인 왕영신 선생은 '보이차의 풍토'라는 주제로 강의를 하고 보이숙차를 이용한 인문차도 난야구식을 시연했다. 후뤼윤 선생은 향도를 시연하였다. 운남과기출판사의 편집자는 화윤 선생님께 한글판 『운남의 보이차 봄,여름,가을,겨울』이란 책을 선물했다. 선생님께서는 영남요 분청 찻잔과 차도무문을 새긴 차상보와 화윤녹차 한통을 선물하였다.

모든 행사를 마치고 늦은 저녁 숙소로 돌아왔다. 우리를 위해 후옥 사장은 특별히 자체 제작한 큰 신선로에 요리사까지 초대해서 훌륭한 만찬을 준비해주어 즐겁고 행복하게 여행 마지막을 마무리했다.

7. 일본 차문화 교류

/ 화윤 박남식

2018년 10월 27일, 날씨가 아주 청명한 오후에 도야마사다꼬 遠山定子 선생의 차실에 초대를 받고 한일차문화교류회를 가졌다.

나는 1983년 한 해 동안 일본 도치키켄 板木縣 의 나수시오바라 那須鹽原 시 소재의 아시아농업학교 Asia Rural Institute; 이하 ARI 에서 공부한 적이 있었다. 학교를 졸업하고 35년 만에 처음으로 모교 방문의 기회를 가졌다.

ARI는 아시아, 태평양, 라틴 아메리카, 아프리카 등지의 농업 지도자들이 와서 농촌공동체의 리더십을 재무장하는 곳이라서 학교 또한 공동체 시스템으로 서로의 관계가 매우 친밀하였다. 학자금을 후원하는 그룹들이 있어서 숙식, 교육경비 전액이 장학금으로 처리되어 무상으로 유학하였다. 그래서 이제는 입장이 바뀌어 나 또한 간간히 기부금을 보내기도 한다. 그만큼 이 학교는 그리움이 많이 쌓인 곳이다.

일주일 여정으로 옛 친구들을 만나고, 학교 공동체의 선생들을 만나면서 옛날 나의 연구 프로젝트에 관심을 두고 가까이 친하게 지냈던 분들을 한 분 한 분 만나면서 과거의 즐거움을 회상해나갔다. 물론 35년이란 세월이 흘렀으니 지인의 대부분이 나보다 연배가 높아 모두 은퇴 후 새로운 삶에 들어가 있었다. 그러나 마음은 세월 따라 가지 않고 그대로 머물고 있었다. 차를 나누고 식사를 하며 그 동안의 변화에 대해 차담을 나누는 것이 무척 즐거웠다. 숙소를 학교에 두고 있기 때문에 새까만 후배들과 아침조회도 참여하고 그동안 진행되었던 생활과 일의 보고회도 가졌다.

토시히로 다까미 박사의 영전에 헌차

학교 설립자 토시히로 다까미 박사께서 돌아가신 지 얼마 안 되어 나는 그분의 영정 앞에 향을 피우고 정성껏 차를 우려 올렸다. 이 일을 염두에 두고 미리 화윤차를 준비해가지고 갔다. 많은 학생들이 지켜보는 가운데 차를 올리니 기이한 눈빛으로 모두 나의 헌차 모습을 주시하였다.

학생 대부분이 크리스천이기도 하고, 새까맣게 나이어린 후배들이었다. 내가 그 학교에 머물며 공부할 때 그들은 세상에 태어나지도 않았다. 한 젊은이는 대선배의 차 우림의 자세가 매우 경건하고 경이롭다고 하였다. 어떤 학생은 돌아가신 분만 챙기고 살아있는 그들에게 왜 차를 대접하지 않느냐고 농담처럼 말했다.

차례가 끝나고 나는 내가 실제 차 농사를 어떻게 짓고, 차문화 활동을 어떻게 하고 있는지에 대한 보고회를 가졌다. 학교를 중심으로 좀 먼 곳에 있는 옛 친구들도 매일 번갈아 가며 나를 보기 위해 찾아 왔고 그들 또한 나로 인해 다시 학교를 방문하게 되어 무척 좋아하였다.

한·일 차도 교류의 장

나의 방문 일정을 계획하고 도와주시는 반형욱 목사님 내외가 하루를 잡아 한일 차도 교류를 주선하였다. 학교에서 그리 멀지 않은 곳의 니시나수노西那須野에 차실을 두고 있는 도야마사다꼬 선생의 차실에 초대를 받았다. 선생의 초대는 오래전부터 있었으나 나의 일본행이 자꾸 늦어져서 2018년 시월에야 드디어 성사되었다.

진작 일정이 잡혔으면 도야마 선생의 연세가 좀 더 젊었을 때 만날 수 있었을 텐데, 당시 팔순이 넘어서야 뵙게 되었다. 그래도 자전거를 타고 먼 거리를 씩씩하게 달리신다고 목사님이 일러 주셨다. 나는 선생의 그러한 젊음은 오랜 차생활의 결과일 것이라 확신했다. 선생은 보랏빛 기모노를 곱게 차려 입으시고 마당에서 우리 일행을 환한 미소로 맞이하셨다.

도야마 선생은 차회 준비로 먼저 차실로 들어가고 우리는 정원을 구경하였다. 차정 茶庭은 매우 소박하고 알맞게 정갈하였다. 바로 익숙한 이웃집을 스스럼없이 찾아드는 듯한 편안한 마음이 들게 하였다.

먼저 정원의 나무숲에 있는 쓰쿠바이 蹲踞에서 손을 씻으며 세속의 묵은 먼지를 가셨다. 손님이 기다리는 곳의 마치아이 待合에 잠시 앉아서 주인이 손님을 부르는 신호가 있기를 기다렸다. 니지리구찌 躪口의 작

은 문에는 이미 오후의 햇살을 받은 나무 그림자가 번졌다. 가로 폭 64cm 높이 67cm의 낮은 문을 열고 몸을 낮춰서 드디어 차실로 들어갔다.

주인에서부터 가장 가까운 상석에 내가 앉고, 준꼬 선생과 정진해 선생이 나란히 앉았다. 반형욱 목사님은 주로 사진 촬영을 도맡다가 마지막 차를 한 사발 대접받았다. 일본인 준꼬 선생도 목사님 내외도 차회에 초대 받기는 처음이라며 설렘을 진정시키고 있었다. 1983년도 학생시절에 일본 차도문화 소개를 위해 차인들이 학교로 와서 차회를 한 번 펼친 적이 있었으나 일본에서도 전형적인 문화체험으로 여기는 차

도를 접하는 것이 그리 쉽지는 않았다.

도야마 선생은 다식을 일부러 정성껏 준비하지 못하고 가볍게 준비했음을 일러주시며 대단히 미안해 하셨다. 연세가 있으시고 차회를 도우는 도우미 차인 없이 혼자 준비하고 있어서 그렇다고 하셨다.

도코노마에는 '一期一會 일기일회'의 족자가 걸려 있고, 바닥에는 모양이 길고 스마트하면서도 소박한 화병에 작은 꽃 두 송이가 달린 꽃가지가 꽂혀 있었다. '일기일회'는 지금 이순간은 다시 돌아오지 않으므로 현재의 만남을 귀하게 여기자는 것이다. 도야마 선생께서

우리와의 만남을 소중히 여기자는 진정성이 그대로 보이는 듯하였다.

선생은 우라센케 裏千家 차도에 입문하여 차를 배우고 차 생활을 시작한지 60년이 된다고 하셨다. 독신으로 사셔서 부모로부터 물러 받은 집에 일본 전통차실을 지은 행운을 갖게 되었다고 일러주기도 하였다. 일본 전통차실을 지은 지는 20년이 되었다고 하였다. 차실의 화로와 무쇠 솥을 구했던 과정을 상세하게 설명해주셨다. 화로와 차 솥이 내뿜는 연륜이 듬직한 무게감으로 선생의 차생활의 역사를 일러주고 있었다. 차를 우리고 설명을 하시는 품이 너무나 편안하고 당당하여 도야마 선생의 차 생활의 연륜이 그대로 드러났다.

일본차를 대접 받고나서 나는 잎차 독수선차 獨修禪茶 를 선보였다. 도야마 선생께선 아주 유심히 눈여겨 관찰하며 관심을 가졌다. 차도에서 수양의 의미는 선생의 선차나 나의 선차나 같은 맥임을 확인하는 자리가 되었다. 그리고 준비해간 화윤차

和胤茶를 우려 대접하였다. 화윤차문화 회원들이 손수 만든 차임을 설명하고 선물로 준비한 것을 남기니 더욱 감동스러운 눈빛을 주셨다.

아름답고 행복한 선차교류회

60년 넘는 차 생활을 통해서 젊은 후진 양성이 쉽지 않음을 안타까워하는 고충도 귀띔해 주셨다. 도야마 선생의 일본 차도와 나의 한국 차도 교류회는 소박한 차회였지만 아름답고 행복한 차회였다. 차가 이토록 사람을 반갑게 엮어주니 아름다운 물건임에 틀림이 없다. 차에 감사하는 마음으로 도야마 선생께 감사의 인사를 나누고 언젠가 다시 만날 날을 기약하고 차실을 나왔다. 차실의 정원을 걸어 나와 자동차에 오를 때까지 손을 흔들며 띄워주셨던 미소가 아직도 눈에 선하다.

'차도우라센케담교회 茶道裏千家淡交會'의 서울출장소는 안국동 도심에 일본 차실을 차려두고 있다. 화윤선차회는 일 년에 한두 번은 일본차도체험을 하곤 한다. 일본차도의 수행개념이 화윤선차회의 특성과 맞아 떨어지기 때문이다. 차인에 따라서는 초행, 재행, 삼행, 그 이상의 횟수 등 체험 횟수가 다르기도 하다. 매번 '일기일회'니 각각 느낌이 다르다. 그것은 모두 각자의 복이요 몫이다.

모두 진지하고 차도수행의 본뜻에 다가가려고 하는 우리 차인들의 모습이 아름답다. 체험지도를 하는 일본차도 사범들의 정성어린 손님맞이의 모든 모습 하나하나가 가르침임을 우리 차인들은 잘 알고 있다. 그들 또한 오랜 차 살림을 살아온 사범들이기 때문이다. 이웃 나라의 차문화를 통해 우리 자신의 차문화를 더욱 각인할 수 있으니 살아있는 교육이 아닐 수 없다.

8. 우라센케 일본차도 연수

/ 윤도 김명옥

화윤차례문화원 개원 30주년은 나의 차茶 생활을 되돌아보는 계기가 되었다.

2003년 가을에 시작된 선생님과의 차 인연이 어느덧 20년이 되었고 지금까지 꾸준히 차 마시기를 게을리 하지 않고 있다. 계절과 시간에 매이지 않고 찻물 끓는 소리를 즐기며 차 향기를 피워내며 차를 마주한다. 오직 그 시간은 나를 대접하는 시간으로 자리매김이 되어 가고 있다.

2005년 봄

처음으로 맞게 된 일본 차도 우라센케 체험은 신선한 경험이었고 그 후로 여러 차례 더 일본차도 체험을 하였다.

2008. 05. 09. (금)

윤중, 윤명, 윤후, 윤청, 이영선, 강미숙 차인들은 인사동에서 찻그릇전을 감상하고 소슬다원에서 보이차에 대한 강의를 듣고 시음하는 시간을 가졌다. 우라센케 차실에 도착하여 한복으로 갈아입고 일본차도 체험을 하였다. 차실의 차화는 남해에서 보내온 연초록의 산마늘잎에 하얀 꽃이 인상 깊었다.

2009. 04. 24. (금)

　선생님을 만나면 다 큰 어른들이 어린아이가 되는 것 같다. 설레는 우리들의 인사동 방문, 선생님 뒤로 15명의 학생들이 줄을 섰다. 두 군데의 전시장을 둘러보고 차 박물관을 나오면서 식당으로 가기 전 모습은 한껏 멋을 낸 차림새와 미소가 참 예뻤다. 길과 길이 이어진 골목을 돌아 식당 앞에 다다르자 지난해 보았던 금낭화와 매발톱이 함초롬히 꽃을 피워 나를 반기는 것 같았다.

　일본의 차도는 센노리큐가 주장한 화, 경, 청, 적 네 글자 속에 집약되어 있다 해도 과언이 아니다.

화(和) – 서로 사이좋게 조화를 이룸
경(敬) – 서로 존경함
청(淸) – 맑음
적(寂) – 흔들리지 않는 마음

　이번엔 손님들을 위하여 어떤 글귀를 내걸고 어떤 차화를 꽂았을까? 차실의 분위기는 어떨 것이며 오늘은 또 어떤 다식을 만들었을까? 손님으로써 그 주인(이춘실 선생)의 마음을 헤아려보게 된다.

　일기일회 一期一會 의 만남을 소중히 여기는 손님의 마음가짐이 스스로 생겨났다. 차실 문을 열고 들어서자 맑은 향내가 오후의 기분을 맑게 해준다. 반갑게 우리를 맞아주시는 주인의 마음이 전해진다. 차실은 노와 후로의 계절을 거친다. 5월 5일부터 10월까지 후노를 쓴다고 한다. 지난해는 후로로 막 바꾼 직후였고 이번엔 아직도 로를 사용했는데 덥다는 느낌이 들었다.

차를 마시기 전에 다식이 나왔다. 아직도 따스한 기운을 느낄 수 있는 야산의 봄을 표현했다고 했다. 마 가루와 쌀가루를 섞어 반죽을 하고 그 속에 팥 앙금을 넣어 만들었다는데 입 안에 넣자 단맛이 사르르 느껴졌다. 손님이 많 앉으므로 세 번째 손님까지 주인이 직

접 차를 내고 나머지는 후원에서 차를 우려내 주셨다. 오후에 마시는 한 잔의 차는 녹색의 산을 몽땅 마시는 기분이었다. 입안에 대나무 바람을 가득 머금은 것 같았다.

일본의 정식 찻 자리는 4시간 정도 이루어진다. 초대받은 손님이 정각에 모여 그날 테마에 맞게 갖는 정식차회와 아침부터 저녁까지 언제든 참석 할 수 있는 오요세 차회가 있다. 우리가 오늘 체험 한 것은 정식차회다.

오늘 우리는 새하얀 양말을 신고 나란히 줄을 서서 다다미의 선을 밟지 않고 조용한 몸가짐으로 차를 대접 받았다. 어느 날 한 자리에 앉아 오늘의 멋진 차회를 기억하며, 오늘의 전율을 또 다시 느낄 날이 있길 바래본다.

오늘 본 족자의 글은 '연수선인몽 延壽仙人夢, 훈풍자남래 薰風自南來 였다.

2014. 07. 01. (화) | 우라센케 경성지부

"차도는 단지 찻물을 끓여 차를 내어 마시는 일임을 알지니라."

센노리큐 거사의 말씀이다. 낯선 곳에서의 긴장감과 손님으로서의 마음가짐이 묘하게 교차하였다.

이번이 네 번째의 방문이다. 올 때마다 다른 대접에 새로운 감흥을 받는다. 도심 속에 자리하고 있어 차실이라기보다 도장이라고 말함이 정확한 표현이다. 원래는 로지를 지나 초대받은 손님이 모두 모일 때까지 기다리는 방인 마치아이에서 족자를 보고 그날의 테마를 추측한다.

'끽다거 喫茶去'라고 쓴 족자가 걸린 방이 마치아이인 셈이다. 차실 안의 족자는 차회의 중심이 되므로 주인이 가장 신경을 쓰는 부분이기도 하다. 오늘 차회의 족자는 "어부생애 죽일간 漁夫生涯 竹日竿"이다. 어부는 물가에서 대나무 장대 한 가닥이면 살아가기 충분하다는 뜻이다. 욕심 없음을 표현한 말씀이다.

차화는 흰 동백이라 불리는 노각 꽃을 항해하는 배에 꽂아 허공에 피워 놓았다. 희망차고 밝은 기분을 느끼게 했다. 주인의 마음이 느껴지는 섬세함이다.

차가 나오기 전에 먹은 다식은 연분홍색으로 달콤하였고 차게 하여 입안에 넣으니 사르르 녹는 느낌이다. 차를 기다리는 동안 주인이 차를 격불할 때 차선의 대나무 잔가지들이 부딪혀 바람소리를 냈다. 고요하고 적적하다. 검소하고 소박한 차 살림은 곧 차선일미의 경지를 터득해 가는 과정일 듯싶다.

2016. 07. 13. (수)

폭염이란 꼬리표를 단 이번 여름은 무엇이든 더위 탓을 하게 한다. 일상을 탈출하듯 인사동으로 향하는 걸음은 서두르지 않고 느긋하였다. 조금 일찍 인사동 거리에 도착하자 한바탕 소나기가 내렸다. 소나기 소리에 마음속 더위를 씻어내고, "팝 아트야 놀자"라는 팝 아티스트 작품을 관람했다. 기발한 아이디어와 사실적이고 생생함이 돋보이는 작품들을 감상하며 새롭기도 하고 조용한 여유도 즐길 수 있었다.

오후 2시 우라센케 경성지부 도장.

　　　실수로 늦게 도착한 마음이 조급할 만도 한데, 나는 도장 입구의 츠쿠바이에 이르자, 스읍~~ 주인이 피워놓은 향성을 느꼈다. 손님맞이 방인 마치아이에서 기다리고 계신 화윤 선생님과 일행을 만나고, 夢몽자가 쓰인 족자를 감상하며 차실 안으로 들어갔다.

　　　족자는 다실에서 가장 상석인 도코노마에 걸어 둔다. 주로 선승과 이에모토가 쓴 족자가 중심이 된다. '족자만큼 중요한 도구는 없다.'는 말이 있을 정도로 족자는 차회의 중심이 된다. 글을 쓴 사람에 대한 존중의 의미로 차석에 들어가면 도코노마 앞에서 족자를 향해 예를 올린다.

　　　차실의 꽃은 초대된 사람의 취향과 계절에 맞는 것으로 선택한다. 화병은 꽃의 아름다움을 더해주고 꽃 역시 화병의 아름다움을 살려 주어야 찻자리의 아름다움과 정취가 깊어진다고 한다. 자리 앉기는 나이 많은 순서대로 상석에 앉는다.

　　다식은 팥 앙금으로 만든 오모가시였다. 입에 넣는 순간 사르르 녹았다. 차를 마시기 전 옆에 앉은 손님에게 먼저 마신다는 의미로 가볍게 목례를 한다. 인상 깊었던 차 도구는 물 항아리 받침인데, 직녀의 실패를 의미한다고 했다. 얼레에 손잡이가 없는 모양의 작은 도자기 작품이었다.

　　차실은 가늘고 긴 다이스와 요란하지 않은 병풍이 시원함을 더했다. 약간은 빛이 차단된 차실에 돛단배 모양의 화병에 한 송이 무궁화가 희망찬 내일을 전진하는 것 같았다. 경건한 몸가짐으로 눈을 번쩍 뜨게 하는 차화였다. 오늘 차회는 흔치 않은 초연한 경계에서 만난 듯 새로웠다. 칠월칠석 견우와 직녀의 만남처럼 우리들의 차 인연도 세세토록 오래되길 서원해본다.

마치아이에 걸린 족자가 몽夢 자였고, 차실에 걸린 족자가 시시근불식 時時勤拂拭 이었다. 로지를 연상하는 차실 입구에 손과 입을 씻는 츠쿠바이가 신선한 물을 담고 있었고 물기에 젖은 검은 몽돌이 말끔했다. 차실을 청소하고 손님맞이 할 준비를 다하였음을 일러주는 주인의 세심함이 엿보였다. 시간 인연이 맞은 하루의 인연에 감사함을 느꼈다.

20여 년의 시간을 어제의 일인 듯이 떠올려 즐길 수 있다는 것이 놀랍다. 그 중심에 화윤 선생님이 계셨고 차가 있었기 때문인 것 같다. 부끄럽지 않고 당당하게 소박하고 검소한 차 살림을 살아갈 수 있도록 이끌어 주신 선생님께 감사드린다..

9. 중국 향도 다예 특강

/ 윤담 정도영

중국 하이난도 '정연문화 鼎硏文化'의 후뤼윤 대표를 초청하여 창원의 운암서원 대강당에서 중국향도 특강 및 아회가 열렸다.

그동안 중국 정연문화와 2014년 두 차례의 아회를 시작으로 지속적인 교류가 있었고, 2016년에도 2차에 걸친 한·중 차문화 아회를 가졌다.

- 일시: 2017년 5월 16일(화) 오후 6시 30분
- 장소: 창원 운암서원(화윤차례문화원)
- 주최: 화윤차례문화원(원장 박남식)
- 주관: 창원차향회(회장 최문옥), 창원교육관(관장 정도영)

프로그램 내용은 다음과 같이 진행되었다.

- 공수선차: 화윤선차회원, 후뤼윤 교수, 이길동
- 기타 연주: 박변식
- 대금 연주: 김환수
- 교방춤: 진주 처사
- 향도: 후뤼윤
- 색소폰 연주: 진효근
- 창: 신기팔

먼저 후 교수와 이길동 선생이 화윤선차회 회원들과 함께 공수선차 시연을 하였다. 화윤 선생님이 가운데 앉고 오른쪽에 이길동, 왼쪽에 후뤼윤 선생이 앉아 회원들 전체와 마주 보는 형태를 취했다. '차향이제' 음악에 맞추어 모두가 한마음이 되어 공수선차를 행할 때 운암서원, 그 고즈넉한 한옥의 아름다운 정취에 흠뻑 젖어드는 시간이었다.

이길동 선생과 후 교수는 공수선차가 처음인데도 불구하고 우리 회원들과 한 마음이 되어 실수 없이 잘 따라했다. 마치 오래전부터 우리와 함께 해왔던 것처럼 일체가 된 것 같았다. 차향을 품은 인향은 국경을 넘어 모두가 한마음인 듯하였다.

박변식 선생의 기타연주와 김환수 선생의 동·서양 콜라보 연주는 환상적이었고 진주 교방춤에 어깨가 저절로 들썩였다.

이어 후뤼윤 선생의 향도는 말로 표현 할 수 없는 고요함이랄까? 아, 그래서 향도라고 하는가보다 싶었다. 콧김에도 흩날릴 아주 부드러운 침향가루를 문양이 새겨진 틀에 조금씩 채워 넣었다. 모두가 한 호흡으로 숨죽여 바라보았다.

드디어 가루 한 점도 남기지 않고 정확하게 모두 채워 넣은 뒤 틀을 들어올렸다. 정말 한 치의 흐트러짐도 없었다. 향은 타올라 향을 발할 때가 정점인 듯, 미세한 가루에 불이 점화되어 타들어 가는 게 신기했다. 더욱 신기한 것은 타고 난 재의 흔적이 처음 모양 그대로라는 것이다. 완벽한 향도를 직관한 행운을 누렸다.

향도야말로 도이고 집중이고 선인가 보다 하는 감동이 일어났다. 차선일여, 향선일여의 경지를 생각하게 하는 시간이었다. 아회, 향도, 또 다른 차의 무한한 세계를 체험했다.

참가자들은 잠시 선의 경지에 들었다 깨어나 색소폰 연주와 창으로 초여름 밤을 수놓으며 흥에 듬뿍 취했다. 차를 통한 품격 높은 문화생활을 경험할 수 있었다. 차신에게 감사드리고 차의 세계로 이끌어 주신 화윤 선생님에 대한 감사심이 솟아났다.

소소하게 준비한 다식과 차담으로 훈훈한 자리가 이어지고, 내빈으로 참석한 김유철 선생과 보현선원 법열스님, 등원스님, 보살님 세 분과 손님들의 얼굴에도 행복한 미소가 가득했다.

행사 준비를 위해 며칠 동안 대청소를 하고 다식을 준비하면서 힘든 시간도 있었지만 몸과 마음을 보태는 도반들이 있어 즐거웠다. 향도 체험을 통해 차와 명상의 세계에 조금 더 깊이 들어갈 수 있었고 한중 차문화 아회를 함께 하면서 더 많이 배웠다. 귀한 손님을 맞아서 화윤선차회 도반들과 행복한 시간을 나눈 것도 차생활의 보람과 기쁨이었다.

10. 오지산 조춘차회 초청

/ 윤의 백은희

　살면서 여러 목적으로 여행을 하며 즐거움과 새로운 경험을 즐겨왔다. 화윤 차인이 된 이후 수 차례에 걸친 한·중 차문화 교류 행사에 참여하면서 이 여행의 즐거움에 보람과 자긍심까지 더하게 되었다.

오지산 조춘차회 초청장

　2017년, 1차 하이난 한·중 전통차향문화 교류전에서는 다양한 행사가 있었고 규모나 내용이 매우 성공적이었다. 교류 두 번째 날, 하이난 차 명사와의 아회에서 중국 미인도에서 걸어 나온 것 같은 한 여인이 자주색 찻잎으로 만들었다는 차를 우려 주었다. 차의 이름은 자견차라고 하였고 차를 우려낸 팽주는 묘자연차원의 서설연 사장이라고 했다. 그녀의 우아한 아름다움과 독특한 자색 차의 묘한 어울림이 상당히 인상적이었다. 그로부터 1년이 지난 후, 그 자견차의 주인인 묘자연차원의 서 사장이 오지산 조춘차 행사에 선생님을 초대하는 초청장을 보내왔다. '역시 고수를 알아보는 안목이 있네!'라며 안양차례문화원 부원장 윤빈과 나는 우쭐해하며 기뻐했다. 초청장은 두 장이 왔지만 윤빈과 나도 동행하여 셋이 가기로 했다.

2018. 03. 17. (토) | 하이난으로 출발

　4박 5일의 오지산 조춘차 행사 참여를 위해서 떠나는 날이다. 하이난공항에 도착하여 밖으로 나오니 한·중 차문화 교류의 주역인 후뤼윤 교수와 그녀의 언니가 마중을 나와 있었다. 초면인 후 교수의 언니는 푸근하고 따스한 인상의 소유자였다. 우리는 함께하는 내내 그녀를 한국말로 '언니'라고 불렀다. 그녀도 그 말을 무척 좋아했다. 적절한 호칭은 사람의 마음을 얻고 관계를 부드럽게 하는 마력이 있는 것이 확실하다. 후 교수는 오지산은 당일에 가기에는 너무 멀다고 하이난에서 하루 머물러 가자고 했다. 이번 초청 여행의 기획은 후 교수가 주도하였다.

호텔에 체크인을 하고 저녁식사 후에 작년 한중차문화교류회 때 아회를 했던 차 갤러리로 이동하여 만남의 회포를 풀었다. 선생님께서 후 교수에게 당의한복을 선물로 준비해 오셔서 두 분은 똑 같은 한복을 입고 사진을 찍었다. 미소를 지으며 서로를 바라보는 모습이 참으로 정다워 보였다. 저 두 분은 전생에 어떤 인연이었기에 저토록 신의와 우정이 깊을까? 두 분을 바라보며 내 입가에도 미소가 지어졌다. 늘상 안내와 통역을 맡았던 이길동 선생이 이번에는 합류하지 못해서 후 교수가 새 통역을 찾았다고 했다. 통역은 오지산에서 만나기로 되어 있었다. 그래서 궁여지책으로 번역 앱, 바디랭귀지, 짧은 영어, 눈치코치까지 동원하여 의사소통에 불편함이 없었다. 그만큼 서로 익숙해져 있고 믿음이 바탕에 있기 때문이라고 생각했다. 일찍 호텔로 돌아와 내일부터 펼쳐질 여정에 대한 기대를 품고서 꿈 나라로 들어갔다.

2018. 03. 18. (일) | 오지산으로

오지산까지는 차로 5시간 정도 걸리는 먼 거리라서 일찍 출발했다. 선생님, 윤빈,

내가 한차를 타고 후교수와 언니, 국가인정차예사 방미연과 그녀의 남편 팽이 탄 차가 앞서거니 뒤서거니 하며 오지산으로 달려갔다. 방미연은 지난 해 하이난 차문화교류행사에서 만나서 구면이었다. 단아한 모습과 온화한 성품의 그녀와 성실한 이미지의 남편 팽은 아주 잘 어울리는 한 쌍이었다. 이 젊은 부부는 오지산 일정 내내 늘 우리 곁에 머물면서 수행원처럼 지켜주었다. 옆자리의 윤빈과 수다도 떨고 바깥풍경도 보고 잠깐 졸기도 하다 보니 어느덧 오지산 안내판이 보였다.

점심식사를 할 식당에 도착하니 통역이 기다리고 있었다. 그는 이름은 강풍운이고 현재 오지산 해양대학교 심리학과 교수라고 자신을 소개하였다. 인상도 선하고 넉넉한 풍채가 안정된 느낌을 주어서 마음이 놓였다.

숙소인 호텔 로비에 들어서니 오지산차계협회 등록 데스크가 설치되어 있고 많은 사람들로 붐볐다. 우리는 묘자원차원 초청으로 왔지만 본부협회에는 등록을 해야 했다. 그때 귀에 익은 여인의 목소리가 들려서 소리가 나는 쪽을 돌아보았다. 그녀도 우리 쪽을 돌아보았고 눈이 마주치자 놀랍고 반가움에 소리를 지르며 요란한 해후를 하였다. 그녀는 작년 차문화 교류 행사에서 홍차 제차 체험을 했던 수만향차원 정 사장이었다. 윤빈과는 성이 같다고 '정 자매'로 부르며 각별한 정을 나누었던 사이였기에 반가움이 더욱 컸다. 그녀는 오지산차협회 총회장으로 행사의 총괄자였다. 로비에 마련된 찻자리에서 극진하게 차를 대접해 주고 윤빈에게 두르고 있던 스카프를 벗어주기까지 했다. 우렁찬 목소리만큼 행동도 대장부 같았다. 우리는 내일 오픈행사장에서 만날 것을 약속하고 헤어졌다.

저녁 식사 후에 후 교수 일행과 호텔 근처의 강가를 산책했다. 강을 따라 조명이 현란하게 켜져 있었고 다리 아래에서는 사람들이 음악에 맞추어서 춤을 추고 있었다. 잠시 구경하다가 선생님과 후 교수가 누가 먼저라고 할 것 없이 자연스럽게 그 선율에 몸을 실었다. 서로의 눈을 바라보며 밀고, 당기고, 돌리며 선율에 몸을 맡긴 두 분의 모습이 마치 오랫동안 호흡을 맞추어 온 것 같았다. '저 두 분은 전생에 어느 인연이었을까?' 하는 생각이 들었다. 국적을 초월한 동지? 아니면 가족이나 연인? 그 어느 것이라 해도 서로 끌리는 에너지임에는 틀림이 없다. 불빛이 비치는 강 길을 따라 호텔로 돌아와 내일을 위해서 일찍 불을 껐다.

2018. 03. 19. (월) | 묘자연차원 조춘차 행사

축제장에 도착하니 '2018 해남오지산조춘차개채절' 간판이 걸린 무대 아래로 200여 개의 의자가 준비되어 있었다. 앞 줄 의자 위에는 식순과 이름표가 놓였는데, 선생님과 윤빈의 이름표도 보였다. 바람에 나부끼는 현수막과 홍등, 왁자지껄한 사람소리와 음악소리가 축제장의 분위기를 물씬 풍긴다. 잠시 후에 정자매가 도착해서 무대를 배경으로 사진을 찍었다. 남는 것은 역시 사진이 최고이다. 다채로운 식전행사와 무대행사가 끝나고 목적지인 묘자원차원으로 이동했다.

묘자원차원은 마을 주민자치회관 맞은편에 있었다. 이곳도 조춘차 행사를 알리는 현수막들이 여기저기 나부끼고 있었다. 반갑게 맞이하는 서설연 사장과 그 지역의 최고 군 간부인 그의 부군께 감사인사를 전했다. 강 교수가 오늘 일정은 먼저 차신제를 지내

고, 지역주민 100인이 참가하는 제차 행사를 하고, 품평회와 시상식을 하며 마을잔치를 벌이는 것이라고 통역해 주었다.

차신제

서 사장이 하얀 예복을 입고 나왔다. 그녀와 일행을 따라 가니 차밭을 향해 제사상이 차려져 있고 빨간깃털 모자를 쓴 제사장이 기도의식을 하고 있었다. 서 사장은 두 손을 모으고 눈을 감고 한참을 기도했다. 아마도 자연과 차신, 차농부에게 기도하고 오늘 행사의 성공도 기도했으리라! 제사장이 축문을 땅에 내려놓으니 시자가 라이터로 불을 붙여서 태웠다. 의외로 제사의식은 간단했고 낯설지가 않았다.

100인의 제차 행사

행사장에 도착해 보니 제차 행사 참가자 100인이 모여 있었다. 행사는 차를 2시간 동안 채취하고 제차를 한 후에 품평회와 시상식까지 이어진다고 한다. 참가자들이 인솔자를 따라서 차밭으로 떠나가자 건장한 청년들이 100개의 솥을 줄과 간격을 맞추어 놓기 시작했다. 그 사이 우리는 점심식사를 위해 옆 건물로 이동했는데, 그곳에는 이번 행사와 묘자연차를 품평하기 위해서 초청된 연구원들이 있었다. 그들은 작년에 방문했던 광동성의 세계 최대 차 연구소인 광동성농과학원차엽연구소의 오화령 박사, 운남농업과학원차연구소 왕원강 교수, 남경농업대학 리싱후 교수였다.

이들 중에서 광동성차엽연구소 오화령 박사는 한국의 차 환경에 대해 많은 질문을 했고 선생님에게 특별한 관심을 갖는 듯 했다. 내년에 한국을 방문할 예정인데 그때 만나고 싶다고 해서 연락처를 주고받았다. 오 박사는 2019년에 화윤당을 방문했고 그와의 인연은 지속되고 있다. 인연은 언제 어디에서 맺게 될지 예견할 수 없는 것이다.

묘자연차의 품평을 마치고 연구원들과 행사장으로 왔더니 100개의 차솥과 참가자들이 대기하고 있었다. 서 사장이 중앙에서 유념부터 덖기까지의 과정을 시범을 보이고 나서 참가자들도 일제히 제차를 시작하였다. 100개의 차솥이 불에 달구어지고 찻잎도 참가자들의 얼굴과 손도 열기로 익어가기 시작했다. 오지산 3월의 뜨거운 햇빛 아래로 달아오른 100개의 차솥과 손길들이 장관을 이루었다. 살짝 놀랐던 것도 잠시, 어느새 선생님과 윤빈과 나는 그 열기 사이를 누비고 다니기 시작했다. 불이 약한 솥은 불이 쎈 솥의 장작을 빼어다 넣어주고, 더 덖어야 할 차, 타게 보이는 차, 완성된 차들을 손짓과 표정으로 알려주며 열기와 연기 사이를 종횡무진하며 진두지휘를 했다. 우리는 관람석의 참관인이 아니라 열혈 코치 역할을 했던 것이었다. 주위를 둘러보니 서 사장과 남편, 연구원, 스태프와 참가자들의 모든 시선이 우리에게 쏠려져 있었다. 그 시선에 당황하기보다는 큰일을 해 낸 것처럼 내심 뿌듯했다. 선생님과 연구원들과 함께 출품된 차를 품평하고 베스트3 차를 선정하고 나니 어느덧 해가 기울었다. 제차 시상식과 저녁잔치 준비에 다시 바삐 움직이기 시작했다.

시상식과 선생님 콘서트

선생님도 베스트3 시상에 시상자로 참가하셨다. 캠프파이어와 푸짐한 잔치상이 차려지고 장기자랑이 이어지며 분위기가 고조되어 갔다. 서 사장 남편이 선생님과 우리에게 특별히 감사하다는 인사말을 하니 박수가 터져 나왔다. 선생님께서 답례 인사를 하는데 통역이 갑자기 선생님께 노래 한곡을 부르시겠냐고 제안했다. 사람들이 박수로 환호하고 선생님께서 핸드폰 반주로 '비 내리는 호남선'을 부르셨다. 온 무대를 사용하며 안무와 함께 열창하시는 선생님 곁에서 윤빈과 나는 코러스걸을 했다. 사람들이 무대  로 나와 함께 노래하고 춤을 추며 사진을 찍고 앵콜까지 터져 나온 최고의 무대였다. 선생님의 인기는 국경을 넘는다는 증거를 동영상으로 남겨왔다. 천만다행이다. 오지산 조춘차 행사의 백미의 날은 환호로 완성되고 소진한 에너지보다 더 큰 보람과 성취감을 안고 행복한 하루를 마무리했다.

2018. 03. 20. (화) | 오지산 산자락 야회

눈을 떠보니 선생님께서는 이미 명상을 하고 계셨다. 어제 고갈된 에너지를 어느새 충전하여 안색이 핑크빛이다. 잠시 요가명상을 따라하고 나니 몸과 마음이 가벼워진다. 오늘은 묘자연차원 뒷산에서 야회를 하는 날이다. 한복을 입고 차구를 들고 산을 오르려니 숨도 차고 고무신도 삐끗거려서 힘이 든다. 그러나 언제 이런 체험을 해보냐 하며 이내 감사심으로 마음을 채웠다. 도착해 보니 산중턱을 이용해서 세워진 8개의 정자에서 이미 찻자리가 펼쳐 있었다. 어제 만난 연구원들이 멀리서 우리를 보고 손을 흔들었다. 참가한 이들은 주로 이 지역의 차인과 유지라고 했다.

　　선생님은 서 사장과 연구원들을 위한 찻자리를 펼치셨다. 화윤 차향이 중국 차민공사클럽의 음악사 왕기인의 청아한 대금소리에 실려 정자마다 골짜기마다 퍼져 나갔다. 서설연 사장이 이어서 자견차를 우려내었다. 중국 전통의상을 입은 그녀는 여전히 우아하고 아름답다. 산들바람 사이로 이곳 저곳의 차향이 넘나드는 사이에 공중에는 드론이 떠있었다. 어제의 제차 행사와 오늘의 아회도 촬영되어 이곳 TV와 신문에 소개된다고 했다. 아회가 무르익어 가고 찻자리를 이동해 즐기는 시간에 나도 스님의 찻자리로 옮겨 미소로 대화하며 차를 마셨다. 서 사장이 선생님께 조춘행사를 성공적으로 끌어 주시고 오늘의 아회를 빛나게 해주셔서 감사하다는 인사말을 했고 정자위의 사람들이 박수로써 화답했다. 선생님은 답례 인사를 하고 '그 겨울의 찻집'을 부르셨다. 골짜기마다 '그대 나의 사랑아'가 아로새겨졌다. 선생님의 '그대'는 차, 자연 그리고 이곳의 그대들이라고들이라고 생각했다. 차회를 마치고 내려오는 길은 몸도 마음도 사뿐사뿐 가벼웠다.

　　꿈같은 지난 48시간의 잊을 수 없는 체험과 소중한 추억을 얻게 해준 차신에게 감사드리며 오지산의 차벗들과 작별을 했다. 자연과 인간이 합심하여 만든 차와 마음을 나눈 행복한 오지산 조춘차회는 이렇게 마무리 되었다.

　　일행들과 다시 하이난으로 돌아왔다. 그동안 그림자처럼 우리를 지켜주었던 방미연 부부와 석별의 인사를 나누었다. 참으로 예쁜 부부를 위해 앞날의 행운과 축복을 마음속으로 빌었다. 후 교수가 멋진 식당에서 호화로운 저녁식사를 대접해 주었다. 호텔 로비에서 무사히 일정을 마친 안도감과 마지막 밤의 아쉬움을 서로의 등을 토닥여주는 것으로 나누었다.

2018. 03. 21. (수) | 집으로

공항으로 떠나기까지 여유가 있어서 작년에 방문했던 침향거리에 가보았다. 기억 속의 그 거리 모습은 그대로였고, 우리는 다시 추억의 사진들을 찍었다. 후 교수와 언니가 공항까지 배웅해 주었다. 후 교수 언니에게 '언니'하고 부르니 웃는 언니의 눈에 눈물이 살짝 배여 있었다. 우리는 미소로 작별 인사를 나누었다. 비행기가 활주로를 이륙하는데 이번 조춘차 여정에서 만난 차 인연들과 향유한 시간과 체험들이 필름처럼 휘감겨 돌아갔다. 그 순간, 딱 떠오르는 선생님의 말씀이 있었다.

'차의 힘은 쎄다.'

5장 차와 우정

1. 记中韩茶香文化交流会
| 同源异流

  人就应该在自己特殊的生命里自修，提供不同于别人的人生体验和视角，提供更多元的文化滋养，有丰厚的土壤孕育更好的人文世界，创造自己的事业和作品，这样共通、共情可能反而会更多一些。作为中韩茶香文化交流活动召集人之一，这是初心，所幸这个团体的每个人都有此共知！

  中国饮茶、闻香的习惯历史悠久，茶、香文化源远流长，独领风骚逾千年！而在现代生活中越来越多的人在品茗的同时，已不是单纯对物质上极致的追求，而是感受著茶、香对心理上的影响。

  何为茶道、香道？通过茶、香会这种活动形式来表现一定的礼仪、品味、美学修养和精神世界的一种行为方式。也是物质与精神的结合与表现。

  中韩两国唇齿相依，自古以来在政治，经济，文化等各方面就保持着密切的联系。中国茶文化于公元六七世纪左右传入朝鲜半岛，两国文化相互交织，经千年构成鲜明比照关系。韩国的茶文化坚持走独立发展道路，在韩国儒者的不懈努力使儒家思想在韩国茶文化中根植，从而形成自己独特的茶礼文化面貌！和胤茶礼文化院的朴南植博士多年来对茶文化的专研，坚持不懈的多地调研，茶文化的交流、发展、培养人才都作出了巨大的贡献！

  吾辈自强，当不负美好时光！

瑞芸书于海口
辛丑年腊月初二
〈胡瑞芸〉

[번역]
1. 중한차향문화교류회, 동원이류 同源異流
| 같은 뿌리에서 다르게 발전하다

사람은 자신의 특별한 삶 속에서 스스로 수행하고, 남들과는 다른 삶의 체험과 시각을 제공하고, 더욱 다양한 문화적 자양분을 제공한다. 풍요로운 토양이 더 나은 인문세계를 잉태하고, 자신의 사업과 작품을 창조하는 경우 더 많은 공통점으로 공감할 수 있을 것이다. 중한 차향문화 교류 행사를 주최한 한 사람으로서 이것은 초심이며, 이 단체의 모든 사람들이 이것을 인지하고 있다는 것이 다행스럽다.

중국에서 차를 마시고 차의 향을 음미하는 관습은 역사가 유구하며, 차향을 음미하는 문화는 역사적으로 오래되어 이런 독보적인 풍조가 천 년을 이어 오고 있다. 현대 생활에서 점점 더 많은 사람들이 차를 음미하는데, 이미 단순히 물질적으로 최고 품질을 추구하는 것이 아니라, 차와 향이 심리에 영향을 끼친다는 것을 체득했다는 것이다.

무엇이 차도이며 향도인가? 차향회라는 이런 활동 형식은 일정한 예절, 취미, 미학적 수양, 정신세계를 지향하는 일종의 행동 방식이다. 또한 물질과 정신의 결합과 표현인 것이다.

중국과 한국은 예로부터 인접한 이웃으로서 정치, 경제, 문화 등 각 방면에서 밀접한 관계를 유지해 오고 있다. 중국의 차문화는 서기 6, 7세기경 한반도에 전래되었고, 양국 문화가 서로 얽혀 천 년을 내려오는 동안 한국과 중국의 차문화는 선명한 차이를 보여주고 있다. 한국의 차문화는 독자적인 발전의 길을 걸어왔고, 한국 유교학자들의 끊임없는 노력으로 유교사상을 한국의 차문화 속에 뿌리내리게 하여 자신만의 독특한 차례문화의 면모를 형성하였다. 화윤차례문화원의 박남식 박사는 다년간 차문화에 대한 부단한 연구, 차에 대한 끊임없는 연구를 통해 차문화 교류와 발전, 인재양성에 크게 기여하였다.

우리도 스스로 힘쓰고 쉬지 않아서 좋은 시절을 저버리지 말자.

해구에서
신축년 섣달 초이틀
〈후뤼윤〉

2. 寂定天然兰若处——"中韩茶文化交流雅会"记

编者按

已亥端午,人文茶道传习馆举办"中韩茶文化交流雅会"暨端午雅聚。

佳客云聚,众人以佩兰香汤浴手后落座,韩国朴南植教授讲述了韩国禅茶思想及无心茶的理念,并以蒸青抹茶进行了茶道展示;传习馆主人王迎新老师以"普洱茶风土"为题,阐述了普洱茶品质成因背后宏大的历史、土地、人文背景,并用普洱熟茶展示了人文茶道"兰若九式";海南大学客座教授胡瑞芸以海南沉香粉篆香。几位老师行茶、行香时取音天然,未用音乐,一举手一收式皆寂定天然。

传习馆为雅会特制人文茶席华食"绮绿",又准备了傣家用草木灰与香糯米制成的小香粽。雪琴用炭火烘烤好大雪山"澡雪"古树茶,注沸水煮开。满室茶香拂面,主持人耕耘为大家娓娓讲述少数民族烤茶的由来,中韩两国茶人饮佳茗食香粽。

云南科技出版社《云南普洱茶春夏秋冬》杂志主编吴涯向韩国茶人赠送了韩文版《云南普洱茶春夏秋冬》。雅会结束传习馆又为大家赠送了特制的端午香囊,祝福大家吉祥安康。

迎新老师小记:

端午前夜,时交芒种。逢韩国朴南植教授一行来访,与诸君小聚。荷蕊、榴花清供,取恭送花神之意;佩兰香汤沐手,松花、绿豆调制华食"绮绿";朴南植教授行无心茶,迎新行兰若九式,瑞芸篆香。末了用去春大雪山"澡雪"古树毛茶做罐罐烤茶,雪琴司炉,饮之盏底余香盈盈;耕耘全程主持雅会,秀雅大方,妙语天成。不觉饮至亥时,携香而归。

攝影	張雲迎, 王迎新, 張久香
插花	迎新
編輯	沛山
設計	一水間視覺YISEE
文章已於	2019-06-08[11]

---

11 https://mp.weixin.qq.com/s/zKiYlQj6WzjVyAJnP2uOAQ

[번역]

2. 고요한 난야蘭若, '중·한차문화교류아회 中韓茶文化交流雅會'[12]

편집자 주

기해년 단오, 인문차도전습관에서 '중한차문화교류아회'를 개최하고 단오 모임을 가졌다.

귀빈들이 많이 모였고 사람들은 난향 물에 손을 씻고 자리에 앉았다. 한국의 박남식 교수는 "한국 선차禪茶 사상과 무심차[吾心之茶]"에 대한 강의를 했고. 증청말차蒸靑抹茶로 독수선차獨修禪茶 시연을 하였다. 전습관의 주인인 왕영신 선생은 "보이차 풍토"라는 주제로 보이차 품질을 이루는 배후 요소인 유구한 역사, 토지, 인문주의 배경을 설명하고 아울러 보이숙차를 이용한 인문차도 '난야구식'을 선보였다. 하이난대학교 객원교수를 역임한 후뤼윤 선생은 하이난 침향가루로 전향篆香의 향도를 시연했다. 몇 명의 선생들은 차를 우려 주었는데, 향이 피어오를 때 자연음을 취했으며, 음악을 사용하지 않았으나 손짓 하나하나가 단아하고 자연스러웠다.

전습관은 아회를 위하여 인문차도의 찻자리에 특별히 중국 다식 '기록 綺綠:청포

---

12 이글은 운남성 곤명의 인문차도전습관 왕영신 선생의 초대로 이루어진 중한차문화교류아회 참가기입니다.

묵과 같이 식감이 부드러워 입에 솔솔 녹는 것 같은 맛'을 준비했다. 또 타이족의 집에서 초목의 재와 좋은 찹쌀로 만든 맛있는 쫑즈를 준비했다. 설금은 숯불을 사용하여 물을 끓여 대설산 고수차 '조설'을 우려내었다. 온 방에 가득한 차향기가 얼굴을 스치고 지나갔다, 아회 사회자인 경운은 사람들에게 소수민족이 경작하여 만든 고차 烤茶:차를 구워서 우리는 방법의 유래에 대해 흥미진진하게 설명하였다. 중국과 한국의 차인들은 좋은 차를 마시고 맛있는 쫑즈를 먹었다.

운남과기출판사 『윈난보이차 춘하추동』 잡지의 편집인 우야는 한국 차인들에게 이 책의 한국어 번역판을 선물로 주었다. 아회를 마치면서 전습관은 참가자들을 위하여 특별히 제작한 단오 향주머니를 선물하며 모두의 길상과 평안을 기원했다.

영신 선생의 소회

단오 전야에서 망종으로 접어들 때, 한국의 박남식 교수 일행의 방문을 맞이하여 여러 사람들과 소모임을 하였다. 연꽃술, 석류꽃을 공손히 제물로 바쳤는데 이는 꽃의 신神을 공경한다는 의미이다. 난화를 띄운 물에 손을 씻고, 송화 가루와 녹두를 재료로 하여 '기록'을 만들었다. 박남식 교수는 무심차도, 왕영신 선생은 난야구식, 후뤼윤 교수는 전향도를 행하였다. 마지막으로 지난 봄 대설산 고수모차 '조설'을 가지고 차관을 달구어 고차를 만들었다. 설금은 화로의 온도를 책임졌다. 마시는 찻잔에 향이 남아 그윽하였다. 경운은 아회 전 과정의 사회를 맡았는데, 우아하며 세련되고 재치 있고 자연스러웠다. 차를 마시다보니 어느덧 해시에 이르렀다는 것도 몰랐다. 모두 아름다운 향을 머금고 돌아왔다.

촬영	장운영(張雲迎), 왕영신(王迎新), 장구향(張久香).
삽화	영신(迎新)
편집	패산(沛山).
설계	일수간시각(一水間視覺)YISEE.
기록	2019. 06. 08[13]

---

[13] https://mp.weixin.qq.com/s/zKiYlQj6WzjVyAJnP2uOAQ; 微信公衆平坮에 게재된 글

3. 瑞丰同庆号邀请和胤茶礼文化
| 探访云南茶文化意义及瑞丰同庆号开设韩国代理店的意义

中国是茶的故乡,也是茶的原产地,无论是最早发现茶的用途,到饮茶、种茶、制茶,都是从中国开始。茶从唐代便开始走出国门,漂洋过海,走向世界,香溢五洲。茶也成为了联结华夏神州与海外世界的纽带。在茶文化的输出中,各国根据自身的历史、政治、文化对茶的理解和运用,发展形成了各自的茶文化,韩国茶礼就是其中一个代表。

古往今来,不少文人墨客与茶结下不解之缘,我也有幸与茶结缘。几十年来,我一直从事古玩收藏研究工作,茶叶也是我的藏品,普洱茶就是能饮的"古董"!2004年开始,我深入云南各大茶山,从源头多方面接触了解古茶树,并购下不少古茶园,创立"瑞丰同庆号",在云南设立原料加工基地,秉承着"为爱茶人做一口放心茶"的理念,坚持纯原生态放养,实现了茶叶源头在品质上的绿色健康保证。

为了更好地深入研究普洱茶,与同行交流学习茶文化,2019年,在全国普洱茶第一县——云南勐海,设立了"瑞丰同庆号云南总部"、"瑞丰同庆号国际茶文化交流中心",致力于面向世界推广及宣扬传统的中国茶文化,主动担起中国茶文化传承的使命。

"瑞丰同庆号"与"和胤茶文化"结缘也是源于茶。2019年初夏,"瑞丰同庆号国际茶文化交流中心"迎来了由朴南植先生带领的韩国茶学院最高学府——"和胤茶文化"的探访,并设立"中韩和胤茶文化协同组合基地"!全体老师们不惧舟车劳顿,山路颠簸,热情洋溢地参观了"瑞丰同庆号"各山头生态茶园示范基地、茶叶初制所及制茶车间,参与体验制茶过程,并分享、交流中韩两国在制茶工序、手法上的经验和差异。参观了有"普洱茶之王"美誉的老班章古树,对中国普洱茶行业的现状有了深入的认识。而"和胤茶文化"老师们为我们特意带来的茶礼展示,将茶礼的"和"、"敬"、"俭"、"真"精彩地呈现,让我们深深感受到韩国国粹"茶礼"的文化精髓与精神追求,充分体验茶的亲和力,令人身心愉悦!通过几天的无缝互动和交流,"和胤茶文化"与"瑞丰同庆号"茶人,对大自然心存敬畏、常怀感恩之心、诚实正义、认真求实,这些共同的精神修养使"和胤茶文化"与"瑞丰同庆号"连接起来!为了共同的愿景和愿望,于2019年秋天,结出令人欣喜的友谊果实——"瑞丰同庆号韩国加盟店"正式设立!这跨国加盟店的设立,意味着对"瑞丰同庆号"产品品质的认可、对"瑞丰同庆号"企业文化的认同,并愿意为之推广,在中国以外的地方又多一个让世人认识"瑞丰同庆号"产品的高端茶文化体验馆,为推广共同的茶精神设立多一个茶修灵地,令中韩文化尤其是茶文化的交流更加深远流长!

所有过往,皆为序章!"和胤茶文化"成立30周年之际,我代表"瑞丰同庆号"全体同仁,致以最衷心的祝福:"和胤茶文化"在朴南植先生带领下流年笑掷,未来可期!"瑞丰同庆号"将携手"和胤茶文化"全心全意、全力以赴致力于茶文化及中韩文化更深层次的广泛的交流!"和胤茶文化"下一个三十年将更加辉煌!

〈瑞丰同庆号创始人 郭瑞仪〉
二〇二二年元月

郭瑞儀女士個人簡歷		
	瑞豐同慶號品牌創始人	廣東省集藏家協會理事
	中國收藏家協會玉石專委會研究員	佛山錢幣鑒藏協會常務副會長
	中國書畫協會理事	佛山匯寶軒收藏館館長、
	廣東收藏家協會理事、	海廣東茶商會常務副會長

[번역]

3. 서풍동경호 瑞豐同慶號, 화윤차례문화 초청
| 운남성 차문화 의의 및 서풍동경호 한국대리점 개설의 의의

중국은 차의 고향이자 차의 원산지이다. 당연히 차의 용도를 최초로 발견하고 차를 마시고, 차나무를 심고, 차를 만드는 것까지 모두 중국에서 시작되었다. 차는 당나라 때부터 중국을 벗어나 바다 건너 전 세계로 진출하였으며 전 세계에 차를 전했다. 차는 중국과 세계 각 지역을 이어주는 연결고리가 되었다. 차문화의 수출과 함께 각국은 자국의 역사, 정치, 문화를 바탕으로 차에 대한 이해와 운용을 통해 차문화를 발전시켜나갔다. 한국의 차례가 그 대표적 사례 중의 하나다.

예나 지금이나, 적지 않은 문인, 묵객들이 차와 인연을 맺었는데, 나도 운 좋게 차와 인연을 맺게 되었다. 나는 수십 년간 줄곧 골동품 수집과 연구에 종사했고, 나의 소장품 중에 보이차는 마실 수 있는 골동품이었다. 2004년부터 운남성의 각 차산지를 돌아다니며 차산지 현장에서 고차수 古茶樹를 다방면으로 접촉하고 배우기 시작했다. 또한 여러 개의 고차수 농장을 인수하여 '서풍동경호'를 설립하고, 운남성에 원료 가공 기지를 설립하였다. '차를 사랑하는 사람을 위해 안심하고 마실 수 있는 차를 만들자'는 신념으로 순수한 생태환경에서 차를 키우고 있으며, 고품질은 원산지에서 유기농으로 품질보증 인증을 받게 되었다.

보이차를 더욱 깊이 연구하고, 동업자들과 차문화를 교류하고 학습하기 위해, 2019년 전국 보이차 일번지인 운남성 맹해현에 '서풍등경호운남본부', '서풍동경호국제차문화교류센터'를 설립하였다. 세계에 중국 차문화의 전통을 널리 알리는데 주력하며 중국 차문화의 전승에 앞장서고 있다.

'서풍동경호'와 '화윤차문화'가 인연을 맺은 것도 차에서 비롯되었다. 2019년 초여름에 '서풍동경호국제차문화교류센터'는 박남식 선생이 이끄는 한국 차문화의 최고인 '화윤차례문화원'의 탐방을 맞이하였고 '한중화윤차문화협동조합기지'를 설립하였다. 화윤차례문화원의 모든 회원들은 교통체증의 피로와 가파른 산길도 마다하지 않고 '서풍동경호'의 각 산봉우리에 위치한 생태차밭 시범기지를 방문했다.

찻잎을 첫 번째 처리 하는 곳과 제차 공장을 참관하였고, 차 제조과정에 참여하여 중국과 한국 두 나라의 제조공정과 공정상의 경험과 차이를 공유하였다. '보이차의 왕'으로 불리는 노반장 老班章 고차수를 둘러보며 중국 보이차 업계의 현주소를 깊이 인식하게 되었다. 화윤차례문화원 회원들은 우리를 위해 특별히 차례 시연을 해주었는데, 그것은 한국 차례의 '화 和, 경 敬, 검 儉, 진 眞' 정신의 다채로움을 멋지게 표현한 것이었다. 우리들로 하여금 한국 차례문화의 정수와 정신적 추구를 깊이 느끼게 해주었다. 차의 친화력을 충분히 체험하고 사람들의 심신을 즐겁게 하는 시간이었다.

며칠간의 원활한 교류와 소통을 통하여 화윤차례문화원과 서풍동경호의 차인들은 대자연에 대한 경외심, 감사하는 마음, 정의로운 마음, 진지하게 실체를 추구하는 공통의 정신수양을 통해 화윤차문화와 서풍동경호가 연결되었다.

그리고 중국 이외의 지역에서 또 하나의 '서풍동경호' 제품으로 차문화 정신을 홍보하기 위한 차수령지 茶修靈地 가 설립되었다. 중·한문화, 그 중에서도 차문화의 교류가 더욱 심원하게 이어갈 것이다. 지금까지의 모든 것은 서막일 뿐이다.

2019년 가을, 공동의 비전과 염원을 위해 우정의 결실인 '서풍동경호 한국가맹점'이 정식으로 설립되었다. 이 다국적 가맹점의 설립은 '서풍동경호' 제품의 품질에 대한 인정이고 '서풍동경호' 기업문화에 대한 인정을 의미하는 것이다. 이를 더욱 확대해나가고자 하는 의지이며 중국 이외의 지역에 '서풍동경호' 제품의 고급 차문화 체험관이 설립되었다. 이로써 차문화 정신의 확산과 차를 수련하는 성스런 장소가 하나 더 만들어진 것이다. 이는 중한문화, 특히 차문화의 교류를 더욱 긴밀히 만들고 있다.

지금까지의 과정은 모두 서막에 불과하다. 화윤차례문화원 설립 30주년을 맞이하여 삼가 서풍동경호 전체 회원을 대표하여 화윤차례문화원이 박남식 선생의 지도 아래 더욱 밝은 미래를 열어갈 것을 진심으로 기원한다. 서풍동경호는 화윤차례문화원과 전심전력을 다하여 차문화 및 한·중문화의 더욱 깊고 광범위한 교류를 위해 노력할 것이다.

화윤차례문화원의 미래 30년은 더욱 더 찬란할 것이다.

⟨서풍동경호 창시자, 곽서의⟩

| **곽서의 여사 프로필** | 서풍동경호 브랜드 창시인
중국수집가협회 옥석전문위원회 연구원
중국서화협회 이사
광동수집가협회 이사 | 광동성 수집가협회 이사
불산·전폐감협회 상무부회장
불산·회보헌 수장관 관장
맹해 광동차상회 상무부회장 |